广东省高校“概论”教学研究基地
南方医科大学马克思主义学院
组编

主　编： 李国兴　姜崇辉

副主编： 赵军祥　宋　剑　傅义强

毛泽东思想和中国特色社会主义理论体系概论教学与研究

主编◎李国兴　姜崇辉

AOZEDONG SIXIANG
ZHONGGUO TESE SHEHUI ZHUYI LILUN TIXI GAILUN
OXUE YU YANJIU

暨南大學出版社
JINAN UNIVERSITY PRESS
中国・广州

图书在版编目（CIP）数据

毛泽东思想和中国特色社会主义理论体系概论教学与研究/李国兴，姜崇辉主编．—广州：暨南大学出版社，2013.8
ISBN 978-7-5668-0596-6

Ⅰ.①毛…　Ⅱ.①李…②姜…　Ⅲ.①毛泽东思想—教学研究—文集②中国特色社会主义—社会主义建设模式—教学研究—文集　Ⅳ.①A84-53②D616-53

中国版本图书馆 CIP 数据核字（2013）第 109868 号

出版发行：暨南大学出版社

地　址：中国广州暨南大学
电　话：总编室（8620）85221601
营销部（8620）85225284　85228291　85228292（邮购）
传　真：（8620）85221583（办公室）　85223774（营销部）
邮　编：510630
网　址：http：//www.jnupress.com　http：//press.jnu.edu.cn

排　版：广州市天河星辰文化发展部照排中心
印　刷：湛江日报社印刷厂

开　本：787mm×1092mm　1/16
印　张：21.25
字　数：348 千
版　次：2013 年 8 月第 1 版
印　次：2013 年 8 月第 1 次

定　价：45.00 元

前　言

2010年1月经广东省教育厅组织评审，由广东省教育厅和南方医科大学共同建设的广东省高校思想政治理论课毛泽东思想和中国特色社会主义理论体系概论教学研究基地（以下简称“概论”教学研究基地），落户于南方医科大学马克思主义学院。开展教学研究，打造优秀团队，交流教改经验，带动全省“概论”课整体建设的可持续发展，是“概论”教学研究基地的基本功能。

为充分发挥教学研究基地的功能，自“概论”教学研究基地建立以来，广东省教育厅思政处与南方医科大学马克思主义学院联手，精心策划举办了每年一次的全省“概论”课教师高级培训班，“概论”课教学指导委员会暨“概论”教学研究基地专家委员会工作会议，“概论”课教师教学研究、教学观摩和教学经验交流专题会等系列培训、研讨活动，并取得了显著成效。展现在读者面前的这本《毛泽东思想和中国特色社会主义理论体系概论教学与研究》论文集，就是这些系列活动的成果之一。收入论文集的51篇作品，是从2010和2011年度，教学研究基地举办的全省“概论”课教师高级培训班活动期间，参加培训的教师提供的数百篇课程教学研究论文（包括教学理念研究、教学设计探讨、教学难点解析、教学心得体会等）中，经教学指导委员会专家评审出来的优秀获奖论文，这些优秀成果曾在全省“概论”课教师高级培训班和教学专题研讨会上发言交流，是工作在“概论”课教学第一线教师集体智慧的结晶。论文集分教学方法篇、教学设计篇、理论探讨篇三大模块，紧紧围绕“概论”课程建设和教学中的重大理论与实践问题，围绕思政课贯彻落实十八大精神实现“三进入”，展开系统、深入、全面的探讨，体现了广东省高校“概论”课教师在对本门课的课程改革、教学模式等方面的勇敢尝试、努力追求、认真总结和不断创新。我们期待着这部凝结着全省“概论”课教师心血的课程教学研究成果的出版，能进一步推动我省高校“概论”课教学的整体发展。

该论文集的编辑工作主要是作政治原则的把关和技术处理，文章内容均文责自负。由于篇幅所限，对许多优秀论文不能入选深表歉意！由于水平所限，编辑加工可能不细，如有不当之处，敬请读者批评指正。

编　者

2013 年 2 月

目　录

教学方法篇

教学设计篇

理论探讨篇

教学方法篇

关于“概论”课教学中贯彻党的十八大精神的思考

认真学习宣传、贯彻落实党的十八大精神，充分发挥思想政治理论课在大学生思想政治教育中的主渠道作用，将十八大精神全面融入思想政治理论课教学全过程，切实做好十八大精神“进教材、进课堂、进大学生头脑”（简称“三进”）工作，帮助大学生深入学习和把握十八大精神，是今后一段时期内思想政治理论课教育教学的核心任务。作为高校思想政治理论课核心课程的“毛泽东思想和中国特色社会主义理论体系概论”（以下简称“概论”），在宣传贯彻落实党的十八大精神“三进”工作中，负有特别重要的责任。

一、认真学习党的十八大精神，准确把握十八大精神实质，为在“概论”课中全面贯彻落实好十八大精神打下坚实的基础

要做好在“概论”课中贯彻落实十八大精神“三进”工作，承担教学工作的教师就必须认真学习十八大精神，准确把握十八大精神实质，全面掌握和领会十八大的新思想、新观点、新论述。这就要求“概论”课教师：一要学习胡锦涛同志在党的十八大上所作的政治报告——《坚定不移走中国特色社会主义道路　夺取中国特色社会主义新胜利》，二要学习十八大通过的新修改的《党章》，三要学习新的中央领导集体特别是习近平总书记在新一届常委会与中外媒体记者见面会、参观“复兴之路”展览时的重要讲话精神。要通过学习，深刻领会十八大的主题，进一步找准新时期新阶段各项工作围绕中心、服务大局的根本方向；深刻领会过去五年的

工作成绩和党的十六大以来的奋斗历程以及取得的历史性成就，以更加昂扬的精神状态为全面建成小康社会而奋斗；深刻领会科学发展观作为我们党的指导思想的新定位，更加自觉地用科学发展观指导党的建设；深刻领会对中国特色社会主义道路、理论体系和制度认识达到的新高度，不断探索中国特色社会主义的发展规律；深刻领会建设中国特色社会主义的新内涵，牢牢把握社会主义初级阶段的总依据、五位一体的总布局、实现社会主义现代化和中华民族伟大复兴的总任务；深刻领会对全面建成小康社会和深化改革开放提出的新目标，坚定不移地沿着中国特色社会主义道路前进；深刻领会对经济、政治、文化、社会、生态、国防、外交以及祖国统一等一系列治国理政的新部署，坚定不移地推进社会主义现代化；深刻领会全面提高党的建设科学化水平的新任务，以改革创新精神全面推进党的建设。

二、结合“概论”课国家统编教材，按照教学大纲的基本要求，通过对教案、讲稿以及教学课件进行调整、增补和修改，把十八大精神贯彻落实到各章的教学实践中

胡锦涛总书记在十八大上所作的政治报告，是一本高度浓缩的“概论”课教科书。因此，“概论”课贯彻十八大精神，不是对某一个论述或某一个观点的简单阐述，而是要对整个课程进行谋划，全面、系统地贯彻落实。对照十八大报告，全面地梳理“概论”课的教学内容，将十八大的新思想、新观点、新论述补充进去，对一些重大的新思想、新观点、新论述，进行重新阐述。因此，必须对原有的教案、讲稿、课件进行增补和修改。具体内容如下：

(1) 第一章马克思主义中国化的历史进程及理论成果。这一章主要有两个内容需要重新阐述：一个是第一节第四部分中国特色社会主义理论体系是马克思主义中国化的最新成果。十八大报告对“中国特色社会主义”作了新阐述，包括对中国特色社会主义道路、中国特色社会主义理论体系、中国特色社会主义制度的内涵及其相互关系的解读；建设中国特色社会主义的总依据、总布局、总任务的论述；夺取中国特色社会主义新胜利的八项基本要求。另一个是第五节的科学发展观。十八大报告对科学发展观历史地位和指导意义进行了全面论述。首次提出，科学发展观是中国特

色社会主义理论体系最新成果，同马克思列宁主义、毛泽东思想、邓小平理论、“三个代表”重要思想一道，是党必须长期坚持的指导思想。

（2）第二章马克思主义中国化的理论精髓。涉及本章的新思想是对科学发展观精神实质的阐述。党的十八大报告指出：“解放思想、实事求是、与时俱进、求真务实，是科学发展观最鲜明的精神实质。”学习领会科学发展观，必须深刻把握这个精神实质。把握了这个精神实质，就把握了科学发展观最本质的东西，就把握了科学发展观与马克思列宁主义、毛泽东思想、邓小平理论、“三个代表”重要思想的历史联系及其统一的科学思想体系。

（3）第六章社会主义初级阶段理论。十八大报告中，中国特色社会主义事业总体布局由经济建设、政治建设、文化建设、社会建设“四位一体”拓展为包括生态文明建设的“五位一体”。大会主题中提出“为全面建成小康社会而奋斗”，从“建设”到“建成”，体现了我国发展阶段的重大变化。十八大根据我国经济社会发展实际，在十六大、十七大全面建设小康社会目标的基础上提出了新的要求：“实现国内生产总值和城乡居民人均收入比2010年翻一番。”

（4）第八章中国特色社会主义经济。这一章需要重点阐述的问题主要是：第一节建立社会主义市场经济体制。十八大报告指出：经济体制改革的核心问题是处理好市场与政府的关系，必须更加尊重市场规律，更好发挥政府的作用。第三节社会主义初级阶段的分配制度。为了实现共同富裕，报告提出了“两个同步”：居民收入增长和经济发展同步，劳动报酬增长和劳动生产率提高同步。第四节促进国民经济又好又快发展。十八大报告中强调，以科学发展为主题，以加快转变经济发展方式为主线，是关系我国发展全局的战略抉择。着力增强创新驱动发展新动力；坚持走中国特色新型工业化、信息化、城镇化、农业现代化道路；让广大农民平等参与现代化进程、共同分享现代化成果；加快改革户籍制度，有序推进农业转移人口市民化，努力实现城镇基本公共服务常住人口全覆盖。

（5）第九章中国特色社会主义政治。十八大报告中指出，要坚持走中国特色社会主义政治发展道路，既不走封闭僵化的老路，也不走改旗易帜的邪路。必须继续积极稳妥推进政治体制改革，要把制度建设摆在突出位置；提高基层人大代表特别是一线工人、农民、知识分子代表比例，降低党政领导干部代表比例。在人大设立代表联络机构，完善代表联系群众制度；深入推进政企分开、政资分开、政事分开、政社分开，建设职能科学、结构优化、廉洁高效、人民满意的服务型政府；要健全社会主义协商民主制度，推进协商民主广泛、多层、制度化发展。

（6）第十章中国特色社会主义文化。这一章需要重新论述的是第二节建设社会主义核心价值体系。胡锦涛同志在报告中关于扎实推进社会主义文化强国建设部分，把社会主义核心价值体系建设作为一项重要任务，提出了新部署、新要求，特别强调要“倡导富强、民主、文明、和谐，倡导自由、平等、公正、法治，倡导爱国、敬业、诚信、友善，积极培育社会主义核心价值观”。这一重要论述是我们党立足社会主义核心价值体系建设实践，作出的重大理论创新，反映了我们党对社会主义核心价值观问题的最新认识，体现了我们党高度的理论自觉和文化自觉，必将极大地推动社会主义核心价值体系建设。

（7）第十一章构建社会主义和谐社会。这一章要重点阐述加强生态文明建设问题。十八大政治报告把生态文明作为单独一部分进行论述，足以说明其的重要性。报告强调：把生态文明建设放在突出地位，融入经济建设、政治建设、文化建设、社会建设各个方面和全过程，努力建设美丽中国。此外，涉及这一章的新提法还有：要构建权利公平、机会公平、规则公平为主要内容的社会公平保障体系；要加快形成党委领导、政府负责、社会协同、公众参与、法治保障的社会管理体制，加快形成政府主导、覆盖城乡、可持续的基本公共服务体系，加快形成政社分开、权责明确、依法自治的现代社会组织体制，加快形成源头治理、动态管理、应急处置相结合的社会管理机制。

（8）第十二章祖国完全统一的构想。十八大报告中强调，必须把坚持一国原则和尊重两制差异、维护中央权力和保障特别行政区高度自治权、发挥祖国内地坚强后盾作用和提高港澳自身竞争力有机结合起来，任何时候都不能偏废。探讨国家尚未统一特殊情况下的两岸政治关系，商谈建立两岸军事安全互信机制，协商达成两岸和平协议，开创两岸关系和平发展新前景。

（9）第十三章国际战略和外交政策。十八大报告提出要建立更加平衡的新型全球发展伙伴关系，倡导人类共同命运意识，并提出了“世界多极化、经济全球化、文化多样化、社会信息化”的新四化观。

(10) 第十四章中国特色社会主义事业的依靠力量。十八大报告中提出，建设与我国国际地位相称、与国家安全和发展利益相适应的巩固国防和强大军队，是我国现代化建设的战略任务。必须坚持以国家核心安全需求为导向，统筹经济建设和国防建设，按照国防和军队现代化建设“三步走”战略构想，加紧完成机械化和信息化建设双重历史任务，力争到2020年基本实现机械化，信息化建设取得重大进展。

(11) 第十五章中国特色社会主义事业的领导核心。十八大报告强调全面提高党的建设科学化水平，首次提出牢牢把握加强党的执政能力建设、先进性和纯洁性建设这条主线。建设学习型、服务型、创新型的马克思主义执政党，确保党始终成为中国特色社会主义事业的坚强领导核心。在新的历史条件下，我们党面临着长期执政、改革开放、市场经济、外部环境“四大考验”，面临着精神懈怠、能力不足、脱离群众、消极腐败“四大危险”。全党必须增强忧患意识、创新意识、宗旨意识、使命意识。要坚持中国特色反腐倡廉道路，坚持标本兼治、综合治理、惩防并举，注重预防方针，全面推进惩治和预防腐败体系建设，做到干部清正、政府清廉、政治清明。

三、加强“概论”课教师的培训与督导，为十八大精神“三进”提供师资保障

当前，尽管各院校及其任课教师都在积极地采取多种方法，努力做好在“概论”课中贯彻十八大精神，这非常重要，也能够起到很好的效果，但还远远不够。毕竟由于教师学科背景、理论素养、理解水平不同，各高校重视的程度也不尽相同，贯彻的力度、广度、深度就有很大的不同。十八大精神在“概论”课中的“三进”工作开展得如何，效果大小，关键得看承担这门课的教师。因此，必须加强对“概论”课教师的培训与督导，使教师通过培训与学习，对十八大所提出的新思想、新观点、新论述，有一个全面、深刻的理解和把握。

首先，教育主管部门应尽快组织专家学者，对“概论”课如何贯彻十八大精神进行研讨，谋划出贯彻的提纲和具体方案，下发到各院校，统一

任课教师的思想。

其次，对任课教师进行教学培训。“05 方案”实施以来，无论是教育部还是各省市自治区教育行政部门，都对思政课教师进行了定期的课程培训，取得了良好的效果，不仅提高了教师驾驭课程的能力，也大大提高了教师的教学效果。鉴于十八大所提出的新思想、新观点、新论述对“概论”这门课的深远影响，非常有必要对教师进行新的培训。只有让教师吃透了十八大精神，把握了新思想、新观点、新论述的实质，才能在课堂教学中，更好地向学生讲授，才能更好地实现十八大精神“进教材、进课堂、进大学生的头脑”。

再次，组织广大教师开展十八大精神的理论研究。教育主管部门要积极组织召开各类型、多层次的教学理论研讨会，营造学习十八大精神的学术氛围；教育部人文社科基金课题和各省市自治区思政课题，要列出十八大精神“三进”的专门课题，推动十八大精神“三进”的学术研究；在教研活动和组织生活中，开展十八大精神专题学习会，组织各个层面的“理论热点大家谈”活动；组织广大教师撰写学术论文，出版学习十八大精神的论文集，对教师公开发表的相关研究成果给予后期资助。

最后，组织教研室认真开展集体备课，督促教师修改自己的教案、讲稿、课件。高校“概论”课教研室要认真开展集体备课，结合教材，围绕教学大纲，将十八大精神与“概论”课相关内容进行有机衔接和融合，将十八大精神全面融入课程的各章节之中，并最终形成十八大精神在“概论”课贯彻落实的基本教案。同时，充分发挥教师的积极性和主动性，围绕十八大精神，精心设计个性化的教案、讲稿和多媒体课件，使十八大精神在“概论”课的“三进”工作真正落到实处。

（赵军祥　南方医科大学）

基于不同专业学生特点的“概论”课因材施教方法及途径探索[①]

“概论”课是我国高校对大学生进行系统的中国化马克思主义理论教育的课程。因为本课程的思想性、系统性、理论性较强，所以，在教学过程中教与学的难度较大，教学效果不理想。本课程组从2008年开始，针对不同专业学生的特点进行因材施教的研究与探索，实践证明，针对不同专业学生特点的教学，对不同专业学生更好地理解中国化马克思主义理论，培养学生理论思维能力，提高学生自主学习中国化马克思主义理论的能力，并以积极的态度探讨现实问题等诸方面具有传统教学模式无法比拟的优势，大大增强了“概论”课教学的实效性。

一、识材的方法与途径——不同专业学生特点分析

要在思想政治理论课中贯彻因材施教的理念，辨材、识材是前提和基础，因而，施教之前必须对教育对象的特点、需要进行认真细致的分析。

（一）分析的维度

现代教育在宏观上已经对学生进行了分类，学生通过高考进入不同的学校和专业，同一专业的学生具有“同质性”，不同专业学生具有一定的差异性，在此基础上，我们主要针对学生思想政治状况、理论基础、对课

① 基金项目：2008年度广东省高校思想政治教育课题“基于不同专业学生特点的思想政治理论课因材施教方法与路径研究”（编号：2008CY066）。

程的认同程度、关注点、兴奋点、专业需要、社会需要等方面进行归纳和分析。

基本思路如图1：

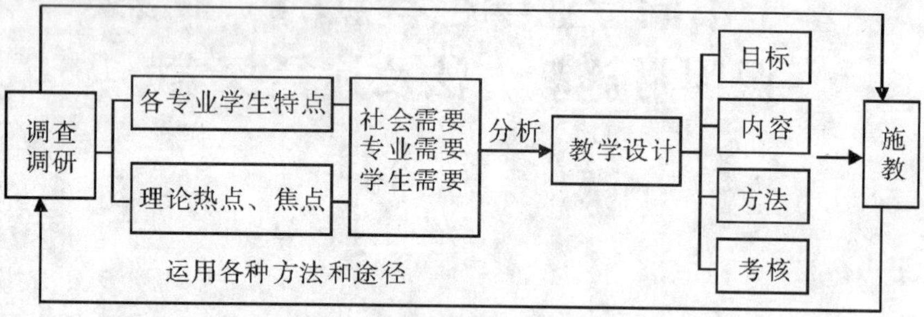

图1　因材施教课程设计思路

（二）分析的方法与途径

了解学生思想特点的方式、方法很多，除了传统的问卷调查、学生访谈、座谈会、课堂教学观察法以及参与学生活动、与辅导员建立联系等方式外，还可通过网络与学生沟通联系，如浏览学生论坛、学生的个人博客等。

（1）问卷调查是常用的方法，获取的信息全面、具体、及时。通常是在开课前及课程结束后，分别做一次问卷调查，并以专业或专业方向为单位形成调查报告，为有针对性地设计教学方案做好基础性工作。课程结业后的问卷调查，是作为教学效果分析的依据。运用问卷调查方法的关键是拟定调查问卷和进行问卷分析，比如，对学生关注点的调查，设计这样几个问题：您上网喜欢浏览的信息、喜欢事例的性质及类型等，通过对学生日常关注及感兴趣的信息的收集，再进行对比分析，了解学生的关注点。

（2）学生访谈、座谈会法，是在教学过程中定期或不定期地开展教学反馈的方法。这主要体现在教学管理中。思想政治理论课教学部推行的“五个一”工程，对了解各专业学生的特点，发挥了积极作用。即思想政治理论课教师每个星期深入一个宿舍、每学期参加专业系（部）组织的一次学生活动、每个月组织一次辅导员联席会议、每学期主持召开一次学生座谈会、在实习基地开办一次专题讲座。同时，建立健全相应保障机制，如将思想政治理论课教学部反馈学生思想政治动态纳入辅导员职责、学生信息员制度、学生社团组织（2008年我院成立中国特色社会主义理论学习与宣讲协会），从而架起教师与学生联系的桥梁，成为了解学生思想状况的有效途径。

（3）课堂教学观察法，是进行教学改革效果评价分析以及了解学生学习情况的更为直接的调查方法。听课教师不仅要对主讲教师的教学进行评价，而且要记录学生听课过程中的状态，并填写课堂教学观察表，从学生的反应中分析教学效果和学生学习的特点。

（4）网络交流法，是在新技术条件下，结合学生的特点而采取的方法及途径。由于网络虚拟空间的特殊性，学生在网上的匿名言论往往更真实地反映了他们的所想所思，这个途径获取的很多材料不仅可以分析学生的特点，也可以融入教学中形成生动案例，激发学生的学习兴趣。

（5）实地考察方法，是针对高职院校实行课堂教学与实习基地一体化的教学改革而相应采取的方法和途径。在实习的过程中，学生的思想会产生很大的矛盾冲突，所以思想政治理论课教师不能忽视这一教育机会，要深入实地了解企业、学生实习等相关情况，查阅学生的实习周记。对各专业学生的了解能使教学更贴近学生实际和生活。同时，有条件可在实习期间安排专题讲座，将课堂搬到实习现场，这样教学针对性强，可以大大促进和提高学生运用理论指导实践的能力与自觉性。

二、施教的方法与途径——因材施教的组织与实施

有针对性地施教，是成功进行因材施教的关键，在对各专业学生进行分析的基础上进行有效的教学组织与实施显得更为重要。[①]

（一）基于不同学生专业特点因材施教的保障机制

一是组织保障。学院思想政治理论课建设领导小组承担组织协调工作，根据高职教育教学发展和思想政治理论课建设需要，及时调整和完善思想政治理论课建设保障机制，健全常态化的联席会议制度，及时解决思

① 陈秀丽：《高校思想政治理论分层教育教学研究》，《前沿》2006年第10期。

想政治理论课建设中存在的问题，将思想政治理论课建设规划列入学院发展规划，并为思政部与专业系、部及职能处室之间建立沟通、合作的平台。

二是师资保障。“教改”的成败关键在教师，师资队伍的深层次培训和专兼结合的教师队伍是因材施教的重要保障。思想政治理论课教师不仅要参加本学科的培训及研修，而且要参加教育技术培训和校内实习指导教师的培训、参与所承担教学任务对应专业的人才培养方案的研讨等，以加深教师对专业的了解，从而对专业培养的需要、学生需要均有较准确的认识和把握。同时聘请企业人力资源部人员、社会理论工作者及专业系部的优秀辅导员为导师或兼职教师，形成专兼结合的师资队伍。

（二）基于不同学生专业特点因材施教的教学设计

基于不同专业学生特点的因材施教总体设计体现在教学目标及要求、教学内容（重点和难点）、教学方法及手段、考核评价等方面。

1. 教学目标的确定体现针对性

课程教学目标及要求分为总体目标和分目标（知识、能力、素质）。总体目标一致，使学生具备马克思主义的理论素养，成为德、智、体、美全面发展的中国特色社会主义事业的建设者和接班人。在分项目标的确定上，结合各专业的培养目标和学生特点，有所侧重。同时，将职业核心能力的培养和训练也寓于本课程教学中，比如将解决问题能力、合作能力、信息处理能力、自主学习能力等职业核心能力纳入课程的能力目标中；在教学单元中根据专业及学生的需求特点，如数控专业强调“独立制订计划与决策的能力和独立对实际工作结果进行检查与评价的能力”、计算机应用专业强调“信息的收集与分析能力”、旅游管理专业强调“应变能力和抗挫折能力”等，有针对性地确定各专业“概论”课的教学目标。

2. 教学内容和方法

高校思想政治理论课教学内容必须依据统编教材，“概论”课必须切实贯彻中央精神和基本要求，这是基础、原则。在此基础上，还应坚持有针对性地选择教学内容和方法。

首先，主要是根据不同专业学生理论素养、理解能力等差异性，在教学内容的重点、难点的掌握程度上有所侧重和区别。比如“中国特色社会主义经济”专题，经济类专业（商务管理、财务管理、市场营销等）的学生与其他专业学生相比，对其讲解的广度、深度会更广、更深。

其次，讲究具体操作方法。除针对不同专业学生特点设计教学案例及教学流程外（目前广泛采用的方法），在实践过程中效果较好的还有两种方法和途径：一是教师讲授与学生自主学习相结合，针对不同专业学生特点下达教学任务，为保证学习效果，建立健全相应的考核评估体系。二是第一课堂与第二课堂相结合，成立社团组织，各专业有分会，将各专业理论素养较好并对此有兴趣的学生组织起来，由思政课教师担任指导教师，通过专题讲座、论坛、采访、调研以及参与教师的课题项目等方式，培养和提高协会成员的理论素养与水平，由协会组织系列活动，营造学习和研讨中国特色社会主义理论体系的氛围，使第一课堂与第二课堂有机结合起来；择优选拔组建“大学生中国特色社会主义理论宣讲团”，培养理论骨干，发挥朋辈教育的功能；再择优选拔学生聘为教学助理，与教师共同开展课题研讨，体现分层教学的原则。

3. 考核评价

对学生的考核评价不是目的而是手段，旨在督促和引导学生学习，促进教学质量的提高。考核坚持开放性原则，采取学生自评、小组互评、教师评价等方式；坚持过程性与终结性相结合的考核原则。课程考核分为平时考核（占 20%）、自学情况考核（占 20%）、实践教学考核（占 20%）、期末考试（占 40%）。期末考试以材料分析题为主，主要是考核学生运用理论分析问题的能力。每个模块的考核均拟定实施方案，让学生明确标准及要求，不仅对学生学习情况进行考核，更主要是引导学生如何学习。考核的方式和方法见图 2。

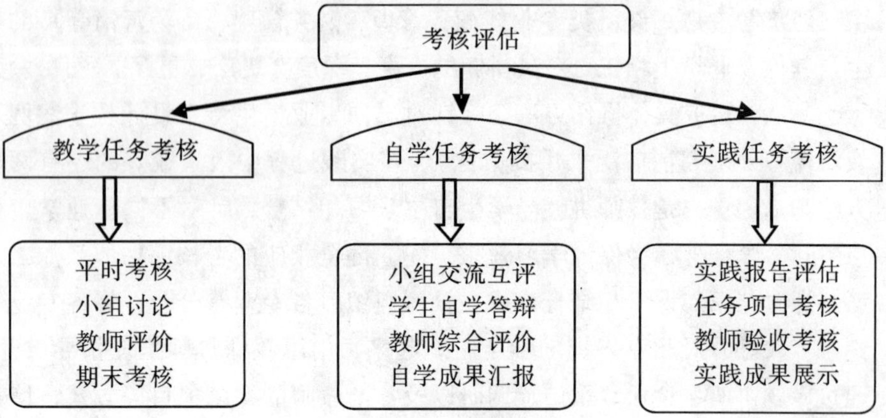

图2　考核评价示意图

三、结论

经过两年的实践，我院收到了良好的教学效果。从学生的评价看，学生普遍认为学有所获，转变了学生对“概论”课的态度，变被动接受为主动思考与践行；改变了“一刀切”教学模式，满足不同专业学生的需要和同一专业不同层次学生的需要，且变教师的满堂灌为教与学的互动，试行后，学生对课程的满意度提高。从不同专业对思政课的态度上看，改变了部分专业教师对思政课的看法，各系主动与思政课教师联系，协同解决问题。从社会评价看，我院“大学生中国特色社会主义理论宣讲团”的建立和宣讲工作得到上级领导的认可与赞许；学生的作品荣获第十届广东省“挑战杯”大学生课外学术论文三等奖。

总之，实践证明“基于不同专业学生特点因材施教”是提高思政课授课针对性和实效性的有效方法，应不断深入探索、研究和完善。

（陈　艳　佛山职业技术学院）

充分运用教学互动，改变思政课的传统育人模式

——以“概论”课为例

传统的思政课教学以“灌输”为主，认为马克思主义理论必须由教师大量“灌输”，学生才能“接受”。不仅思政课如此，其他课程也大同小异，都是“填鸭式”教学，教师讲、学生背。虽说改革开放以来，这种状况有了不少改变，课堂上学生提问多了一些，开始强调“以学生为主体”，但总体上，这种模式没根本改变，尤其是思政课。由于普遍重视不够，大班教学多，运用现代化教学手段少，加上教材不断更新，对教师来说挑战很大，教师为了应付教学，在改革教学模式和教学方法上下功夫不够。而“概论”课又是一门新的理论课，诞生的时间不长，内容多、课时多、要求高，教学对象又多是“90后”的学生，年轻，没有阅历，理解能力弱。因此，改革教育方法，发挥学生的主观能动性，让学生参与教学互动，在互动中提高理解能力，促动思想，提高分析和解决问题的能力，是提高教学质量，培养学生树立正确的世界观、人生观、价值观的关键。但思政课教学模式的改革，不是轻而易举的事情。从理论指导到学生主体意识的培养，以及教学模式和方法的改进，是一项系统工程。本文以“概论”课为例，谈谈如何构建思政课互动教学模式。

一、教学互动的理论基础——建构主义

建构主义（constructivism）也译作结构主义，是20世纪80年代中期

以来兴起的一种学习理论思潮，其最早提出者可追溯至瑞士的皮亚杰（J. Piaget）。他是认知发展领域最有影响的一位心理学家，他所创立的关于儿童认知发展的学派被人们称为日内瓦学派。皮亚杰的理论充满唯物辩证法，他坚持用内因和外因相互作用的观点来研究儿童的认知发展。他认为，儿童是在与周围环境相互作用的过程中，逐步建构起关于外部世界的知识，从而使自身认知结构得到发展的。强调学生在学习过程中对知识的主动构建，目前对教育研究和实践领域产生越来越重要的影响。

建构主义学习理论认为，知识是学习者在一定的情境下利用学习资料，通过意义建构的方式获得的。学习不是被动接收信息刺激，而是主动地建构意义，是根据自己的经验背景，对外部信息进行主动选择和处理，从而获得自己的意义。外部信息本身没有意义，意义是学习者通过新旧知识经验间的反复的、双向的相互作用过程而建构成的。因此，教学不能无视学习者已有的知识经验，简单强硬地“填灌”，而应引导学习者从原有知识经验中，生长新的知识经验。教学不是知识的传递，而是知识的处理和转换。尤其在当今信息化、全球化的背景下，学生接收的信息来自各个方面，对接收到的信息处理后会形成自己的观点，因此，教师应该重视学生对各种现象的理解，倾听他们对各种问题的看法，思考他们这些想法的由来，并以此为据，引导学生丰富或调整自己的解释。

建构主义提倡在教师指导下的、以学习者为中心的学习，也就是说，既强调学习者的认知主体作用，而又不忽视教师的指导作用。教师是意义建构的帮助者、促进者，而不是知识的传授者与灌输者。学生是信息加工的主体、是意义的主动建构者，而不是外部刺激的被动接受者和被灌输的对象。学生要成为意义的主动建构者，就要求学生在学习过程中发挥主体作用。由此可见，建构主义在某种程度上为构建互动式教学模式提供了理论支撑。

二、以建构主义为指导，探索“概论”课的教学方法

在建构主义学习环境中，强调学生是认知主体、是意义的主动建构者，所以，教师应该把学生对知识的意义建构作为整个学习过程的最终目的。教学设计在分析教学目标的同时，要分析学生现有的知识水平，创设

有利于学生意义建构的情境，使学生主动、有创意地接受知识。整个教学设计过程要紧紧围绕“意义建构”这个中心而展开，不论是学生的独立探索、协作学习还是教师辅导，都要从属于这一中心，都要有利于完成和深化对所学知识的意义建构。

毛泽东同志曾指出：“我们不但要提出任务，而且要解决完成任务的方法问题。我们的任务是过河，但没有桥或船就不能过。不解决船或桥的问题，过河就是一句空话。不解决方法问题，任务也只是瞎说一顿。”① 教学目标要靠教学方法实现，教学的内容要通过一定的方式、手段才能起作用。建构主义学习理论认为“情境”、“协作”、“会话”和“意义建构”是学习环境中的四大要素或四大属性②。教学设计不仅要考虑教学目标分析，还要考虑有利于学生建构意义的情境的创设问题。“协作”对学习资料的搜集与分析、假设的提出与验证、学习成果的评价直至意义的最终建构均有重要作用。“会话”是协作过程中不可缺少的环节。学习小组成员之间必须通过会话商讨如何完成规定的学习任务的计划；此外，协作学习过程也是会话过程，在此过程中，每个学习者的思维成果（智慧）为整个学习群体所共享，因此会话是达到意义建构的重要手段之一。“意义建构”是整个学习过程的最终目标。所要建构的意义是指事物的性质、规律以及事物之间的内在联系。在学习过程中帮助学生建构意义，就是要帮助学生对当前学习内容所反映的事物的性质、规律以及该事物与其他事物之间的内在联系达到较深刻的理解。获得知识的多少，取决于学习者根据自身经验去建构有关知识的意义的能力，而不取决于学习者记忆和背诵教师讲授内容的能力③。

教学过程是形式和内容的统一，丰富的内容需要合适的教学形式来表现，课堂教学的效果往往取决于在教师的引导下，通过学生主动性、积极性的发挥，实现教学目的。即通过形成课堂教学系统内各个组成要素、各自功能的有效发挥及教学组织形式的得当运用，达到教学目的。依据这一

---

① 《毛泽东选集》（第1卷），人民出版社1991年版，第139页。

② 何克抗：《建构主义学习理论之关于“学习”的含义》，西岗教育网，www.xgedu.cn，2011年5月6日。

③ 张建伟、孙燕青：《建构性学习——学习科学的整合性探索》，上海教育出版社2005年版，第40页。

理论，我们在教学过程中摸索和运用了多种有效的互动教学法，现将主要的几种方法归纳如下：

1. 多媒体演示教学法

教师在讲授思想政治理论的过程中，一方面制作多媒体课件，展现理论体系，另一方面可以附加大量的影像资料，加强学生的感知。教师也可以给学生播放一些优秀的影视作品。例如：在讲述“概论”第一章时，选择《走近毛泽东》、《百年小平》等纪录片加强大学生对伟人的了解；在讲第四章时，有选择地放映电视剧《上海的早晨》片段，使“80 后”、“90 后”的学生增强感性认识，深切理解社会主义改造的必要性和意义。本来较为枯燥的思想政治理论知识，以文字、影音文件等多媒体形式，展现给学生，使学生能看到图文并茂的多媒体演示文稿。在课堂上，学生看得清屏幕文字，听得到音箱声音，注意力和学习兴趣大为提高。

2. 课堂讨论法

在课堂上让学生充分表达、一起分析，教师作点评、归纳总结，这样既充分调动了学生积极性，又能让学生对问题有全面、客观的认识，无疑对学生正确理解马克思主义中国化理论是有帮助的。例如，在讲第八章时，我们结合前面所学的内容，组织学生课堂讨论：“新中国成立初期，多种所有制形式并存，为什么要进行社会主义改造？改革开放以后，为什么又要允许多种所有制经济成分共同发展？”教师引导学生结合当时的历史背景、社会主要矛盾、存在的主要问题、主要历史任务等开展讨论，学生讨论激烈，学会了从国情、从实际出发研究和解决问题的思维方式，收到很好的效果。

3. 案例式疏导教学法

案例式疏导教学法的特点是使教学活动呈现科学性、真实性、时代性、针对性，教学内容更加贴近学生、贴近生活、贴近社会。比如，讲第五章时，我们举了华西村书记吴仁宝接受凤凰卫视专访的案例，谈他是如何带领群众共同致富的，使学生感受到社会主义经济的最终目的是共同富裕，以及如何实现先富带后富；通过上海“飞乐”音响股份有限公司发行第一只股票的案例到改革开放 30 年来股票市场的发展，使学生明白，资本主义发展经济的方法和手段我们可以借鉴，破除市场经济是资本主义的本质属性的观念，认识到我们要借鉴世界发展经济的一切先进经验，完成社会主义的根本任务，使理论真正化为学生的行动指南，使学生身体力行，真正体现了思政课教书育人的特点。

4. 辩论教学法

在辩论教学法中，教师根据教学内容、结合社会实际，提出辩论题目，组织引导学生辩论，充分阐释正反两方面的观点，在辩论中提高认识，然后由教师点评，帮助学生客观、全面地认识问题。在这种互动方式中，教师在课前要布置好辩论题目，引导学生查资料，做好必要的准备，在教学过程中，让学生展开讨论，教师点评，帮助学生树立正确的理论观念。比如，在讲授第六章“社会主义初级阶段”这部分时，组织学生讨论：“社会主义初级阶段允许剥削现象存在是利大于弊还是弊大于利?”学生在收集资料、论证观点、听取教师点评的过程中，总结出社会主义初级阶段可以允许一定范围内的剥削存在，但要依法维护劳动者的合法权益，与剥削现象作斗争，最终消灭剥削，从而认识到我国现阶段经济制度的合理性。

5. 专题演讲式教学法

专题演讲式教学法通常选择与教材紧密结合的现实问题，一般分两种：一是先由学生演讲，后由教师点评；二是直接由教师演讲，以演讲方式将教学内容传授给学生。一般地，我们根据教学进度、教学内容，确保每周有一个小组进行一个课时的专题演讲。于开学初确定若干演讲专题，并根据大班学生人数将学生分为若干小组，及早安排学生收集资料和做演讲准备。等某一章节内容开课时，请对应的学生小组专题演讲。演讲的内容先是一周新闻评述，后是结合课堂知识专题演讲，最后是教师结合演讲主题与同学辩论，并释疑、解惑。通过学生间的互相问答以及教师的点评总结，最终形成对热点问题的正确认识。例如：在讲授“一国两制”和平统一祖国时，让学生进行专题演讲。学生在课外收集大量资料，如台湾的地理、历史等，从而轻松实现了教学目的。

6. 情景式专题教学法

情景式专题教学法通过设置一个生动鲜活的情景，以新颖活泼的形式呈现理论，它的特点是突出主题、突出重点、突出实效。教师应根据学生的知识背景，尽可能地占有相对鲜活的教学资源，充分了解教学参与者的思维习惯。在追求课堂教学互动的实践运用中，必须有明确的教学目的，以便注意根据不同的教学目的，采取不同的教学语言，达到相应的教学互动，从而产生良好的教学效果。比如在讲第二章中真理标准问题的讨论前，我们让三个学生扮演顾客、售货员、生产队长角色，表演“文革”中的经典对话，使学生体会文化大革命中的情景，通过让学生评判，理解真理标准讨论的重要性，使学生深刻理解教学内容，升华精神境界。

7. 社会实践式教学法

社会实践教学法通过社会实践，既开阔学生的视野，纠正学生对一些社会现象的不成熟、不正确的认识，也使教师通过带领学生进行社会实践获得第一手材料，丰富课堂教学。如我们在讲新民主主义革命理论内容时，利用双休日组织学生到黄埔军校、黄花岗烈士陵园参观，利用暑假到井冈山学习，亲临革命先辈们曾经历的战斗场景，感受先烈们在追求革命真理中表现出的无畏与执着；在讲社会主义改革和对外开放内容时，组织学生参观珠江新城、亚运会场馆、汽车城等现代化设施和工业基地，感受改革开放30年给我国带来的经济实力和科技实力，增强学生的民族自豪感。通过组织学生开展社会实践、社会调查，把思政课教学从课堂内延伸到课堂外。

三、“概论”课互动教学的核心是帮助学生完成信仰体系的构建

《国家中长期教育改革和发展规划纲要》提出：“注重学思结合。倡导启发式、探究式、讨论式、参与式教学，帮助学生学会学习。激发学生的好奇心，培养学生的兴趣爱好，营造独立思考、自由探索的良好环境。”① 我们提倡按照建构主义的原则，尽量开展互动教学，主要目的在于完成由教材、教学内容向知识体系的转换，向培养学生具有马克思主义理论者的理论素养的转换，尤其是由知识体系向信仰体系转换，使学生由马克思主义理论素养向马克思主义信仰转换，树立科学的马克思主义世界观、人生观、价值观。

精彩在课上，功夫在课外。当学生发现课程的进行是在解决他们人生

① 《国家中长期教育改革和发展规划纲要》（2010—2020），《人民日报》，2010年7月30日。

至关重要的问题时，他们的注意力才会集中，变被动为主动，而创造性思维的火花也正是在思维最积极、最活跃的时候迸发出来的，这就要靠教师点燃，使之进入角色，其燃点正是课下的功夫。另外，课堂互动也不能简单地理解为让学生多发言、多表演、多提问、多演示，每个学生思想水平、知识结构、出身条件、教育环境及生存状态各不相同，如果不能畅通思想、情感和心理交流的渠道，就不可能了解学生的学习能力及学习要求，实现教与学的互动和充分交流，实现教学过程的最优化，就是空谈。怎样才能保证信息反馈不滞后，这正是目前教师不能回避和亟待解决的问题。创设课前、课后灵活多样的交流通道，如建立 QQ 群、课后辅导、答疑、建立教学信息联络制度、手机短信等都不失为了解学生的好方式。

互动式教学克服了传统教学方式死板、沉闷的缺陷，利于营造良好的教学氛围；互动式教学注重学生的主体地位，让学生参与到教学中，有利于调动学生学习政治理论的积极性。在互动式教学中，教师以自己的方式影响学生，激发学生的学习兴趣，使学生由“不得不学”转变为“喜欢学、主动学”。互动式教学注重培养学生的创造精神、独立思考能力、观察分析能力、研究能力，使学生成为创造型、研究型人才，有利于提升学生的综合素质，有利于引导学生形成良好的学习习惯，也有利于使学生主动参与到学习中来，使他们感受到学习思想政治理论的乐趣，认识到学习政治理论、培养政治素养的重要性，从而提高他们观察问题、分析问题、解决问题的能力。这样，学生就不会把政治理论课学习当成是一种负担，而是把它当成一种乐趣，进而形成注意观察、自觉分析、关注社会热点的习惯。因此，我们要坚持探索，持之以恒。

四、互动教学应注意的几个问题

1. 教学形式要和教学内容相统一

思政课具有很强的政治性。教学方式方法的改革不等于思政课可以模糊政治立场，也不等于盲目迎合学生的喜好，哗众取宠。所以，教师在采用互动式教学时必须把握好教学内容，用灵活的形式为思想政治理论的内容服务，让学生真正领会、理解、接受马克思列宁主义，并主动运用马克思列宁主义的立场、观点、方法指导自己的实践。

2. 要加强对学生言论、行为的引导

学生作为教学的认识主体，其认识水平、行为能力是不完善的，正处于不断成长、发展的过程，因而，在充分尊重学生的主体地位的同时，还必须认识到学生主体的不完备性，要重视教师在思政课中的主导作用。教师必须加强对学生的引导，使学生树立起对社会、对生活的正确态度，实现用马克思列宁主义武装大学生的目标。

3. 重视和学生的情感交流

思政课应该是充满感情色彩的交流过程。教师在课堂上用平等的口吻与学生进行观点及情感的交流，有利于学生自觉自愿地接受教师的观点，理解社会现存的问题，融入到社会主义主流文化中去。课后适当地与学生进行交流，了解学生的生活、思想，有利于教师对互动方式、互动主题的适当选择，也能有针对性地对学生的观点、行为加以引导。

4. 重视考核方式的辅助作用

互动式教学法可以改变传统的“先学习，再考核”的既定顺序，采用“边学习，边考核”的办法。在互动学习的过程中，根据学生的表现给出一个评价，并以分数的形式表现出来，期末再综合理论考核，评定最后成绩。这样，学生在平时的学习中就能得到较大的满足，也激发了学生进一步配合互动教学的热情。

（王　琳　广东培正学院）

思想政治理论课项目教学改革之合理性探析[①]

在高等教育领域，以能力为本位的项目教学法应用于技能型、应用型课程，比较容易被接受，但是，应用于理论性较强的专业基础课、公共基础课，特别是思想政治理论课，是否合理，一直受到争论和质疑。思想政治理论课是具有较强理论系统性和内在逻辑性的人文素质课。对思想政治理论课实行项目教学改革，是否偏离了课程教学目标？能否获得更好的教学效果和更高的教学效率？本文试图论证思想政治理论课项目教学改革的合理性。

一、项目教学法释义

经过在中国知网和万方数据资源系统的检索，笔者发现关于思想政治理论课项目教学法和项目教学改革的研究成果非常少，且大都很零散和肤浅，关于思想政治理论课项目教学改革合理性的研究成果更为罕见。项目教学法是指教师设计覆盖教学内容的项目并围绕项目组织和开展教学，学生在教师的引导下通过完成项目任务学习知识、训练能力、培养素质的一种综合性教学方法。项目教学主要由内容、活动、情境和结果四大要素构成。全面采用项目教学法进行教学的课程，同时还应辅以配套的教学管理方式、教学条件和课程考核方式。“项目”可以是以生产具体的、具有实

① 基金项目：广东省高校思想政治教育委托课题《高职高专思想政治理论课教学改革路径研究》（编号：2010WT001）。

际应用价值的有形产品为目的的工作任务，也可以是一项服务。综合性的人文素质课设计的项目“生产”出来的也可以是无形的精神产品。精神产品又可以通过形象、生动的有形载体表现出来。

与传统的教学法相比，项目教学法具有鲜明的特点和突出的优点。第一，项目教学法以职业活动为导向（综合性的人文素质课教学应以人的整个社会生活为导向），以职业能力为目标（综合性的人文素质课以综合能力为目标），以社会或企业真实的项目为载体，以社会为背景，以实训为手段，强调教、学、做的一体化，理论知识和实践的一体化，学和用的一体化，真正实现“工学结合、深度融合”（综合性的人文素质课实现的应是学习与社会生活的深度融合）。第二，项目教学法突出能力本位，它通过设计和实施具有实用性、能够获得可展示的成果的项目组织和开展教学，强调教学内容的实用化、教学成果的产品化，按照市场、行业、企业的要求和社会的一般性要求，有针对性地进行专业技能和综合能力训练，从而加强课程教学与实际工作和社会生活之间的联系，在“所学”与“所用”之间建立一个近乎“零距离”的通道。第三，项目教学法的应用是让学生在教师的指导下完成项目任务，学生在完成项目任务的过程中学习和掌握教学大纲规定的教学内容。换言之，项目教学法以项目任务为驱动力，通过创设丰富的真实或仿真情境，使学生在做中学，在学中做，教师在学生做的过程中教，根据学生在做的过程中的需要和出现的问题有针对性地教。因此，项目教学法更有利于增强教学的针对性。[①] 第四，项目教学法实现了教师主导性和学生主体性的统一。教师是项目活动的总导演，学生是项目活动的具体导演、组织者和演员。教学舞台的真正主角是学生。第五，项目教学法实现了以“教”为中心向以“学”为中心的转化，强调引导学生在完成任务的过程中自主地进行自我建构，建构自己的知识和能力，并进一步建构自己的素质。所以说，项目教学法注重培养学生的自学能力、创新精神和走上社会之后的持续发展能力。第六，项目教学法要求以学生为本，且以每一个学生为本，关注每一个学生的知识学习、能力培养和可持续发展。整个教学过程是一个人人参与的创造性实践过程。所以，应用项目教学法必须实行小班教学，教学班学生人数控制在 30 ~ 50

---

① 徐涵：《项目教学的理论基础、基本特征及对教师的要求》，《职教论坛》2007 年第 6 期。

人为佳，如果教学班学生太多，教师很难有效地关注每一个学生。第七，项目教学模式下对教师教学工作的评价标准，不是教师讲得好不好，而是学生学得好不好；不是教师教了什么，而是学生是否学和学会了什么。具体来说，就是学生兴趣是否明显增强，能力是否明显提高。

实践需要理论的指导，没有理论支撑的实践是盲目的，也是不可能持续的。项目教学改革有其充分的理论基础。辩证唯物主义认识论、建构主义学习理论、发现学习理论、情境学习理论、“做中学”教育理论、行动学习理论等都为项目教学法提供了坚实的理论基础。① 项目教学法具有比较广泛的实用价值，它有利于增强教学效果，提高教学效率，激发学生学习的兴趣，培养学生自我学习、终生学习和持续发展的能力，培养学生应用知识、创造知识的能力，有利于让每一个学生学有所得、学有所长，使每一个学生成为受用人单位和社会欢迎的综合素质高、专业能力强、个人优势突出、持续发展能力强的人才。它既适用于技能型、应用型课程，也应该适用于理论性较强的专业基础课、公共基础课和思想政治理论课。

二、思想政治理论课的目标、性质、特点、理论教学任务与项目教学改革

在教学改革实践中，质疑项目教学法应用于理论性较强的专业基础课、公共基础课特别是思想政治理论课的合理性的理由，是认为技能型、应用型课程实用性、操作性较强，采用项目教学法可能合适，而理论性较强的专业基础课、公共基础课特别是思想政治理论课，采用项目教学法可能很难操作，也很难完成系统讲授理论知识的任务。试问，学习理论性较强的专业基础课、公共基础课包括思想政治理论课的目的是不是只停留在理解和记住理论知识的层面上，而不运用于对实际问题的解决或操作性的实践？应该没有人会给予肯定的回答。实际上，“实际问题”可以是物质性的问题，也可以是人的思想认识中实际存在的问题，如对马克思主义的认识，对社会历史现象或事件的认识，个人人生实践中的世界观、人生观、价值观、道德观、法制观问题等。况且，专业基础课、公共基础课包

① 徐国庆：《职业教育项目课程的几个关键问题》，《中国职业技术教育》2007 年第 4 期。

括思想政治理论课中的理论知识一般可以且应该应用于专业技术工作及具体的社会生活实践中。专业基础课、公共基础课包括思想政治理论课实际上也都是以能力为本位的课程。邓小平同志就曾讲过“学马列要精，要管用”。理论知识本身并不是思想政治理论课教学的主要目标，应用理论知识解决实际问题的能力才是思想政治理论课教学的主要目标。可以说，思想政治理论课是实实在在的应用型课程，也是真正以能力为本位的课程。思想政治理论课的项目教学改革符合思想政治理论课的目标、性质和特点，不会妨碍思想政治理论课理论教学任务的完成。

1. 项目教学模式下思想政治理论课目标的实现

思想政治理论课的目标主要是帮助学生理解人生和社会，学会运用思想政治理论正确分析与认识人生实践中的问题、思想认识中的问题和社会历史现象或事件，科学指导自己的人生实践和社会生活。可见，思想政治理论课的目标主要是能力和实践方面的，其次是观念、情感和意志方面的。

思想政治理论课的目标是促进学生全面自由发展，提高学生的综合素质。素质是什么？素质是由知识、能力、观念、情感、意志等要素构成的一个人的内在精神品质，是以知识为基础、以能力为核心、以观念为主导、以情感为动力之源、以意志为支撑的系统，其中知识、观念、情感、意志都服务于以思维能力、语言能力和行为能力为主的各种能力。构成素质的各要素之间的相互联系非常重要。比如，以机械的方式存在于人的头脑中的知识还不能说是素质的构成部分，知识只有与个人的能力、观念、情感、意志等形成有机联系，一起构成一个系统，即一起转化为个人的内在精神品质后，才能成为素质的构成部分。所以，知识的积累，能力的训练，观念、情感和意志的形成必须相互联动，才能达到培养素质的目的。素质是内在的，素质必须外化才能产生实际效果。行为是素质的外化，对素质的外化起着最直接作用的是素质中的能力要素。一个人的素质只能通过外在的行为及其效果来评价。所以，评价思想政治理论课程目标是否实现、实现的程度等状况，就要通过行为及其效果看学生理解人生和社会的能力，看其运用思想政治理论正确分析与认识人生实践中的问题、思想认识中的问题和社会历史现象或事件的能力，要考察学生的知识、观念、情感、意志。由此可得出，培养思想道德素质应当以训练有关的能力为重点。

采用项目教学模式，是否有助于思想政治理论课目标的实现？回答是肯定的。首先，思想政治理论课的项目教学模式重点训练学生理解人生和社会的能力，运用思想政治理论正确分析和认识人生实践中的问题、思想认识中的问题和社会历史现象或事件的能力，科学指导人生实践和社会生活的能力。其次，能力训练项目活动不仅促进学生自学、领悟思想政治理论课知识，而且能够促进学生知识的积累，能力的训练，观念、情感和意志的形成三者相互联动，促进学生活用知识，促进知识向能力转化并进一步内化为观念、情感、意志。仅靠知识的积累是很难形成观念、情感、意志的。例如，许多人在上大学时，在老师的教育和同学、老乡的影响下，明明知道钻研专业知识、博览群书、培养综合能力、报名参加硕士研究生入学考试对自己人生的重要性（知识层面），但因怕累、怕难、贪图眼前享乐而没去做，参加工作、走上社会后在工作和生活的实践中却产生了钻研专业知识、博览群书、培养综合能力或报名参加硕士研究生入学考试的观念、情感、意志，并坚定、持续地付诸行动并最终取得成功（观念、情感、意志、能力层面）。所以，行动、体验是培养素质的重要条件，强调行动、体验的思想政治理论课的项目教学模式有利于培养学生的思想道德素质。思想政治理论课的项目教学改革不但不会偏离思想政治理论课的目标，相反，更利于实现思想政治理论课的目标。①

2. 思想政治理论课程的性质、特点与项目教学法的相容性

有人担心，思想政治理论课是具有较强理论系统性和内在逻辑性的人文素质课，在运用项目教学法的过程中，能保障教学大纲规定的理论知识的系统性和内在逻辑性吗？笔者认为，能够保障将教学大纲规定的具有系统性和内在逻辑性的理论知识“教”给学生，但不是传统意义上的“教”。一个项目教学过程会经历多次“实践—认识—再实践—再认识”的循环往复，在这个过程中，关键要抓住两个重要方面。一方面，在项目活动过程中，重视根据教学情境指导学生系统学习该课程的有关理论知识；另一方面，在项目活动结束后的总结、综合、归纳阶段，还要引导学生梳理教材理论知识，巩固、加深其对具有内在逻辑性的理论知识系统的理解，引导学生持续自学和应用该理论知识系统。再说，项目教学法是一种综合性很

① 戴士弘：《职业教育课程教学改革》，清华大学出版社2007年版，第4~55页。

强的教学方法，项目教学过程本身是一个对课程理论知识融会贯通、活学活用的过程，它有利于引导学生更好地领悟理论知识系统及其内在逻辑。应用项目教学法既要坚持项目教学的基本理念和原则，更讲究根据具体课程特征和实际教学需要灵活处理，强调将项目教学法“用活”。总之，采用项目教学法，只要做到原则性与灵活性的统一，就可以避免教学内容的散乱，可以避免所授理论知识缺乏系统性和内在逻辑性的现象。

思想政治理论课除了具有较强理论系统性和内在逻辑性的性质、特点以外，还具有较强的现实性和实践性。如“思想道德修养与法律基础”课是一门融思想性、政治性、知识性、综合性和实践性于一体的课程，它注重理论联系实际和知行统一，具有很强的现实性和针对性。①“中国近现代史纲要”是历史理论课，既强调引导学生认识近现代中国社会发展和革命发展的历史进程及其内在规律性，也强调继承爱国主义传统和革命传统，增强民族精神，坚定走中国特色社会主义道路的信心，提高运用科学的历史观和方法论分析与评价历史问题、辨别历史是非及社会发展方向的能力。思想政治理论课的现实性、实践性特点和对能力培养的重视，符合项目教学改革的取向。

所以，思想政治理论课的性质、特点不会与项目教学法相冲突，不会妨碍思想政治理论课实行项目教学改革，相反，项目教学法运用得好，还可能更有利于引导学生把握思想政治理论课的知识系统及其内在逻辑。

3. 项目教学模式下思想政治理论课理论教学任务的完成

采用项目教学模式后，思想政治理论课主要是指导学生在完成项目任务的过程中自学教材理论知识。有人会担心，学生会去自学吗？学生自己能学得懂吗？学生能完成教材上理论知识的学习任务吗？首先，教师设计好了覆盖教材知识点的项目，项目具有实用性、趣味性和挑战性，学生在完成项目活动的过程中，会在具体任务和情境的激励下以及教师的具体指导下，主动去学习教材上的有关理论知识。其次，具体的情境能帮助学生对理论知识的理解，再加上教师针对具体的项目任务和情境对教材有关理论知识进行适当的精讲与指导，学生自己能学得懂。再次，关于思想政治理论课教材上的理论知识学习任务，并不是要求学生记住教材理论知识的

① 本书编写组：《思想道德修养与法律基础》，高等教育出版社2009年版，第14页。

每一句话，而是要求学生理解、领悟教材理论知识，把握其精神，并将其内化为自己的精神品质，形成自己的素质。

总之，评价思想政治理论课理论教学任务是否完成以及完成的质量，不是看教师是否一一细致地讲到了，而是看学生是否领悟了，看理论知识是否内化为学生的能力、观念、情感和意志并进一步外化为运用理论知识的自觉行为，因此，项目教学法是思想政治理论课教学改革针对性强的合理选择。

三、思想政治理论课的项目教学改革何以能获得更好的教学效果和更高的教学效率

思想政治理论课的项目教学改革能否获得更好的教学效果和更高的教学效率，这是思想政治理论课是否有必要选择项目教学法的关键。

思想政治理论课“灌输式”的教学理念是不科学的。知识不是教师“教”会的，而是学生“学”会的。没有任何知识能够完全凭借单向式灌输而为学生所掌握，学生对知识的获得总是要通过学生自身一定能力的活动才能实现。最有效的学习方式是在做事的过程中学习，包括从事生产和服务、讲给别人听、做给别人看和教别人等。引导学生在做中学习思想政治理论，有利于增强学生的学习效果，提高学生的学习效率，加深学生对思想政治理论的领悟，使学生对思想政治理论能够融会贯通、举一反三、活学活用。特别是，思想政治理论课的项目教学改革的某些突出特点具有较强的针对性，有利于解决长期存在的思想政治理论课教学效果较差、教学效率较低等问题，促进理论知识“进头脑”并外化为学生自觉的行动，从而可能从根本上促进思想政治理论课教学效果的增强和教学效率的提高。

第一，思想政治理论课的项目教学改革有助于增强学生学习思想政治理论课的兴趣和乐趣。兴趣是最好的老师，兴趣和快乐学习是有效学习的重要条件。目前学生学习思想政治理论课的兴趣普遍不足，要达到教学目标，先要激发学生学习的兴趣。要激发学生学习的兴趣，又必须先找到学生学习思想政治理论课兴趣普遍不足的原因。学生学习思想政治理论课兴趣普遍不足的原因有两个重要方面，一是学生觉得学习思想政治理论课对

他们没什么用或没多大用；二是学生觉得思想政治理论大都深奥难懂，学习思想政治理论比较枯燥，缺乏乐趣。针对这两个方面原因，思想政治理论课采用项目课程教学模式，设计对学生有实际作用、能以通俗易懂的方式展现理论知识、能够带来学习乐趣的项目，使学生带着实际任务快乐、轻松、主动地学习思想政治理论。一个项目活动或一个单元完成后，学生会发现自己深刻地领会了有关理论知识，认识到了理论知识的重要作用，学会了理论知识的灵活运用，积累了职业活动和社会生活经验（因为教学项目来源于职业活动和社会生活），还训练了口头表达、写作、组织、协调、表演等综合能力，也就是说，学生觉得自己有显著的、实实在在的、对自己有实用价值的收获。这样学生就会带着感兴趣、快乐的心态和自觉性认真地对待下一个教学项目，形成良性循环。

第二，强调“教、学、做一体化”、“理论知识和实践一体化”、“学和用一体化”的思想政治理论课的项目教学法能让学生在亲身体验、亲临情境中学习，促进思想政治理论知识内化为素质，转变成观念、情感、意志和自觉的行动。笔者曾于普通本科学院任教“马克思主义哲学原理”课，在批阅学生期末试卷时发现有些学生对“城门失火，殃及池鱼”仅作这样简单的解释：城门失火了，池里的鱼也跟着遭殃。这本是一道考查学生掌握关于物质世界普遍联系原理之情况的简答题。以学生此解答为代表的许多类似情况反映了思想政治理论课教学存在的某些深层次问题。许多思想政治理论课教师都有这样的感受，即使教学深入浅出、生动形象、有趣味，学生喜欢听，但是教学效果还是不好，学生对理论知识的掌握可能还是“一问三不知”，有关的语言和行为能力没有培养出来，有关的观念、情感、意志没有形成，课下不良的言语和行动仍未改善。这是什么原因造成的呢？实际上许多学生听课并未“带脑子”，并未跟着老师思考，只是看热闹，觉得老师讲得有意思、挺好玩，笑而置之，甚至“左耳朵进，右耳朵出”，思想观念、情感、意志并未受到有效影响，语言和行为能力并未得到训练，未将思想政治理论知识内化为素质，转变成观念、情感、意志和自觉的行动。因此，学生对老师讲授的思想政治理论知识的认识还基本上停留在感性层面，课后很快就忘记了。采用项目教学法，使学生充分行动起来，亲自动手、动脑操练，让学生在亲身体验中、在亲临社会情境中学习思想政治理论知识，有利于增强对学生的“刺激”，促进学生将思想政治理论知识内化为素质，转变成观念、情感、意志和自觉的言语与行动，这样学生难以忘记学到的思想政治理论知识，思想政治理论知识将长期在他们头脑中处于“活化”状态，持续地影响他们的人生实践。①

第三，思想政治理论课的项目教学改革有利于加强教学与实际工作和社会生活之间的联系，增强学生对思想政治理论的信服。知识是情境化的，没有社会情境的支撑，思想政治理论是站不住脚的，没有说服力。不少学生认为许多思想政治理论与现实不一致，是“空中楼阁”，难以使人信服。解决问题的关键是教师寻找和设计合适的真实或仿真的社会情境与项目任务，既要有起正面支撑作用的情境，也要有与思想政治理论不一致的情境。教学不能回避思想政治理论与现实不一致的情况。理论与现实本来就是不可能完全一致的。针对落后于理论之理想状况的现实，要引导学生寻找改革和发展现实的方向与方法。对于落后现实发展的理论，也要引导学生尝试完善理论，甚至提出新的观点，创造新的理论。这样使学生认识到思想政治理论的魅力，认识到自身改革、发展现实和完善、创新理论的责任，学会运用思想政治理论理智地认识各种社会现象，指导自己的人生实践，增强对思想政治理论的信服。

综上所述，项目教学法为思想政治理论课增强教学效果，提高教学效率，增强学生应用思想政治理论、持续学习思想政治理论、持续发展以及创新的能力提供了一种新的改革思路。思想政治理论课可以实施项目教学改革，全面采用项目教学法，从而可能从根本上促进思想政治理论课教学效果的增强和教学效率的提高。思想政治理论课的项目教学改革可以有不同于技能型课程的特点，可以在思想政治理论课与项目教学法的结合上多想办法，运用矛盾的普遍性与特殊性相统一的原理，针对思想政治理论课的特点创造性地运用项目教学法。实施项目课程教学改革后，思想政治理论课将可能真正成为“学生真心喜欢、终生受益”的课程。

（李友谊　广东清远职业技术学院）

① ［英］伊恩·麦吉尔、利兹·贝蒂著，中国高级人事管理官员培训中心译：《行动学习法》，华夏出版社 2002 年版，第 7～9 页。

高校思政网络课程互动教学模式创新研究

高校思政课互动教学模式是现代道德教育学关于德育主客体交替与互动规律的表现形式和应用。[①] 近年来，高校思政课互动教学模式因其对增强思政课教学实效性有着十分显著的作用越来越受到普遍关注和重视，特别是在落实高校思政课“05 方案”，推进高校思政课新课程建设过程中，国内许多高校都把互动教学模式作为教学改革的重要内容。目前这一模式已成为思政课教学方式方法改革创新的主流模式，并取得了许多成果。[②] 但从网络课程建设的视角，对高校思政课互动教学模式进行实践探索和深入研究的成果极少。本文从思政课网络课程建设、教学设计、教学方法与手段的运用以及教学评价等方面，探讨高校思政课互动式教学模式的内涵与特点。

一、建设网络课程，创新和丰富高校思政课互动式教学模式的内涵

1. 教学内容的开放性

网络中的教育信息是无限丰富的，学生完全可以根据个人的兴趣、爱好或需要选取知识和信息，学生与教师一样，对于教育资源拥有平等的获取权，学生不再被动地接受教师单向灌输的知识内容，而是主动地选择与研究，这就充分调动了学生探索、学习、分析、解决问题的主动意识，最大程度地发掘出个人的学习潜力。

---

① 李萍：《现代道德教育论》，广东人民出版社 1999 年版，第 7 页。

② 艾四林：《思想政治课新体系与教师队伍建设研究》，清华大学出版社 2008 年版，第 3 页。

2. 教学的时间延续性和空间的无限性

网络环境下互动式教学活动不受时间和空间的局限，即可以同时上网进行师生之间、生生之间的在线教学和即时交流，既方便又快捷。

3. 教学过程的参与性

网络平台的交互活动多数是通过一人一机的方式进行的，具有间接性、隐蔽性，它不同于传统课堂中用语言、动作、表情进行的直接交互活动，与他人的交流过程中不受情感因素的影响，学生可用文字充分表达思想，这为性格内向的学生创造了一个很好的情感表达机会。

4. 教学手段的现代化

互动式教学主要体现在“师生互动—生生互动—人机互动”等方面，在网络环境下可采用视频、音频并用技术，教师可将抽象深奥的知识通过各种形式，生动形象地呈现在学生面前，便于学生掌握，大大提高了学习效率，减轻了师生的负担。同时，在网络环境下还可以开设虚拟课堂、模拟法庭等虚拟场景，让学生在虚拟的空间中体验真实的社会情景。

5. 师生关系的平等性

网络教学既可以是一对一，即个别辅导，个别教学的形式；同时也可以是一对多，即一位教师同时对许多学生授课；还可以多对一，即在线学习者同时求助于多位教师指导，这种多样化的对应关系，为学生自主地选择不同的、适合自己学习特点的辅导提供了可能性。同时，网络的双向传播和参与的交互性，使教师以与学生平等的身份民主地参与教学，甚至产生教师与学生的角色互换，使“学生的教师”成为“学生式教师”，“教师的学生”成为“教师式学生”，学生在被教的同时，通过互动也在教教师。在民主、平等的环境下，学生通过文字所表达的成长困惑、感情纠葛既真实，又真诚，使教师可以更深入地了解学生的思想情况，更熟悉他们的语言，拉近与他们的距离。

6. 教学效果显著提高

网络互动式教学更容易实现师生和学生之间的即时交流、即时反馈，教师既可以对群体进行教学，也可以对个人进行单独教学，真正做到因人施教。同时，网络教学平台提供了大量的集形、声、图、文于一体的形象感知材料，能够将学生的眼、耳、手、口、脑多种器官充分调动。学生在边听、边看、边动手、边思考的多感官综合运用下，始终处于兴趣高涨、注意力高度集中的状态，从而迸发出创新的火花，获得较理想的教学效果。

二、网络课程中互动性设计和应用是创新思政课互动式教学模式的关键

1. 网络课程互动式动态学习机制设计

一是在教学内容方面，为适应不同学生和各门思政课程的教学需要，提供教学内容的动态（可以随时增删）构建机制和动态导航机制。基于网络平台的课程简介、教学大纲、教学计划、课程结构、教学进度安排、教学录像、电子教案、电子课件、图片、动画、视频影像、典型案例以及各种教学素材等，可以根据教材变化和教学需要进行增减或更新。同时，充分利用链接技术，在适当位置将学习的知识点与相关联的参考文献资料或其他知识点进行超级链接，以适应不同学生的学习习惯或不同阶段的学习需求。二是提供协作式的问题解决机制。例如，通过网络教学平台上讨论版、E-mail、BBS、QQ 和 MSN 的构建，确保师生互动、生生互动顺畅。三是提供自主学习选择机制。网络课程每章或每次课的自主学习栏目都要设计学习指南、学习目标、学习重点难点、课件或视频点击播放等。学生可以自行选择学习内容，选择适合自己的学习方法，选择与学习内容相关的链接网站，选择自己感兴趣的讨论专题等。

2. 立体式教学文档编辑设计，为互动式教学提供开放的教学内容

教学文档是教学内容的主要表现形式。传统教学文档只注重语义表达，强调知识的系统性、逻辑性，很少与情境、动画、音乐、背景色彩等建立联系，因而显得单调、枯燥。教学平台上网络课程的教学文档都利用网页制作技术，以超文本形式将教学体系转化为非线性呈现的教学体系，并运用多媒体技术将教材中抽象的概念、原理、重点、难点等教学内容以图像、动画、视频、音频等方式呈现，为互动式教学提供立体互动开放的教学文档，让学生能更直观地理解教学内容，大大提高了学生的学习兴趣和学习效率。

3. 网络课程的基本结构设计应从互动功能上满足互动式教学的需要

网络课程基本构成按功能可以划分为课程学习模块、教学交互模块、

教学管理与评价模块、学习指南与导航模块，其组织结构应是非线性呈现的。

（1）课程学习模块：根据思政课的教学目标和要求，利用网页制作技术，将教材体系转化为网络课程教学体系，向学生提供以教学计划为单元的教学文档以及帮助学生理解教学内容中的重点难点、重要概念、基本原理的辅助学习资料（包括教学素材、教学案例、图片、动画、视频音像资料、参考文献、在线作业与测试等）。

（2）教学交互模块：通过设计协作式的问题解决机制，为师生提供在网络教学平台上“同步”和“异步”在线交流沟通的途径或工具，如讨论区（同步或异步）、E-mail（异步）、在线交流（同步）等。

（3）教学管理与评价模块：包括题库与试题管理、作业测试记录、交互模块中的自由讨论记录、成绩查询等。

（4）学习指南与导航模块：通过“自主学习路线图”和学习内容链接的设计，为学生提供一个系统信息构成的框架，提示学生学习思政课网络课程的操作程序或步骤、学习进度、学习方法以及测试的反馈信息和成绩查询等。

4. 根据高校思政课特点创设网络环境的教学情境

建构主义强调学生在真实的情境下学习，可以减少知识与解决问题之间的差距，促进知识的迁移。利用网络教学平台提供的丰富的学习资源和充足的学习辅助工具（包括学习导航、协作交流、在线答疑、在线考核、学习补救与矫正的帮助等），可以创设具有交互性、共享性、开放性、协作性和自主性的网络学习情境，为学生提供远远超出传统课堂教学中教师给予学生的指导和帮助，为互动式教学提供突破时空限制的网络教学环境。

三、以“互动式教学”为核心，探索创新鲜活多样的网络课程互动教学模式

（1）讲授型模式。教师讲解主要内容—提出研讨主题—引导学生阅读网络课程中的相关教学案例与素材—要求学生进入讨论版围绕主题在线交流—教师点评、总结—学生在规定的时间段（课堂内或课后）完成在线作

业或单元测试—成绩反馈。这种教学模式可将思政课网络课程应用于课堂教学，它既区别于远程教育，也不同于作为传统课堂教学补充的课程教学网站，能充分实现传统课堂教学与课程教学网站的优势互补。

（2）自主学习模式。这是一种探究性学习，是互动式教学最重要的模式，它使学习者能充分意识到自己的学习行为和学习目标，可以灵活安排学习时间，选择适合自己的学习方法、学习内容，并通过师生互动、生生互动进行自我检测、自我激励。这种模式适合学习素质较好的学生。

（3）基于问题的教学模式。借鉴建构主义的理论观点，构建基于问题的学习模式。例如，设置与教学内容相关的“疑问”，使学生在学习指南或导航机制引导下，通过学习网络平台相关内容来发现或寻找问题，并通过师生互动、生生互动进行解答，有利于培养学生的自主学习能力和创造性学习能力。

（4）互动协作教学模式。借助协作工具，如 E-mail、BBS、QQ 和 MSN 等，使教师与学生、学生与学生之间，针对问题或主题进行互动探讨、争论，共同探寻解决问题的方案。

（梁英平　深圳信息职业技术学院）

提高大学生思想政治教育工作实效性的根本路径论略

胡锦涛提出，要“改进思想政治教育工作的方式、方法和手段，切实把思想政治教育工作做到大学生心坎上”①，这给我们做好大学生思想政治教育工作提出了更高的要求。大学生思想政治教育工作不是一成不变的，既要用好传统好方法，又要不断地创造新鲜经验。当前我国大学生思想政治教育工作面临复杂性、艰巨性、长期性、综合性等一系列的难题，需要在继承党的大学生思想政治工作的优良传统的基础上，积极探索新形势、新时期下提高大学生思想政治教育工作实效性的根本路径。

一、坚持教书与育人相结合

重智育，轻德育；重专业理论知识教育，轻思想政治教育，这是当前大学生思想政治教育工作中存在的一个突出问题。这势必影响大学生思想政治教育工作实效性的全面提高。对此，江泽民曾经在《关于教育问题的谈话中》一文中指出：“教育是一个系统工程，要不断提高教育质量和教育水平，不仅要加强对学生的文化知识教育，而且要加强对学生的品德教育、纪律教育、法制教育。教师作为‘人类灵魂的工程师’，不仅要教好书，而且要育好人。”② 教书与育人，是对每一位教师的基本要求，也是大学生思想政治教育工作者义不容辞的神圣责任。

---

① 胡锦涛：《在全国加强和改进大学生思想政治教育工作会议上的讲话》，新华社，2007 年 3 月 17 日。

② 江泽民：《关于教育问题的谈话》，《人民日报》，2000 年 4 月 24 日。

(1) 教好书。教书是大学教师的天职，教好书是一个大学教师最基本的要求。一个学识渊博、业务精湛、教学效果好的优秀教师一定会受到大学生的崇敬和信任，大学生就会亲其师，信其道。要教好书，就要让大学生主动学习，把课堂还给大学生，让大学生成为学习的主人，给大学生最大的发展空间，培养大学生的创新精神和实践能力。让大学生成为课堂的主人，并不是排斥教师讲，而是要精讲，创造性地讲，在课堂教学中起到画龙点睛的作用。同时学校也要为教师在时间上、物质上创造条件，处理好日常教学与继续教育的矛盾，针对学校的专业特点，根据大学生思想政治教育工作的要求，选好内容，开班培训，提高大学生思想政治教育工作者的业务技术素质，改进教学方法，提高教学质量。

(2) 育好人。不断强化“学校教育，育人为本，德智体美，德育为先”的理念，把人才培养作为根本任务摆在学校一切工作的首位，把大学生思想政治教育融入到大学生专业学习的各个环节，渗透到教学、科研和社会服务各个方面，引导大学生在学习科学文化知识的同时，自觉加强思想道德修养，提高思想政治觉悟。要着力在两个方面下功夫：一是在强化教师职业道德上下功夫，二是在培育教师职业精神上下功夫。应引导大学教师忠诚党的教育事业，大力弘扬求真务实的学风，以孟二冬为榜样，形成教书育人的崇高风范、勤勉踏实的治学精神、为人师表的高尚品德、关爱大学生的真挚情怀，做教书育人的楷模。同时教师要以身作则，俗语说，“喊破嗓子，不如做出样子”，大学思想政治教育工作者的亲身示范是激发大学生的最佳方式。“教师在干，大学生在看”，以身作则就是无声的教育。在敢于担当培养一个人的任务以前，自己必须是一个值得推崇的模范。

二、坚持教育学生与教育自我相结合

教师的主要任务与职责是教育学生，使学生全面发展。但是要教育别人，自己必须拥有更多的知识，俗话说，你要给别人一杯水，你自己就要有一桶水。而且整个教学过程是一种教学相长的过程。

(1) 教育学生。教师对大学生应以诚相待，动之以情，晓之以理，切不可不结合实际空口说教，要结合大学生的特点，帮助大学生树立正确的人生观、价值观。特别是在大学生犯错误时，教师不要一味责怪，应从造成的危害和影响等方面进行教育，用尊重大学生的爱心、诚心换取大学生的理解。爱大学生，就要严格要求大学生，就要关心、爱护每一个大学生，就要不放弃每一个大学生，就要宽容每一个大学生，就要理解大学生，做大学生的良师益友。爱大学生，要严而有度，要体谅大学生的苦衷，要站在大学生的角度思考问题，想大学生所想，急大学生所急，不伤害大学生的自尊心。先给大学生讲清道理，然后严格管理，让大学生知道老师这样做是为了他们好，无严之爱是害，严爱结合才是爱。要爱中有严，爱而有度。严格的爱，鼓励的爱都应该有，就像爱自己的孩子一样。由于受旧的教育方式的影响，有的大学思想政治教育工作者习惯于“我说你听，我灌输你接受，我安排你落实”，这样容易造成教育工作者与大学生的对立情绪和隔膜状态。因此，大学生思想政治教育工作者要重心下移，与大学生打成一片，心贴心与大学生交朋友，站在大学生的角度，替大学生着想。少讲大话、套话和官话，关心大学生思想上的进退、学习上的进步、精神上的需求和生活上的苦乐，用真情和亲情去打动大学生。发挥教师的教育引导作用，以高尚的情操、丰富的学识影响教育大学生。只有这样，大学生思想政治教育工作才有针对性，也才能够取得实效。

（2）教育自我。大学思想政治教育工作者自身素质的提高是思想政治工作的实效性的根本保障。在知识经济时代，知识和技术更新的速度越来越快，大学思想政治教育工作者如果不经常处于学习状态，就会面临落伍的危险。时代发展要求大学思想政治教育工作者必须转变学习观念，确立“边学边干、边干边学、终身学习”的观念，紧跟当代知识和技术的发展步伐。大学思想政治教育工作者不但知识面要广，而且要不断地更新知识，不断地扩展自己的知识面。知识是做好大学思想政治教育工作的资源，利用好这种资源，就能够拓宽大学生思想政治教育工作的领域，有利于大学思想政治教育工作者在新形势下打好主动仗，从而提高大学生思想政治教育工作的实效性。

三、坚持政治理论教育与社会实践教育相结合

大学生思想政治教育要始终把坚持正确的政治方向放在首位，以马克

思主义为指导，高举中国特色社会主义伟大旗帜，坚持把马克思主义中国化最新成果及时融入教学和研究中，坚持中国特色社会主义伟大实践与大学生思想政治教育主题的统一，以中国特色社会主义建设的伟大成就丰富大学生思想政治教育教学内容，以中国特色社会主义建设过程中提出的重大理论和现实问题为解疑释惑的重点，以中国特色社会主义共同理想凝聚力量，引导当代大学生把个人的成长进步融入推动国家富强、民族振兴的时代大潮。

大学生思想政治教育具有鲜明的政治特征，对“为谁培养人”这一问题的回答直接体现大学生思想政治教育的性质与方向。邓小平强调，“我们的学校是为社会主义建设培养人才的地方”，“要注意培养人”，“真正关系到大局的是这个事”。我们要培养有理想、有道德、有文化、有纪律的“四有”新人。江泽民强调，当代大学生“树立什么样的理想，学到什么样的知识，具有什么样的能力，对于祖国和民族的未来关系重大”，希望当代大学生“成为祖国和人民需要的人才”，当代大学生要成为“理想远大、热爱祖国的人”，“追求真理、勇于创新的人”，“德才兼备、全面发展的人”，“视野开阔、胸怀宽广的人”，“知行统一、脚踏实地的人”。胡锦涛也强调，“要增强我国的综合国力和国际竞争力，要实现又好又快发展，要牢牢把握自己命运、不断开辟美好前景。说到底，必须不断提高全民族的思想道德素质和科学文化素质，尤其必须造就一支庞大的高素质人才队伍”①。因此，要重视课堂教育，系统讲授邓小平理论、“三个代表”重要思想和科学发展观等党的创新理论，提高大学生的政治理论素养；要组织大学生走出校门、深入基层、深入群众、深入实际，让大学生在实践中受教育，长才干，作贡献。胡锦涛希望当代青年“努力成为理想远大、信念坚定的新一代，品德高尚、意志顽强的新一代，视野开阔、知识丰富的新一代，开拓进取、艰苦创业的新一代”②。

提高大学生思想政治教育工作的实效性，要着力改革学年学期设置，把社会实践纳入学校的教学计划和考核体系，规定学时学分，使社会实践制度化、规范化，确保大学生每年至少参加两周以上的社会实践活动。着

① 胡锦涛：《在北京大学师生代表座谈会上的讲话》，新华社，2008年5月4日。
② 胡锦涛：《致中国青年群英会的信》，《中国青年报》，2007年5月15日。

力完善社会实践保障体系，制定优惠政策，在企业、部队、城市社区、农村乡镇、爱国主义教育基地等，建立一批相对稳定的大学生社会实践基地。着力加强组织引导，把社会实践与就业结合起来，与单位选人用人结合起来，与服务西部、建设西部结合起来。发挥大学生自我教育、自我管理、自我服务的主体作用，调动其参与班集体、社团、生活社区、网络虚拟群体等方面管理工作的积极性和主动性。要按照各人在成长过程中所表现出来的才能和品德的差异给予区别对待，尽可能使每个人按不同的条件向社会主义和共产主义的总目标前进。当代大学生要坚持学习科学文化与加强思想修养的统一、坚持学习书本知识与投身社会实践的统一、坚持实现自身价值与服务祖国人民的统一、坚持树立远大理想与进行艰苦奋斗的统一。大学生思想政治教育工作者要始终不渝地全面贯彻党的教育方针，坚持学校教育、育人为本，德智体美、德育为先，充分发挥大学生思想政治教育主阵地、主课堂、主渠道的作用，全方位推进大学生思想政治教育工作，多方面促进大学生全面发展。把大学生培养成为具有较强的实际工作能力，张开嘴能说，拿起笔能写，卷起袖子能干活，关键时候能顶得上的人才。

四、坚持推进解决思想问题与解决实际问题相结合

大学生思想政治教育工作是根据客观环境的变化所引起的人的思想变化而开展的工作，它能够化解矛盾，统一思想，稳定队伍，坚定信心。提高大学生思想政治教育工作的实效性，要着力从具体问题抓起，积极为大学生创造良好的学习、生活和文体活动环境，要着力加强大学生就业指导工作，初步建立健全大学生就业指导机构和就业信息服务系统。基于大学生思想政治教育工作的新发展和大学生思想认识活动规律与特点的新认识，要坚持贴近大学生、贴近实际、贴近生活，不断推进大学生思想政治教育理念、体制、机制、方式以及方法的创新，努力提高大学生思想政治教育工作的针对性、实效性、吸引力和感染力，不断赋予大学生思想政治教育工作鲜活的生命力和创造力。

把解决思想问题与解决实际问题结合起来，既解疑释惑、以理服人、教育引导大学生，又排忧解难、以情感人，帮助大学生解决学习成才、择

业交友、健康生活等具体实际问题。要着力加大对品学兼优经济困难大学生的助学奖励力度和贴息力度，加大生源地国家助学贷款力度。要着力培育和建设更加完善的毕业生就业市场，继续采取优惠政策，选调优秀毕业生到西部工作、到农村工作、到社区工作。大学生思想政治教育工作必须善于发现大学生思想政治方面存在的问题，针对大学生思想实际存在的问题做工作，是大学生思想政治教育工作创新的重要切入点。大学生思想政治教育工作，要敢于正视在大学生中存在的问题，破除讲问题砸“牌子”、亮家丑丢“面子”、揭短处失“位子”的思想；要透过大学生的一些表面现象看他们的本质，不能只从一个角度、只用一个方法去看，以偏概全；要科学地分析和思考大学生中存在的思想政治问题，及时做思想政治教育工作，将问题当作推进工作的突破口，这样思想政治教育工作才会有所创新，取得实效。大学生思想政治教育工作要坚持以人为本，走群众路线。大学生思想政治教育工作要体现亲情，体贴大学生，多一点尊重，少一点强制。在平时的工作中，大学生思想政治教育工作者要放下官架子，真诚地对待每一个大学生。

既注重解决实际问题，又不能忽视教育引导在大学生思想政治教育中的作用。大学生中，有一些人因家庭经济条件较差，出现沉默寡言和封闭的倾向，不愿意和别人交流，对这种大学生必须针对实际问题进行引导、沟通，并给予实际的帮助。教育工作者要时刻以大学生为中心，以生活为中心，尊重大学生，关心大学生，深入到大学生中，倾听大学生的呼声，及时了解大学生的思想动态。通过深入社会实践，利用暑期和寒假，组织、引导大学生参加各种健康有益的活动，真正做到教育与生产实践相结合，工学交替，走向社会、深入基层，把大学生思想政治教育工作落到实处。

五、坚持推进教育方式多样化与提高管理水平相结合

在教学方式、方法上，应坚持理论与实践相结合、人文科学与自然科学相结合，积极推行个性化教育，为大学生发展营造一个有利的课堂环境。在教学手段上，要重视对现代化教学技术的学习、研究和应用，及时将反映现代科学技术发展的最新成果和技术运用于教学中，加速实现教学

技术和手段的现代化，这是实现培养创新型人才目标的重要方式。教师在课堂上要最大限度地满足学生发展的需要，尽可能做到让大学生在“活动”中学习，在“主动”中发展，在“合作”中增知，在“探究”中创新，充分体现大学生学习的自主性。问题让大学生自己去解决，规律让大学生自己去发现，方法让大学生自己去寻找，结果让大学生自己去探究。

加强学校宣传文化阵地的建设与管理，坚决抵制各种有害文化和腐朽生活方式对大学生的侵蚀与影响。加强对哲学和社会科学研讨会、报告会、讲座的管理，不给错误观点和言论提供传播渠道。在学分制的教学管理体制和后勤社会化的模式下，高校管理者和思想政治教育工作队伍要努力探索全新的管理模式和管理理念，要明确管理目标，健全管理机制，完善管理制度，了解管理对象，掌握管理方法。加强治安管理，建立良好的校园及周边治安秩序。加强大学生宿舍、食堂等生活社区的管理，在科学、严格的管理和细致入微的服务中，提高大学生思想政治教育工作的实效性。

大学生思想政治教育工作是一项综合的社会系统工程，为了使这项工作收到良好的效果，就要善于把握大学生思想政治教育工作的方法，不断探索提高大学生思想政治教育工作实效性的路径，这样才能让大学生思想政治教育工作具有永久的生命力。

（仇小敏　广东商学院）

利用红色文化提高“概论”课教学实效性的思考

“概论”课是向大学生介绍马克思主义中国化的理论成果，有较强的理论性和政治性；其涉及的内容十分广泛，涵盖了近代以来中国政治、经济、文化、社会、内政、外交、国防、党建、革命、改革、发展和稳定等内容，每个方面都涉及理论和实践、历史和现实。作为思政课教师，能够恰当地选择和运用有效的教学资源开展教学活动，让学生感到有兴趣，愿意学，学习后有收获，是实现该课程教学目标、提高教学实效性的关键。笔者通过近年多轮教学实践的探索，认为利用红色文化可以提高“概论”课教学实效性。

一、红色文化是“概论”课重要的教学资源

“思想政治教育的实施需要借助一定的载体，没有载体的承接，思想政治教育的过程就难以进行或者难以取得理想的效果。”① 所以，“全面把握思想政治教育的有效载体，并根据社会历史条件的变化和思想政治教育的发展，选择合适的载体是加强和改进大学生思想政治教育的一个重要方面”②。毛泽东思想、邓小平理论、“三个代表”重要思想、科学发展观的产生与发展源于中国革命、建设和改革的需要，是全党、全社会的指导性

---

① 陈金龙：《纪念活动与思想政治教育——以改革开放三十年以来的纪念活动为视角》，《思想教育研究》2008 年第 8 期。

② 柳礼泉：《红色影视——加强和改进大学生思想政治教育的新亮点》，《思想教育研究》2007 年第 2 期。

纲领、是国家的大政方针，有很强的实践性、政治性和理论性。内容很重要，但是学习起来容易枯燥，课堂上常常出现学生注意力不集中的现象。因此，在“概论”课教学中，有必要运用一定的材料载体开展教学。红色文化是在革命战争年代，由中国共产党人、先进分子和人民群众共同创造的先进文化，它既包括了文物、遗迹、史料等有形的物质，又包括了无形的精神价值、优良传统、优良作风。在“概论”课教学中渗透红色文化内容，有利于大学生加深对革命领袖丰功伟绩、理论贡献、人格魅力的了解；也有利于大学生深化对党的光辉战斗历程、伟大成就的认识；同时，也有利于增强“概论”课教学的吸引力和感染力。所以，可以说，红色文化是中国共产党宝贵的精神财富，也是高校进行思想政治教育的宝贵资源。

高职高专肩负着培养应用型技术人才的重任，要使学生适应未来工作岗位要求，成为理想远大、道德高尚、人格完美、意志坚定，爱岗、敬业、奉献的职业人，无疑要高度重视思想政治教育，提升大学生思想政治素质。《中共中央国务院关于进一步加强和改进大学生思想政治教育的意见》指出，“深入进行弘扬和培育民族精神教育，深入开展中华民族优良传统和中国革命传统教育”，并提出在高校思想政治教育过程中要努力贯彻文件精神。当代大学生都是“90”后的青年人，革命与战争对他们来说是陌生和遥远的，要使他们了解中国新民主主义革命和社会主义革命的发生、发展，培养他们热爱祖国、热爱党、热爱社会主义、热爱人民的情怀，有必要在“概论”课教学中利用红色文化对他们进行中国革命史教育、中共党史教育、爱国主义教育、集体主义教育和社会主义教育。只有这样，才有利于把大学生培养成德才兼备的中国特色社会主义事业的建设者和接班人。

二、利用红色文化进行“概论”课教学应重视的几个问题

利用红色文化进行“概论”课教学提高教学实效性，必须转变教学理念，以学生为本，把握好教材，深入研究教材体系、理论体系，准确理解教材的主题和主线，灵活运用教学资源。具体地说，就是要做到以下几点：

1. 在教育导向上，突出“两个激发”

（1）激发育人的功能。红色文化是中国共产党人在艰苦卓绝的革命战争年代，在浴血奋战中铸造出来的成功经验、优良传统和优良作风。每一段红色文化都折射出革命先辈的崇高理想、坚定信念和爱国情操；每一段红色文化都能够使大学生感悟那段烽火连天斗争岁月的艰辛和今天幸福生活的来之不易。进行“概论”课教学要使大学生完整、准确掌握毛泽东思想和中国特色社会主义理论体系两大理论成果，帮助大学生运用马克思主义的立场、观点和方法，科学地认识和分析复杂社会现象；树立正确的世界观、人生观、价值观，坚定在党的领导下走中国特色社会主义道路的理想信念。在教学目标与实现效果上，“概论”课和红色文化是相辅相成的。在“概论”课教学过程中，穿插红色文化史料，能够使大学生直观、生动地接受红色文化的洗礼；接受爱国主义、集体主义、社会主义教育；能够帮助大学生理解党在各个历史时期制定的路线、方针、政策；能够培养大学生对祖国、对党、对人民的感情；能够培养大学生艰苦奋斗、勇往直前、执着追求的品格和精神。

（2）激发激励的功能。在一个半封建、半殖民地社会里，中国共产党带领人民为推翻三座大山的压迫，进行了前赴后继、不屈不挠的英勇斗争，谱写了英雄史诗，同时也抒写了可歌可泣的红色文化。红色文化再现了中国共产党为理想苦苦寻找解放道路艰难探索、起伏跌宕、波澜壮阔、苦难光辉的斗争历程；再现了红色指战员矢志不渝、执着追求、英勇无畏、视死如归的豪迈气概。依托“概论”课程，进行红色文化教育，可以使大学生在学习中获得不同的收获和感悟。红色文化鲜明的爱国主义、集体主义、舍身忘我的英雄主义在大学生的脑海里烙下了深深的印记，正是这一特定时代勇于为理想而献身的精神以及那些原汁原味的东西，增添了红色文化无法复制的本色魅力。红色文化教育直观生动、感染力强，能够使大学生产生心灵上的共鸣、思想上的共识，成为激励后来者追求理想的动力与源泉。

2. 在教育内容上，做到“两个强化”

（1）强化中国共产党战斗历程教育。“概论”课主题是马克思主义中国化的理论与实践，主线是马克思主义中国化进程中的两大理论成果。不管是主题还是主线，两者都涉及中国共产党产生、发展、壮大的历史，而红色文化体现了党的成长经历，昭示中国共产党执政和走社会主义道路的必然性。因而在“概论”课教学中要强化对中国共产党战斗历程的教育。课堂上，可以以新民主主义革命、社会主义革命和社会主义建设各个时期党的发展为脉络，以史带论，史论结合，穿插介绍一些有深刻影响、深刻意义，且能够突出中国共产党发展历程的历史事件。同时，也可以适当介绍中国共产党人物，介绍他（她）们成长的经历、传奇的人生和壮丽的事业。课后，鼓励大学生多读一些中国近现代历史书籍和中国共产党伟人传记，倡导大学生研读毛泽东、邓小平等老一辈无产阶级革命家的文选。课余，可以结合当地实际，组织大学生参观爱国主义教育基地、中国共产党领袖故居。这样一来，可以使大学生了解近代中国国家积贫积弱，人民饱受磨难，为拯救国家和人民命运，中国共产党勇敢地担负起历史的重任；可以使大学生了解中国共产党的光辉历史，认识中国共产党的英明伟大，体会中国共产党的精神风骨和中国共产党为国家、民族及人民谋利益的艰辛历程；同时，还可以使大学生认识到社会主义中国不是从天上掉下来的，而是中国共产党领导广大人民群众经过流血牺牲，长期艰苦奋斗建立起来的，从而使大学生认识到“没有共产党就没有新中国”、“只有社会主义能够救中国”的真理，进而理解和自觉接受共产党的各项方针、政策。

（2）强化中国共产党伟大成就的教育。中国共产党从 1921 年成立至今已经拥有 90 多年的发展历程。90 多年来，中国共产党团结带领人民在中国这片古老的土地上，书写了人类发展史上惊天地、泣鬼神的壮丽史诗。它主要做了三件大事，“第一件大事，经过北伐战争、土地革命战争、抗日战争、解放战争，经历 28 年浴血奋战，实现了民族独立、人民解放”；“第二件大事，确立了社会主义基本制度，创造性地实现由新民主主义向社会主义的转变，使占世界人口四分之一的东方大国进入社会主义，实现中国历史上最广泛最深刻的社会变革”；“第三件大事，从根本上改变了中国人民和中华民族的前途命运……不可逆转地开启了中华民族不断发展壮大、走向伟大复兴的历史进程”①。如何把书本上关于中国共产党伟大成就的理性文字用生动、活泼的方式来教育大学生呢？笔者认为可以在课

① 胡锦涛：《在庆祝中国共产党成立 90 周年大会上的讲话》，人民出版社 2011 年版，第 3 ~ 4 页。

间播放一些和课堂讲授内容相应的歌颂共产党的红歌、红色影片；利用节假日让大学生参观领袖人物诞辰周年纪念展、纪念历史事件周年展、社会主义建设成就展、改革开放成就展；通过社会实践活动、“三下乡”活动，让大学生作今昔对比，坚定走中国特色社会主义道路的理想信念，增强推进中国特色社会主义事业发展的自觉性，使大学生正确认识自身肩负的历史使命。

3. 在教育方式上，把握“两个结合”

（1）红色文化教育与“概论”课教学目标相结合。“概论”课教学是为了帮助大学生系统掌握毛泽东思想、邓小平理论、“三个代表”重要思想及科学发展观的深刻内涵和精神实质，提高大学生思想政治素质，把大学生培养成中国特色社会主义事业的建设者和接班人。当前大学生思想政治状况的主流是积极、健康和向上的。他们坚持四项基本原则，拥护党的路线、方针、政策。但在市场经济的影响下，一些大学生身上不同程度地存在着理想、信念模糊，价值取向扭曲，诚信意识淡薄，社会责任感缺乏，艰苦奋斗精神淡化等问题。以红色文化为载体，进行“概论”课学习，能够有效解决以上问题。红色文化是一部中国共产党为人民利益而奋斗的历史，当中形成的革命传统、革命精神是思想政治教育鲜活的教材。在“概论”课教学中渗透红色文化教育，往往既能够提高教学内容的吸引力和感染力，又能够充分发挥大学生学习的主体作用，激发大学生学习的积极性和主动性，同时还能够解决大学生存在的思想政治问题。

（2）弘扬革命精神与时代精神相结合。红色文化提炼和凝聚了中国共产党人的革命精神。中国共产党在领导中国革命的征程中形成了井冈山精神、长征精神、延安精神和西柏坡精神，这些精神是红色文化的精髓，是激励人们开拓进取、矢志不渝的强大精神支柱。今天，建设和发展中国特色社会主义事业，是一项充满艰辛、充满创造力的壮丽事业。伟大的事业需要崇高的精神，崇高的精神支撑和推动着伟大的事业。以改革创新为核心的解放思想、实事求是、与时俱进、勇于创新的时代精神同中国共产党领导人民在长期革命、建设和改革中形成的优良传统结合在一起，是中华民族生生不息、发展壮大的强大精神动力，熔铸在民族的生命力、创造力和凝聚力之中鼓舞斗志。在“概论”课讲授中渗透红色文化，通过对不同时代中国共产党人为了民族、为了人民的事业，抛头颅、洒热血，鞠躬尽痒、无私奉献，不畏艰险、勇于攀登、开拓进取精神的学习，既可以培养大学生民族精神，又可以培育时代精神。

三、结语

红色文化是一座精神丰碑，彰显着中华民族精神和中国共产党斗争精神。红色文化蕴含着许多生动感人的革命事迹，红色文化教育直观生动，感染力强。在“概论”课教学工作中加强红色文化教育，能够使大学生产生心灵上的共鸣、思想上的共识，符合教育的规律，能够增强课堂教学的生动性，调动学生学习的热情，能够提高大学生的政治素养和理论素养。

（王明霞　广州航海高等专科学校）

提高“概论”课教学质量和效果的方法与途径

为贯彻落实《中宣部、教育部关于进一步加强高等学校思想政治理论课教师队伍建设的意见》（教社科〔2008〕5号），充分发挥高等学校思想政治理论课的育人功能，推动中国特色社会主义理论体系“进教材、进课堂、进大学生头脑”工作，不断提高教师的教学水平，增强大学生的思想政治素质，结合实际，现就如何提高“概论”课教学质量和效果的问题，作一些粗浅的探讨。

一、精通教材，博览群书，写好教案

我们认为，提高“概论”课教学质量和教学效果的基础，就是要精通《毛泽东思想和中国特色社会主义理论体系概论》这本教材，博览与“概论”课学科相关的群书，写好“概论”课教案。

首先，按照“概论”课教学大纲的要求，努力准确、透彻地钻研和把握教材所要传授的基本知识、基本原理、基本经验和基本技能。因为教材是教师教学和学生学习的基本材料。教师要根据教材的内容进行教学，并注意结合实际运用教材；学生要根据教材进行学习，要切实掌握教材所规定的内容。教材是检查教学质量及教学进度的具体依据。深入钻研和正确阐述教材，充分揭示教材中丰富的思想内容和科学内涵，这是在教学中贯彻思想性与科学性统一原则的主要环节。因此，教师应花大力气钻研教材。只有这样，教师讲课时才能理直气壮地说得清楚，道得明白，就不会“以其昏昏使人昭昭”。

其次，教师应广泛地阅读与毛泽东思想和中国特色社会主义理论体系概论学科相关的资料，吸取众篇所长，丰富毛泽东思想和中国特色社会主义理论体系概论的教学内容，达到教学广度与深度的结合。我们多年的教学实践说明，对本学科钻研得越深，自己的知识越丰富、越深厚，就越能在教学过程中把知识教活，就可以避免照本宣科、生搬硬套，就能指导学生灵活地掌握知识和应用知识。如果教师对毛泽东思想和中国特色社会主义理论体系概论学科不熟悉，掌握得不深不透，一知半解，就谈不上教学质量和教学效果。正如有经验的教师常说的那样，“要给学生一杯水，自己得有一桶水”。“一杯水”与“一桶水”，是“厚积而薄发”的一种形象比喻。

最后，教师必须将自己钻研《毛泽东思想和中国特色社会主义理论体系概论》教材、旁征博引本学科知识之所得，认真写成条理清晰、语言规范的教案。只有这样，才能避免出现教师没有准备地在课堂上临时任意发挥、东扯西拉、杂乱无章的现象。

值得注意的是，上述精通教材、博览群书、写好教案的工作，不应该理解为一次性的活动，而应该理解为连续性的、周而复始的长期活动。不仅青年教师要这样做，有多年教学经验的老教师也要这样做；不仅对新版教材要这样做，对非常熟悉的教材也要这样做。因为教学情况极其复杂，实际上并没有两堂相同的课。尤其是社会不断发展，知识不断更新，使得“概论”课的教学大纲、教材、教学手段和整个教学过程经常处于发展变化之中，这就给教师教学不断地提出新的要求。况且，教学是一种艺术的创造和再创造，是永远没有止境的。因此，我们不应该准备一次教案用几年，而是应该每讲一次都要不同程度地进行更新，以便使自己的教学水平不断得到提高。

二、了解对象，注意反馈，因材施教

任何教学都必须从学生的实际情况出发，因材施教。我们这里所说的“材”，主要是指学生在上课前后对“概论”了解的实际程度、学生的知识水平和实际能力。这对提高“概论”课程的教学质量和效果尤其重要。因为“概论”课程涉及的基本历史线索和基本史实与大学生在中学所学的历史大体相同。如果不了解这个实际情况，盲目地照本宣科，就会重复许多中学课程里讲过、学生熟悉的内容。这样，一来浪费“概论”课程本来就不充裕的授课时间，二来降低学生对政治课本来就不高的学习兴趣，自然就谈不上什么教学效果。

因此，在正式讲授“概论”课程之前，教师应该坚持进行了解学生实际情况的问卷调查。问卷调查的内容可包括：中学政治和历史课的学时数、教材版本，教师讲课的优点和缺点、侧重内容、教授特点；大学生对“概论”课程的兴趣、对“概论”课任课教师的希望和建议；若干道测验大学生了解中国政治、历史特别是毛泽东思想和中国特色社会主义理论体系概论程度的常识题等。然后教师需及时地对问卷进行整理分析，找出学生的共同点和不同点，做到心中有数，有的放矢，真正有别于中学的历史课教学。

此外，教师还应该通过课堂观察、作业批改、集体座谈、个别交流、请班干部代为收集意见等多种方式，随时注意学生的反应和要求，并尽可能地对讲授的内容和方式进行合理的、及时的补充与调整。例如，当教师了解到学生一般都知道九一八事变是怎么一回事时，就不需要再讲事变的具体过程，而应对事变时蒋介石实行“攘外必先安内”政策的原因这个中学里没有讲或者没有讲清楚的问题进行理论分析，从而使学生受到更深层次的教育。

三、突出重点，讲清难点，把握热点

当然，教学活动必须是系统连贯的，教学活动前后要有必然的、有机的联系，要循序渐进。但是，教学的系统连贯性要同“突出重点、讲清难点、把握热点”结合起来。对于“序”，不应作形式上的理解。教学要系统连贯进行，但绝不是平铺直叙，不是搞烦琐哲学，不是甲乙丙丁开中药铺这种表面的、形式上的系统，对教材的不同部分和教学活动的不同环节，绝不能等量齐观，平均对待，而应该抓住其中的内在联系，找出其中的主要矛盾，突出重点、难点、热点，以简驭繁，举一反三。

所以，在讲授“概论”课程时，除了为照顾“概论”学科的系统性与逻辑性必须讲的内容外，教师对学生已知晓的或者学生一看就懂的内容应不讲，对学生一经教师点拨就懂的内容应少讲，而把主要精力放在课程的重点、难点以及学生普遍关心的与课程有关的现实热点问题上，真正使学生学有所获、学有提高，并且，在教学中应注意把学生关心的热点问题同“概论”课程的重点、难点结合在一起。比如，讲洋务运动为什么不能使中国富强的问题时，就可以把它与学生关心的当前我国改革开放联系起来分析，讲清历史上的洋务运动和今天的改革开放的根本不同，以加强学生对改革开放的信心。又如，在讲毛泽东思想和中国特色社会主义理论体系概论时，就可以选择学生特别关心的当今日本的极右势力的战争观、抗战胜利50周年时日本通过的不战决议问题以及钓鱼岛事件，加以介绍和分析，从而增强学生的时代感和责任感。

通过突出重点、讲清难点、把握热点，能大大提高学生学习“概论”课程的兴趣，进一步加深学生对书本知识的理解，更重要的是有助于培养学生观察、分析和解决问题的能力。

四、注重科研，以研带教，以教促研

注重科研，就是强调教师在“概论”课程教学的过程中，要不断地吸收学术界新的科研成果，以增强教学内容的科学性。因为任何学科都是在不断发展，逐步完善的。所以，教师在教学中应及时地用新的科研成果来更新和加强有关教学内容，反映本学科发展的最新动向，屏弃已被证明是陈旧的、错误的东西。经验证明，这是加强教学科学性的必要途径，也是教师吸引学生注意力的一个行之有效的方法。

注重科研，还要求教师对在“概论”课程教学中遇到的重要问题，应下力气，花功夫，积极努力地认真研究，加以解决。既要研究教学方法，也要研究教学内容。研究成果既可以解决教学活动中的实际问题，又能增加学生对教师的敬重感和信任感，从而有利于教学活动的开展，也促进了教师科研水平的提高。

例如，笔者在讲述“概论”课有关新民主主义革命时期的内容时，常常有学生提出为什么这个时期“左”倾错误一次又一次地在党内出现，而且一次比一次更“左”、一次比一次危害更大的问题。这是《毛泽东思想和中国特色社会主义理论体系概论》教材没有专门分析、其他毛泽东思想和中国特色社会主义理论体系概论著作中一般也很少论及的重大历史理论问题。我带着这个问题查阅了大量的历史文献资料，进行了专门的研究，作了比较全面、系统的分析和回答，写作并发表了《中共连续出现三次“左”倾错误的原因及启示》的论文。文中指出：①党内长期存在着的小资产阶级的严重影响，是“左”倾错误连续出现的社会原因；②“八七”会议以来党一直未能从根本上清算“左”倾思想和“左”倾政策，是“左”倾错误连续出现的历史原因；③民主集中制被破坏，宗派主义、个个专断和惩办主义盛行，是“左”倾错误连续出现的组织原因；④共产国际的“左”倾思想和“左”倾政策的指导，是“左”倾错误连续出现的国际原因；⑤党内思想路线不端正，理论水平不高，是“左”倾错误连续出现的思想原因。通过讲解上述内容，学生普遍反映分析中肯、令人信服。

（谈　方　华南师范大学）

浅谈“讲评时事”在“概论”课教学中的运用

在“05 方案”实施伊始，教育部就明确提出了对思政课的期望，“让思想政治课成为大学生真心喜爱、终生受益的课程”。在新一轮的教学改革中，我校对思政课的要求是，力求每一堂课“既要有益，又要有趣”，让学生快乐学习！按照这两点期望和要求，我校在“概论”课教学中特设了“讲评时事”的教学环节，本文根据我校近年的课程改革实际和自己的教学实践，对“讲评时事”在“概论”课教学改革中的运用进行初探。

一、设立“讲评时事”环节的必要性和可行性

对于高职高专的学生而言，“概论”课程的理论性、意识形态性较强，引导不好，学生会对此门课程产生逆反心理，加之社会和网络上负面因素的影响，导致学生对本门课程的重要性认识不够、学习积极性不高，直接影响课程的教学效果。即使“概论”课教师费尽心思、认真备课，但对多数缺乏社会经验和社会阅历的年轻学生来说，还是吸引力不足，甚至会被误解为说教。因此，如何才能调动学生的学习积极性，在教学中引入大量鲜活的事例，活跃课堂教学气氛，增强教学效果，是从事本门课程教学的教师必须认真思考的问题。

“时事”作为发生在当下的最新消息和动态，内容广泛又与“概论”课教学内容密切相关，鲜活的事例较易吸引学生的注意，运用得当就可以成为很好的教学材料，可以改善思政课教学效果不佳的状况。而学生自己呈现的鲜活时事，对其同龄人更具吸引力，又可体现学生主体、教师主导的教学模式。因此，将“讲评时事”引入“概论”课具有必要性和可行性。

二、"讲评时事"教学环节的实施过程及作用

"讲评时事"就是由学生讲述近期发生的国内外新闻时事，并进行分析、评论。一般的步骤是：①布置任务。教师在课前做好安排，结合学习小组的划分，明确每次"讲评时事"由哪个小组来完成，给学生足够的准备时间，让他们尽可能地通过多种渠道搜集材料，并制作成PPT。②代表汇报。在课堂教学的前十分钟，由准备好"讲评时事"的小组派一个学生代表以PPT的形式，汇报一周以来的一则重要时事，并对时事作出自己的分析、评论。③学生补充。其他同学可以对其讲评的时事作出补充或提出自己的观点、看法。④教师总结。由教师对学生的汇报情况及时事进行归纳、总结和评价。经过一年的实践，我们发现：时事讲评不但提升了"概论"课教学效果，同时对学生综合素质及能力的提升也大有裨益。主要表现在：

（1）"讲评时事"有助于增强学生的语言表达能力。

我校生源大多都是广东省3B类的考生，来自客家、广府和潮汕三大民系，有相当多的学生口语表达存在障碍，具体表现为词不达意、缺乏逻辑、没有观点等，也有一部分学生带有特别浓厚的地方口音，别人很难听懂，存在一定的沟通障碍。"讲评时事"环节就提供了一个很好的平台，可以训练学生的口语表达能力。为克服学生的表述混乱，我们要求学生把搜集来的时事按照"5H"要素（即when，what，who，why，how）依次进行整理记录，讲清：何时、何事、何人、何因、何果，"评"时事意义或影响或启示，并且要求讲评过程中不能照本宣科，必须用自己的语言表达出来。经过一段时间的训练，大多数学生的表达能力都有很大程度的提高，基本可以做到用词准确、语意明白、结构妥帖、语句简洁、文理贯通、语言平易、合乎规范，能把客观概念表述得清晰、准确、连贯、得体，没有语病。

（2）"讲评时事"有助于训练学生的逻辑思维能力。

广义的思维是人脑对客观现实概括的和间接的反映，它反映的是事物的本质和事物间规律性的联系，包括逻辑思维和形象思维。而狭义的思维通常指的是心理学意义上的思维，专指逻辑思维。如果一个人的逻辑思维

能力较弱，那他的思维容易产生混乱，说的话也没有人相信。而多数高职学生都是形象思维优于逻辑思维的，他们容易以偏概全，就现象论现象，不能“透过现象看本质”。而“讲评时事”就是注重训练学生分析问题的角度和方法，要选准切入点，按照扩大了解、找出问题、分析矛盾、思考解决问题的办法的思路来进行。经过长期的训练，可以有效地提升学生的逻辑思维能力。

（3）“讲评时事”有助于培育学生的人文素养。

所谓“人文素养”，即“人文科学的研究能力、知识水平和人文科学体现出来的以人为对象、以人为中心的精神——人的内在品质”。它既能综合体现一个人的外在精神风貌和内在精神气质，也能体现一个现代人的文明程度，更因其对学生的终身发展起基础性作用，而具深远影响。然而在多年的教学实践中，笔者了解到高职高专院校的学生大多人文科学的科目——政治学、经济学、历史、哲学、文学、法学等领域知识储备不足，甚至对此毫无了解，这种状况必然会影响到学生对问题的认识、分析和评论。因此在教学过程中，教师就必须帮助其补充一些人文科学的知识。例如：在学生关注的钓鱼岛事件中，教师要从历史学、政治学、经济学等多个角度帮助学生认清钓鱼岛问题；在“温岭虐童案件”中，又要帮助学生从教育学、法学等多个学科去分析，长期坚持下来，学生的人文科学知识将不断增长，人文素养将得以提升。

（4）“讲评时事”有助于营造教学相长的教育氛围。

教学中一个重要的原则是教学相长。要做到教学相长，关键是要加强师生互动。而要做到师生互动，一是要创设一个平等而又有效的平台；二是要让学生有参与的积极性，并从中有所获益。现在的学生大多是“90后”，他们有着更强的自我意识和表达愿望，关键是教师要为他们提供适当的机会和展现的舞台。而“讲评时事”环节恰恰创设了这样一个平台，学生可以按照自己的兴趣爱好去选取“时事”，学习的积极性和主动性倍增；在课堂让其表达他们对某一事件的看法和观点，使其更具自信心和满足感。学生准备的“时事”，丰富了教师的案例；学生观察问题的角度，使教师更了解学生的真实思想状况；教与学的互动中，增强了彼此的了解和信任；讲与评的展示中，贯彻了“学生主体、教师主导”的教学理念，真正营造了教学相长的教育氛围。

三、“讲评时事”教学环节应用的要求

“讲评时事”在“概论”课教学中，对改善教学效果具有积极的作用，但在具体运用这一教学环节的过程中，应把握住科学性、引导性和常态性三个原则。

（1）“时事”的选取要紧扣教学内容，具有科学性。

“讲评时事”环节的设立，其目的就是更好地服务于“概论”课教学。因此，“时事”的选取，就要做到紧扣课程内容，做到有科学性。教师指导学生在材料选择上注意以下四个点：一是关注历史。选择历史中有标志性的事件、人物作为案例资料，通过历史说明未来，培养学生用宽广的视野寻找历史规律。案例资料越翔实越好。比如同仁堂的历史演变、毛泽东的人生经历……培养学生的辩证思维。二是关注现实。选择人民群众关心的民生问题、社会热点问题、中国发展问题及相关现实人物，用时代性较强的问题，激发学生提出新问题。让学生了解问题实质即可，重在分析和建言献策。比如：中美贸易战、网络民主……培养学生的理性思维习惯和面对问题积极的态度。三是关注身边的人与事。选择学生知道但又不十分了解的历史或现实事件、人物，这部分资料可以布置给学生，让学生自己去搜集，在班级与同学共享。带领学生由宏观进入微观，检验理论的实用性与科学性。比如：血田惨案、苏区遗址、烈士陵园资料、吴惠权、田家炳……培养学生好学善学的精神。四是关注自己的事情。选择和学生学习生活相关的问题，引导学生用所学习的相关理论去处理问题，建言献策，启发学生由微观进入宏观视野，将个人处理问题的方式与社会大背景联系起来，提升学生思想境界和处理问题的能力。

（2）围绕教学目标对学生进行引导。

在本次“教改”中，我校进一步明确了“概论”课程教学要实现两个方面的功能：社会功能——为国家培育“四有”新人，培育社会主义事业合格的建设者和接班人；个体功能——培养能够很快适应社会、具有现代优秀公民素质的学生。为实现以上功能，就要细化教学目标，凝练出“识国情、析疑难、明是非、树信仰”的总体教学目标。

①识国情：通过大量真实有趣的案例资料，使学生了解中国改革开放30

年、建国60年、建党90年来国情演变及历史进步，做一个有知识的公民；

②晰（析）疑难：帮助学生明晰、分析带来中国百年沧桑巨变的历史困惑，解答学生理论疑难问题、社会现实问题、学生实际问题、企业发展问题等，培养学生做一个有能力的公民；

③明是非：使学生能够顺应时代的发展，学会正确地表达意愿和尊重他人，在工作和生活中能够辨明善恶美丑、是非真假，做个有智慧的公民；

④树信仰：在对国家、社会和政党了解的基础上，将个人发展与社会进步联系起来，做一个有责任、有担当的公民。

在学生"讲评时事"后，教师应及时紧扣教学目标对学生的表现给予正面的肯定和积极的引导。注重从学生的知识目标、能力目标、素质目标三个方面，引导学生拓展视野、创新方法、提升素质。

（3）以学生为"主体"，形成常态。

"讲评时事"实质上是理论联系实际教学原则的具体体现，目的在于培养学生关心时事的政治素养和习惯，锻炼演讲能力、说话技巧和胆量。因此，"讲评时事"的主体是学生，教师应起引导作用。教师应为学生提供足够的表达机会，既不能因学生的观点有偏误，而阻止其表达；也不能因怕伤害学生的感情，对其所有的观点一味地加以肯定，一定要评价中肯、指导到位。"讲评时事"的效果，不是一蹴而就的，一定要作为"概论"课教学的一个常设环节，长期运用，形成常态，效果方显。另外，教师要把握好"讲评时事"的时间，尽量控制在10～15分钟，如耗时太多，会使教学内容过于分散，详略不当，教学效果适得其反。

要开展好"讲评时事"，对教师无疑提出了较高的要求。为避免对学生的材料完全不了解而陷入尴尬境地，教师就必须密切关注国内外时事；要在学生讲评后进行中肯的评价、科学的点评，教师就必须具备多门学科的知识储备和深厚的理论素养。这就要求我们教师要长期努力，多读书，密切关注时事，提升自身能力和水平。

（张　文　河源职业技术学院）

独立之精神，自由之思想[①]

——“概论”课教学札记

在高校思想政治理论课的教学环节中，“独立之精神，自由之思想”是指在坚持马克思主义理论的基础上，教师和学生在教学过程中独立思考、勇于批判和质疑，形成自己的观点，并充分、自由地表达自己的观点，保持人格独立。这也是学生主动参与学习，教师引导学生形成科学的世界观、价值观和方法论并增强教学实效性的过程。实际上这一过程是“以学生为主体、教师为主导”的现代教育理念的展现。作为高校思想政治理论课程中学分最高、学时最多、难度最大的“概论”课理应是实践这一理念的重要环节。在此，笔者结合“概论”课教学中所作的具体尝试，谈几点思考。

一、理论讲解注重联系实际，彰显教师独立人格

在四门思想政治理论课中，“概论”课理论知识丰富，是与现实联系最紧密的一门，是理论性和现实性、时代性和历史性的统一。“概论”课涉及的内容很丰富，包括马克思主义中国化的基础理论、新民主主义理论、社会主义改造理论、社会主义本质理论、初级阶段理论、改革开放理论、发展战略理论等。对于各个理论的基础知识，不能避而不谈，但怎么讲解才能够更吸引学生，并能够提升学生的理论水平和思考能力是教师必

---

① 基金项目：教育部人文社会科学研究青年基金项目“文化认同视域下思想政治理论课教师的心灵和谐问题研究——以珠三角地区高校青年教师为例”（编号：11YJC710001）；广东工业大学博士基金项目“文化认同视野中广州市高校青年教师心灵和谐问题研究”（编号：103047）。

须思考的问题。在此，笔者认为应该注意几点：

第一，把握重点，深度挖掘。“概论”课程知识点多，涉及领域广泛，在有限的学时内不可能面面俱到，所以应钻研教材内容，根据重点对教材内容进行取舍。对重点问题要进行扩充和充实，并全面剖析和讲解，而其他内容可以简单讲解。在教学的具体过程中，不仅要求教师传授“是什么”，还要告诉学生“为什么、怎么样”，使学生知其然并知其所以然。如在第七章谈社会主义改革问题时，可以从历史和现实的角度作对比，引导学生联系社会主义改造和改革的关系，阐述改革的重要性和必然性；用苏联的改革作对比讲解中国改革的性质和内容等。这些不但要求教师要钻研教材内容，把教材体系转化为教学体系，突出重点，把相关的理论联系起来综合分析，而且要求教师引导学生深入分析，切实提高学生运用马克思主义理论的立场、观点和方法分析问题的能力，提升他们的理论素养。

第二，充实内容，联系实际。在讲述“概论”课程时，要注重理论本身的阐释，但又要紧密联系实际。一方面，“概论”课是四门思想政治理论课程中与国家的政策和方针等联系最紧密的一门，因此教学内容要不断与时俱进，及时地反映马克思主义中国化的最新理论成果。中国共产党是坚持以人为本、与时俱进的党，在现代化的建设过程中，不断发现问题、研究问题并解决问题，全心全意为人民服务是党一直坚持的价值理念。只有这样，才能够更好地带领人民进行社会主义现代化建设，不断巩固和完善社会主义制度，同时也能够在实践的基础上不断地丰富和发展马克思主义理论。五年一次的党的全国人民代表大会和每年的“两会”等都会不断地涌现出新的观点和新的见解，会对党的理论、政策、方针有所发展和完善。因此，这些内容应该及时纳入教学体系中来，及时宣传党的理论、政策、方针，更好地体现思想政治理论课程的特色，这样能增强课堂的现实性和生动性，使教学更具有说服力。

第三，语言优美，见解独到。“概论”课程具有理论性、现实性和历史性。如果教师在讲解内容的过程中语言流畅、言语优美的话，会让学生得到美的享受，可以增强教学的生动性，从而提高思想政治理论课的实效性；而独到的见解，则表明教师有独特的思考方式和独立的观点，能彰显教师的独立人格，这不仅会增强教师的个人魅力，而且会使“概论”课程更具有感染力和吸引力。但这要求教师具有又“专”又“博”的知识，并对教学内容有深入的研究。要注重科研，提升自身的学术水平，才能更好地发展独立思考和创新的能力，在教学中展现独到的见解，吸引学生。同时，教师要以独立人格对学生产生潜移默化的影响，培养学生的独立精神。

二、教学方法注重互动和综合，提升学生的独立思考能力

“独立之精神，自由之思想”的培养，理论讲解是基础，但更重要的是充分调动学生的积极性和主动性，而教师探索灵活多样的教学方法尤为重要。在具体的实践中，笔者主要根据教学内容采用不同的方法，有过以下尝试。

第一，时事开讲。对时事问题的关注和讲解，既可以培养学生捕捉信息的能力，又能提升学生运用马克思主义的立场、观点和方法去认识问题、分析问题和解决问题的能力，并能培养学生的团队合作精神。笔者按相邻宿舍对学生分组，这样安排有利于学生的合作。每次上课前 15 分钟，都会有一组代表用 PPT 和大家分享时事。讲完后，由四位同学点评并打分。最后教师从形式和内容作点评、补充和总结。刚开始实施时事开讲时，学生在 PPT 制作、思路安排等方面会出现很多问题。比如 PPT 页面色彩对比不清，影响文字的显现；PPT 上内容堆积，不够简洁；主讲者语速较快，主讲内容思路安排不当、重点不突出等。但经过一个月的训练后，从内容的讲解到形式的安排，学生都取得较快的进步。

第二，主题讨论。主题讨论是指在教师的引导下，由全班或小组成员围绕一个主题，发表自己的观点，进而相互学习和掌握理论知识的方法。讨论的主题一般是与课程内容相关的、学生感兴趣的、具有重要意义的问题，可以由教师提供，也可以征集学生感兴趣的主题，最后由教师进行选择。笔者一般是根据内容按班级分组或是按宿舍分组，尽量让更多的学生参与进来。讨论时，一般由教师主持，引导学生进行讨论，鼓励持不同观点的学生相互交锋、相互启发。学生讨论的时候可以口头发表观点，也可以借助 PPT 等辅助论证自己的观点。持不同观点的学生可以等前面学生讲完后，进行反驳。最后，教师作总结，引导学生进行科学的思考，并表明自己的立场和观点。实施主题讨论要注意以下事项：①选择学生感兴趣

的、难度不大的主题。这样才能够激发学生积极、主动地去查阅相关资料，独立思考，并且能够形成自己的观点，有话可说。难度太大，会降低学生参与的积极性。②提前布置讨论主题。讨论成功的关键，要以学生的充分思考和准备为前提，因而要提前把主题布置下去，让学生做好充分的讨论准备。③主题开放，答案多维。主题最好是能够启发学生进行全方位的思考，并且是教材中没有现成答案的问题。同时要激发多数学生的参与，让学生树立答案多维的意识。

第三，读书报告。阅读经典文献或专著，是让学生深入理解教学内容的学习手段。学习“概论”，引导学生读毛泽东、邓小平、江泽民等领导人的著作是十分必要的。根据教学内容，教师可以从新教材每章节后面的推荐书目中选择部分著作给学生，要求学生写读后感，计入平时成绩。每学期开展一次或两次读书报告会，让学生谈谈自己的读后感，鼓励学生自由交流和发表自己的观点。读书报告会的开展形式如下：各班选派代表汇报自己班级的读书情况，并交流自己的读后感，可以用 PPT 讲解。等汇报完之后，学生可以针对自己感兴趣的著作，向汇报班级读书情况的同学提问，这样既可以锻炼学生即兴发言的能力，也可以让更多的人了解更多的经典文献。同时，教师也可以对学生提出的问题发表自己的观点，提升理论高度。最后由教师总结。本学期的读书报告会主要是学习《建国以来党的若干历史问题的决议》、《实践论》、《新民主主义论》、《南方谈话》等。

第四，学生试讲。学生试讲是具有一定难度的尝试，学生容易出现讲解不到位，重点不突出等问题。学生在设计教学方案、实践教学内容等备课过程中，能更深入地理解所讲授的内容，提升组织能力、理解能力、分析能力、语言能力、逻辑思考能力和独立思考能力。同时，学生试讲可以让学生体会教师角色，更好地理解教师和思想政治理论课，提升学生的兴趣，增强思想政治教育的效果。实施试讲环节应注意的问题是：①选择学生比较熟悉的、容易把握、难度不大的理论，或者是选择跟现实联系紧密的教学内容，这有利于学生顺利开展教学过程。如祖国统一论、改革开放论等。②提早布置，给予充分的时间让学生备课，增强学生的教学信心。笔者一般的做法是：提前一个月以班为单位给学生布置任务，让各班选举一个或两个代表来讲解内容。③制定好评价标准，让学生自己评分。评价标准可以提前向学生公布，让学生从评价标准的各方面去努力，同时各班选择一个代表作为评委，点评和打分。④做好详细总结。教师要从学生的仪态到内容等方面给学生作点评和总结，这有利于学生总结经验教训，提高学生的素质和修养。

三、营造民主的教学环境，充分展现师生的自由思想

成长环境、阅历和能力不同，使学生呈现出不同的特点和个性。个性独立是自由和独立思想的重要条件。大学阶段，学生的个性已经存在，但并未完全定型。如果教师能够很好地引导和培养，可以发展学生的独立思考能力。这不仅需要在教学目标、教学过程等各环节中注重贯穿“自由精神和独立思想”这一理念，同时更应注重塑造宽松、民主和自由的教学环境。这是形成和培养自由思想与独立精神的重要条件。

要塑造民主自由的教学环境，应该注意把握几个原则：

第一，平等原则。“仅是教科书和教师才有发言权的时候，那发展智慧和性格的学习便不会发生；不管学生的经验背景在某一时期是如何贫乏和微薄，只有当他有机会从其经验中作出一点贡献的时候，他才真正受到教育；最后，启发是从授受关系中，从经验和观念的交流中得来的。”① 传统教育是以教师为主导的权威主义，这不利于学生充分表达自己的观点，很难培养学生的独立精神和自由思想。在现代教育理念中，强调平等，意味着教师和学生处于一个平等合作的关系中。所有的教学都是师生平等互动的参与结果。因此，坚持平等原则要求教师调整心态，把学生看成是与自己平等的主角，尊重学生的人格，在引导学生充分表达自己观点的过程中，倾听他们的观点，了解他们的内心诉求，走进学生并与学生交朋友，只有这样，才能够更好地激发学生的积极性和主动性，有效地把理论知识传递给学生，并将学生的个性优势引导出来，充分培养学生的独立个性和自由思想。

第二，自由原则。“教育的自由是一件正在争论的事情——我甚至想说，它正在危险之中。而且，既然教育并不是一种在真空中发生作用的功能，而是由人来执行的，教育的自由具体来讲就意味着学生和教师的自

① ［美］杜威著，傅统先、邱椿译：《人的问题》，上海人民出版社 1986 年版，第 26 ~ 27 页。

由：作为一个教育机构的学校的自由。”[①] 在杜威看来，教育的自由意味着教师和学生的自由，也是学校本身的自由，但杜威更看重学生的自由。学生的自由并不意味着绝对的自由，应该给予科学的指导。在教学中，教师理应创造自由、自主的教学环境，鼓励学生自由发展个性，促进学生独立思考和充分表达。与此同时，要在坚持马克思主义理论基础上，对学生进行科学的引导，让学生形成科学的世界观、价值观和人生观，促进学生的健康成长。毫无疑问，教师在课堂上促进学生的思想自由，他们自身也应该是独立的个体和自由的主体。只有教师在思想上和行动上独立与自由，才能够促进学生学习上和人格上的自由。因此，对于教师而言，应充分展现思想和行动上的独立，对于学校而言，应该制定相关政策，保证教师的自由。

第三，宽容原则。作为“概论”课教师，应该具有宽容和包容之心。在教学过程中，教师应该能够包容不同个性的学生，同时也要能够包容学生的质疑和批判。应当根据心理认知发展规律，把握学生心理年龄特点并及时、迅速地调整自己的提问方式和引导方式，让学生能够轻松接受教师给予的评价和指导。这样才能够更好地增强学生的独立判断力，促进学生批判性思维的形成。此外，教师应当时常进行换位思考，这样才能够更加理解学生和包容学生，也才能够设计出令学生感兴趣的教学方案，充分调动学生的积极性和主动性。当然，在教学中，学生也应当树立宽容的意识，时常进行换位思考，了解教师、理解教师，积极主动地参与教学活动，形成良性的师生关系，这才有利于促进民主自由的教学环境的形成，提高教学的实效性。

（曹亚琴　广东工业大学）

① ［美］杜威著，傅统先、邱椿译：《人的问题》，上海人民出版社1986年版，第61页。

讨论式教学法在高职思政课运用的依据和策略探析

一、讨论式教学法在高职思政课运用的依据

讨论式教学法，简单来讲，就是以师生、生生之间的讨论为主的教学方法，它注重教师的引导性、学生的主体性的发挥和二者的互动，以期达到有效的教学目的。讨论式教学法在当前高校思政课的运用有其必然性和重要意义。

1. 实践需要

高校思政课在我国高校教育中具有极其重要的地位和意义，是对大学生进行思想政治教育的主渠道；用马克思列宁主义、毛泽东思想和中国特色社会主义理论体系武装当代大学生，是社会主义大学的本质特征，是党和国家事业长远发展的根本保证。但现实中的高校思政课教学的效果、质量和水平不能完全让人满意：相当一部分学生存在厌学和应付的情况，一些教师也心存茫然。对此，《中国青年报》对部分高校的思政课进行调查，发现：课堂上，相当一部分学生没有认真听课，从事着非相关的活动；“学生不欢迎，老师没兴趣”，“现在的思想政治课太难上了，我们老师感到很茫然，甚至很痛苦”。[①] 高校思政课的教学困境迫使一线的教师要作出教学方式的转变，来改变这种师生“双输”的痛苦局面。讨论式教学法能

---

① 《学生不欢迎，老师很茫然——部分高校政治课现状调查》，《中国青年报》，2007 年 4 月 23 日。

积极引导、鼓励学生参与教学，营造民主、自由、生动、活泼的教学气氛，在相当程度上能够改变单一的填鸭式、灌输式教学模式导致的无聊、空洞、沉闷的教学状况，让思想政治理论真正走进学生的大脑和心灵。

2. 时代需要

当代社会是一个网络化和信息化的时代，中国互联网络信息中心在2010年7月15日发布的《第26次中国互联网络发展状况统计报告》显示，“截至今年6月底，我国网民规模达4.2亿人”[①]。青年大学生无疑是网民的中坚力量，他们的上网频率和对网络的依赖度远远高于其他群体，上网已成为大学生的学习、生活方式。这种情况下，大学生的信息量获得的范围之广、种类之杂和程度之深是难以想象的，他们和教师的“信息落差”不断缩小，加上大学生们思维活跃、不盲从以及求新、求实的心态，他们已经不满足传统的思政课教学方法。传统的“满堂灌”教学模式把教学理解为学生对知识或教学信息的感知、理解、巩固和运用的过程，学生的任务就是通过听来感知、接受教师的知识和信息，这已经不符合时代的变化和发展要求。当代的大学生已不把自己定位为被动接受的教学客体，他们有条件、有资格自觉或不自觉地把自己定位为积极参与的教学主体，他们要展示自己，他们希望教学课堂成为提高理论水平，锻炼口才、胆量，培养气质等综合素养的舞台。正视新时代下的高要求，我们要采取鼓励、引导学生积极参与的讨论式教学模式，在师生、生生平等对话和真诚交流与沟通中，达到真理越辩越明的教学效果。

3. 理论依据

讨论式教学法有着深刻的理论背景。早在2 400年前，古希腊的苏格拉底就为我们确立了讨论式教学的范型——“精神助产术”（又称“产婆术”）。该理论认为：理想的教育方法不是把自己现成的、表面的知识教授给别人，而是凭借正确的提问，通过引导、启发，让学生发现潜在于自己心中的真理。苏格拉底在教育方法上告诫我们：教育不是灌输，而是点燃火焰；思想应当诞生在学生的心里，教师仅仅应当像助产士那样办事；最有效的教育方法不是告诉人们答案，而是向他们提问。中国的万世师表孔子终身都在践行讨论式教学方法，整部《论语》基本上都是师生之间、

① 《我国网民达4.2亿，手机网民2.77亿》，《人民日报》（海外版），2010年7月16日。

生生之间的对话、探讨甚至争论，许多对话都反映出孔子的讨论式教学的主旨和意趣。《论语·述而》提出了“不愤不启，不悱不发，举一隅不以三隅反，则不复也”的讨论式教学的启发技巧和原则。讨论式教学在中外的理论和实践源远流长。到了近现代，许多学习理论的创立都从不同角度论证着讨论式教学的科学性和重要性。例如，布鲁纳根据皮亚杰的智力结构发展理论提出的“发现学习”理论认为：教师在学生学习概念和原理时，不要将学习的内容直接提供给学生，而是向学生提供一种问题情境，让学生积极思考，独立探究，自行发现并掌握相应的原理和结论。这与讨论式教学法反对灌输，引导、鼓励学生自主学习的立场一脉相承。苏联著名教育家巴班斯基论述道：“只有在教师和学生的积极相互作用中才能产生出作为整体现象的教学过程本身。割裂开教与学之间的相互作用的联系，就使这一过程失去完整性。也就是说，失去它存在的一个基本特征和条件，那就不成其为教学过程本身了。”① 巴班斯基强调了教学过程的本质就在于师生之间的互动性，这正是讨论式教学法的精髓所在。“依此观点，无论教师在课堂上如何积极努力，只要学生是处于消极不参与的状态，就不能认为这是完整的教学过程。也就是说，对任何一门课程而言，有效的互动是获得良好教学效果的决定性因素，是衡量教学效果的一项重要指标。”② 讨论式教学正是以师生的讨论互动为主要模式，以追求教学的有效性为依归。德国的尧斯提出的“接受美学”，也论证讨论式教学的必要性：传递者无论如何自以为是，但如果受众“不接受”，那任何传递行为的有效性都会大打折扣。

二、讨论式教学法在高职思政课运用的策略

讨论式教学法在高职思政课的运用，一个重要问题是：传统的灌输式教学固然对大学生丧失了魅力，但并不代表讨论式教学想当然会受到大学生的主动拥抱，我们依然要解决好大学生积极参与的问题。为什么呢？根

---

① ［苏］巴班斯基著，吴文侃译：《教学教育过程最优化》，教育科学出版社 2001 年版，第 21 页。

② 张荆红：《论多元互动教学模式在政治学原理课程中的应用》，《长江大学学报》（社会科学版）2007 年第 4 期。

据路径依赖原理，人们一旦进入某一路径（无论是“好”的还是“坏”的），就可能对这种路径产生依赖，惯性的力量会使这一选择不断自我强化和锁定，就好比走上了一条不归之路，“人们过去作出的选择决定了他们现在可能的选择”①。大学生在长达十几年应试教育指挥棒下的灌输式教育中，已经习惯成自然地形成了对“填鸭式教育”的依赖，就像一直待在“柏拉图洞穴”中的人猛然来到洞外，他逃离了黑暗，得到了光明，但他仍然需要一个适应的过程。当代的大学生由于诸多因素，形成了重实践、技能，轻人文、理性的风气，他们参与思政课讨论教学的积极性不会自发高涨。笔者在广州番禺职业技术学院进行“概论”课程的讨论式教学实践已有多年，就如何提高教学质量，调动学生参与积极性一直不断地进行着反思、总结和修正，现将笔者摸索到的一些做法和策略，总结如下，求教于大家。

1. 动员阶段

为了调动学生参与讨论式教学的积极性，对学生进行思想动员，让学生深刻认识讨论式教学的科学性和正确性，转变学生思维方式，是十分必要的。进行思想动员，可向学生阐述清楚讨论式教学的历史性、时代性、科学性和实践性，从而让学生积极接受讨论式教学。

（1）历史性。如上文提到，讨论式教学法在中外轴心文明时代都是主流的教学法，除了苏格拉底和孔子外，伊斯兰教的《古兰经》和释迦牟尼创立佛教的言说都充满着对话及讨论的智慧，佛教传到中国后，佛教的讲经大会最典型的形式就是论辩和讨论。

（2）时代性。当今的时代是一个弘扬民主、自由、平等的时代，落实到我们的教育方面，素质教育强调培养学生的个性和创造性，培养学生的独立思考和理性判断的能力，培养学生的人文素质，而讨论式教学无疑能为造就“独立之精神，自由之思想”的时代人才和民族的优秀分子发挥作用。

（3）科学性。如同上文所述，讨论式教学符合“发现学习”的心理学和教育学的规律，符合“最优教学过程”论和“接受美学”的原理。我们

① ［美］道格拉斯·诺思著，陈郁等译：《经济史中的结构与变迁》，三联书店上海分店1991年版，第2页。

要信奉这句教育名言："你从来没有教给学生任何东西，只是帮助学生发现了一些东西。"

（4）实践性。事实上，讨论式教学一直盛行于当今的国外教育，已故著名教学专家陈钟梁在《美国教师教"蚯蚓"》一文中就精彩地描述了小学生对蚯蚓进行发现式、讨论式学习的过程及其效果，国外的大学课堂更是如此。中国的中小学教育由于受制于应试教育的弊端，不可能实施真正的讨论式教育，但在高校，讨论式教学的开展拥有相当的市场和较好的条件，特别是研究生教育阶段较为盛行。

2. 准备阶段

在讨论式教学的准备阶段，笔者主要是做好两个方面的工作：一是讨论内容的设计，二是讨论形式的确定。在讨论的主题或问题方面，一般要选择教学大纲规定的重难点、社会上的热点和学生的兴趣点，根据学生的知识、能力能够接受的范围和程度来进行。这样就可做到教学内容的完整性和学生的兴趣度的较佳结合。《提高讨论式教学效果的几点策略》一文也提出了类似的策略："问题的设计应遵循价值性、开放性、兴趣性的原则"①；《讨论式教学法的主要类型和基本策略》一文则提出了"定题"的具体性、准确性原则，启发性原则，量力性原则和兴趣性原则等②。

在讨论形式的确定方面，笔者主要是根据讨论的内容和主题的难易程度来确定。一般分为两种：一是课堂外提前准备的讨论，二是课堂上随机进行的讨论。其中，课堂外提前准备的讨论分为小组讨论和个体讨论两种形式。例如：笔者布置的"评价毛泽东"、"评价邓小平"、"如何正确认识社会主义改造运动"都是课外有准备的个体讨论。而小组讨论面临分组的问题，能否进行合适的分组，会影响讨论能否有效进行。有观点认为：4～6人/组的分组方案是比较适当的。③ 当然，具体操作也要根据实际进行。如笔者在每一节课上新课前，都会安排一个"事事关心"的固定小栏目，让学生对"家事、国事、天下事，事事关心"，纵论天下大事，以培

---

① 王志会：《提高讨论式教学效果的几点策略》，《和田师范专科学校学报》（汉文综合版）2007年第6期。

② 张绍琼：《讨论式教学法的主要类型和基本策略》，《三峡大学学报》（人文社会科学版）2008年第S2期。

③ 谢同祥等：《有效课堂讨论的原理》，《教育科学》2007年第3期。

养学生的理论素养和爱国情怀。这种讨论就是以课外有准备的小组进行，给每一个班级都分好学习小组，让每一小组每周轮流上台发言讨论。这方面因分工合作及时间问题，笔者每组就安排了6~8人，效果良好。另外，课外有准备的讨论，因为是提前布置，为了督促学生在课外有真正的准备，一般要有一定比例的“被动发言”，就是教师点名提问，当然更要欢迎“主动发言”的小组或者个人。至于课堂随机讨论都是个人讨论，根据讲课的需要随问随答。

3. 实施阶段

在实施阶段，教师采用什么样的策略引导整个课堂的讨论至关重要。笔者采取的策略是以“赏识求真并重”的评价原则进行引导。

教师首先要保护、肯定学生发言的积极性，充分地理解与支持学生发言的立场和角度，赏识学生发言的内容和付出的努力，这样能够保证课堂讨论的气氛和谐、融洽，形成鼓励、支持性的课堂气氛，使学生感到自己的观点受到欢迎和期待，进而才能自由发表看法。罗杰斯提出：有利于创造活动的一般条件是心理的安全和心理的自由。① 学生的发言在得到老师乃至同学们的表扬、赞许时，他就会有心理的安全感和自由感，他就不会害怕表现和发展他的发散思维与求异思维，相反，学生处于紧张状态时会影响能力的发挥，使认知力下降或信心受挫。陶行知也说过：“创造力最能发挥的条件是民主。”② 因而，教师要努力建立民主的课堂，尊重学生的人格尊严和受教育权，树立正确的学生观，让学生成为学习的主动建构者。如有必要，要用“我反对你的观点，但我以我的生命保护你说话的权利”的名言鞭策自己，给学生的发言创造自由的天地，这样，学生的发言才会精彩频现，才会有思想火花的碰撞和交流。但是，在课堂气氛上“求善”、“求美”的同时，如果没有了知识上的“求真”，就失去了讨论原本的意义和价值。所以，教师针对学生对某一主题和问题的回答与探讨，必须给予深入的引导。苏格拉底当年就擅长通过连续的诘问，刺激学生的思维，让学生能够把存在于他们头脑中的“精神胎儿”顺利地“分娩”出来，把讨论推向高潮。当然，这里要把握好“赏识求真”二者的度，过度

---

① ［美］索里等著，高觉敷等译：《教育心理学》，人民教育出版社1983年版，第296页。

② 陶行知：《陶行知文集》，江苏人民出版社1981年版，第749页。

表扬固然不好，但过度追问亦会伤了某些学生的“面子”，要具体问题具体分析，否则会影响讨论的效果。其次，在讨论中，对讨论时间和讨论范围也要把握好，避免出现个别学生占用过多时间，讨论偏离主题等现象。最后，在学生的讨论结束后，教师要进行总结，回顾重要的观点（可以多引用学生的原话，以增强学生的信心和对教师的信赖），分析不同观点间的联系与区别，得出正确的结论。

《论语·先进》篇的“曾点之志”章给我们展示了孔子在讨论式教学实施阶段的策略。首先，孔子鼓励弟子们发言：“以吾一日长乎尔，毋吾以也。居则曰：‘不吾知也！’如或知尔，则何以哉？”对于不同弟子的发言，哪怕不赞同子路的志向，他也是很克制地“哂之”；当曾点对曰：“异乎三子者之撰”时，子曰“何伤乎？亦各言其志也”，对曾点进行鼓励。如果没有这种鼓励，说不定就没有了被后世景仰和艳称的“曾点气象”了。而听完曾点的大志，孔子发出了由衷的赞叹：“吾与点也。”最后孔子还对弟子们的发言给予了总结。可以说，“曾点之志”章是一个完美的讨论式教学的案例。

4. 考评阶段

要调动学生参与的积极性，必须要建立配套的考评机制。所谓“重赏之下必有勇夫”，学生的学习有着鲜明的功利目的，教师必须在考评学生的成绩方面加重对学生讨论式学习的考评力度，这样学生就会有参与的动力和压力。广州番禺职业技术学院思政课教学部一直在进行着教学考评机制的改革，在“概论”课方面，将学生课堂内外的表现提高到综合成绩的60%以上，期末卷面考试的成绩只占到综合成绩的40%以下，而且在期末的卷面命题形式上，死记硬背的考题所占比例极少，试题偏重考查学生的案例讨论和分析能力。这些考评机制的改革，极大地促进了学生参与讨论式教学的兴趣，提高了教学质量。

讨论式教学法是高职思政课教育在当代的实践需要，是符合教育规律的一种有效的教学方法，开展讨论式教学要结合教学的实际有策略地进行，并要同其他有效的教学法结合进行，这些都需要教育者们不断努力探索来提高教学的成效！

（游庆括　广州番禺职业技术学院）

热点问题在高职院校“概论”课中的运用

“概论”课作为高校的公共政治理论课，承担着重要的思想政治教育任务。把热点问题融入“概论”课教学当中，这既是该课程教学改革的内在要求，又是本课程的时效性要求，还是提升教学质量、增强实效性的必要途径。

一、融入热点问题是“概论”课联系实际进行教学的现实需要

通过学生的反馈和对这几年上课的反思，“概论”课之所以被很多学生认为既“无用”又“无趣”，主要原因在于课程的理论性较强、教师理论水平有限和学生的功利性心理较重等几个方面。热点问题融入课堂是“概论”课联系实际进行教学的现实需要，有助于在一定程度上克服这三大困难，既增强课程的趣味性，又体现理论的有用性。

1. 克服“概论”课理论性较强、高职生不感兴趣的困难

高职院校学生普遍不喜欢理论课。理论的抽象难懂、枯燥乏味令高职生望而生畏、敬而远之。“概论”课恰恰是一门理论性比较强的课。还没上课，密密麻麻35万多字，没有任何插图的厚重课本就给学生一个下马威了，鲜有学生觉得其面目可亲，更加不要指望学生能够感受到教材的严谨及科学性，进而为之叹服了。

学生往往对抽象的理论不感兴趣，但对热点问题有强烈的求知需求。在“秀才不出门，能知天下事的”现代传媒条件下，很多热点问题闯入学生的视野，这些问题是一件件在现实世界发生的事情，容易引起他们的关注，甚至引起他们的共鸣。所以，教师根据讲课内容的需要，挑选出学生

感兴趣的或是与学生发展密切相关的热点问题，引导学生从现实事例去思考书本理论，他们就能感受到令其望而生畏的理论其实离自己并不遥远！原本认为“面目不亲”的课也“面目可亲”了。

2. 克服高职院校“概论”课教师理论水平有限、难以做到驾轻就熟和深入浅出的困难

高职院校的“概论”课教师未必全都是中国化马克思主义理论专家，难以对整门课的所有理论都研究深刻、研究透彻。研究不深、研究不透，对理论的讲授要深入浅出就相当困难。

把热点问题融入课堂，可以让教师扬长避短，充分发挥教师的优势，弥补自身理论水平有限的缺陷。如善于课堂组织的教师，可围绕热点问题设计教学，组织学生开展课堂讨论、辩论等活动，在活动过程当中启发学生思考，师生互动，课堂气氛活跃。善于语言表达的教师，可在运用理论分析问题上下功夫，热情洋溢地对热点问题进行解说，这样能增强课堂的感染力；条理清晰的分析，易使学生心悦诚服，萌生向教师学习的愿望。

3. 克服功利性驱使下，高职生对“概论”课缺乏学习主动性的困难

在当前和平稳定、比较富裕的社会背景下，相对于民族强盛、国家地位、社会发展等宏观叙事来说，高职生更关注自身利益与群体利益。所以，在学习上就显得有些急功近利：认为“有用”就好好学，认为“没用”就不学。专业课与学生今后的生存与发展的直接关系一目了然，所以，学生对于“有用”的专业课能保持较好的学习自觉性，即便有些专业理论也枯燥难懂、无趣，但还是会因其“有用”而想方设法去学好它。高职生不是思政理论专业的学生，“概论”课不是专业课，而是公共必修课，在学生眼中，它对其未来求职、谋生、发展没有多大作用，所以缺乏学习的热情和主动性。相当一部分高职生就是因为认为“概论”课“无用”而对它不屑一顾。

把热点问题巧妙地融入课堂中，运用所学理论分析、思考这些问题，甚至通过对这些问题的思考、讨论，发现理论，再认识理论，这个过程始终围绕当下发生的事件，透过现象，层层深入，发现真相，认识本质。这些活动，让学生感受到所学理论在认识和解决当今社会问题中的实用性，发现理论貌似“无用”实则“最大的有用”。这样，可以有效激发学生的学习热情和兴趣。

二、融入热点问题能够丰富“概论”课程内容

把热点问题融入“概论”课，是联系实际进行教学的现实需要。同时，热点问题运用得当还是“概论”课的有益补充，可丰富教学内容。

如“马克思主义在中国的传播”专题是我们根据教材设计的第一个专题。其目的是通过这一专题，不仅向学生宣讲课本第一章的内容，而且更可以帮助学生克服对教材、理论先入为主的“不亲切感”，帮助学生树立“马克思主义”非常“有用”的观念。因此，我们针对学生中存在的“马克思主义离现实很远”、“马克思主义无用”的困惑，引入了热点问题“西方‘资本论’学习热”。我们精选了相关新闻、图片资料和“千年伟人马克思”的资料一起形成了一组材料。上课时，先提出“马克思主义过时了吗”这一思考题，直指学生内心的马克思主义“无用论”，给学生三分钟思考讨论，紧接着给出精心准备的热点材料，再让学生讨论三分钟，接下来学生小结六分钟，教师总结三分钟。这组材料一出现就对学生形成一种强有力的心灵冲击，甚至有学生反馈这一组材料对他们产生了震撼的效果。结果不言而喻，学生对马克思主义的认同水到渠成。师生围绕材料的十五分钟活动达到的效果胜过了千言万语的说教。

此外，我们把“嫦娥二号”等科技热点，“腐败问题”等社会热点，“钓鱼岛事件”、“十八大精神”等时政热点引入到相关的内容当中，把我国的成就、国内的问题、国际上错综复杂的关系都呈现在学生眼前，通过各种形式的课堂活动，组织学生思考讨论，既让学生为祖国的成就而自豪，增强民族自豪感和爱国热情；又让学生正视国内出现的问题，理性地从多方面去分析问题，正确地认识我国当前出现的问题；还让学生站在国际关系的视野认清楚我国发展的现状，既不自大，也不自卑，明确自己的责任。

三、热点问题在“概论”课中运用应注意的几个问题

热点问题在课堂中运用得好，将会起到良好的教学效果。运用得不当，则容易出现偏离主题、喧宾夺主，甚至只讲热点、不讲理论的情况，

学生开心了，课堂气氛热烈了，但是不能算完成了教学任务、达到了教学目的。因此，在“概论”课中运用热点问题要注意以下三点：

（1）紧紧围绕上课专题内容选取材料。教师在备课时要注意将热点问题，尤其是时政热点作为重要的课程资源来开发，将教材中的基本理论与热点内容相联系，使理论更具体、更生动、更具说服力，两者相辅相成，相互促进。热点问题很多，什么可用，什么不可用，教师不能仅凭问题的“热度”或是“趣味”来选材，而应紧紧围绕上课专题内容选取材料，所选材料要与授课的专题内容相一致，能够对专题内容进行现实的、有益的补充。这样事理结合，既有助于学生在分析思考问题时找到理论的支持，又可通过鲜活的事例及时活化对理论的理解。

（2）紧紧围绕上课内容活用热点问题。选取了与上课内容相适应的热点问题后，在课堂运用时，一定要把握好尺度，切忌喧宾夺主，厚了“热点”，薄了“主题”。热点问题往往引人注目，学生喜欢，讨论起来容易兴趣盎然，滔滔不绝；老师喜欢，谈起来言之有物，非常充实，容易侃侃而谈，忘了时间。相比而言，枯燥的理论就容易被忽视了。为避免这种情况，教师在课前应该围绕专题做好合理的教学设计，上课时保持清醒的头脑，把握好课堂进程，在学生激动时适时地加以引导，及时地回归主题，完成教学任务。

（3）避免上成“形势与政策”课。“概论”课和“形势与政策”课有着共同的任务，但是在具体任务上侧重点有所不同。“形势与政策”课是专门讲时事政治的，涉及很多热点问题，但它就是通过对这些热点问题的宣讲让学生了解当前国际国内的形势及我们的政策。“概论”课则主要是宣传马克思主义中国化的理论成果，热点问题的引入，只是为了达到这样一个目的的一种重要的辅助手段。通过对热点问题的分析，以例化理，以理析例，事理相容，促进学生理解和接受马克思主义中国化的理论成果。

在我们的现实生活当中，不时地涌现出各种热点问题，这些问题往往是多种社会问题的集中反映，耐人寻味，发人深省！根据“概论”课的内容，巧妙地把这些热点问题引入课堂，既让学生学之有趣，思之有味，激发了学生的学习兴趣，又使理论和现实紧密相连，使理论鲜活起来，增强了课程的实效性。

（陈　英　孙翔云　广东外语艺术职业学院）

基于“工学结合”的高职院校思政课教学创新探索

“工学结合”是一种新的人才培养模式，其实质就是：将学生的课堂学习与参加实际工作结合在一起，使他们能学到课堂中学不到的东西，并接受一定的职业训练，取得一定的工作经历，从而顺利地进入职业生涯。“工学结合”培养模式符合中国职业教育实际，周济同志曾指出：“职业教育战线要提高认识，积极探索，大胆实践，逐步将技能型人才培养模式转变到工学结合的路子上来，与产业部门和企业一道，共同构建充满活力、富有效率、互利共赢的、具有中国特色的职业教育人才培养模式。”①

“工学结合”培养模式也是国际职业教育发展的趋势。放眼世界，世界发达国家的高等教育模式都体现并突出了“工学结合”的教育理念，如德国的“双元制”、英国的“三明治”教育、美国和加拿大的“合作教育”、日本的“产学合作”模式等，只是各国的国情不同，采取的形式和名称不同而已。他们的经验是值得我国高等职业教育借鉴的。

一、“工学结合”模式下高职院校思政课教学创新的必要性

首先，思政课实行“工学结合”是马克思主义理论的本质要求。“工学结合”培养模式是从培养具有高素质职业技能人才的要求出发的，以利于使教学与社会需求紧密联系在一起，利于学生个体的职业发展需求，利于学生学习自主性、主动性的增强。因此，作为办学主体的学校，应该主

① 刘紫婷：《高职院校工学结合人才培养模式的实践与探讨》，《中国高教研究》2007年第8期。

动与行业、企业合作，根据企业对各专业不同的要求，寻求“工学结合”教学目标与企业共建利益的结合点，实现学校育人与企业发展的双赢。思政课作为高职院校的公共课，必然要适应高职教育发展的需要，坚持理论教学和实践教育并重。所以要引导师生创新思政课教学模式，走“工学结合”之路，调动学生的主动性和积极性，培养学生职业意识与技能。①

其次，思政课实行“工学结合”是现代教育理论的要求。现代教育理论强调“以学生为本”的教育思想，学校在教育学生知识的同时，更应该教育学生运用已有的知识去解决实际问题，在实践中探索未知。随着改革开放的深入，人们的价值取向、思维方式、生活方式发生了很大的变化。因此，思政课在搞好理论教学的同时，必须加强实践性教学，“工学结合”可以提高学生对思政课的认同感，发挥学生在学习中的主观能动性。

再次，思政课现有教学模式不适应“工学结合”高职教学的要求。尽管“工学结合”不断深入发展，但思政课教学仍采用课堂教学为主，重理论轻实践，尤其是脱离企业的生产实际，不能让学生感知行业、职业、商业氛围等，难以体现职业教育、就业教育的特色。这样陈旧的教学理念难以培养出企业需要的具有职业道德的高素质的技能性人才。只有“工学结合”才能培养出有知识、有技能的应用型人才，提高企业的竞争力，为企业的长期发展提供强有力的智力支持。

最后，专业课“工学结合”的发展对思政课教学提出了新的要求。随着专业课“工学结合”的不断落实、不断深入，学生经常走出校园见习、实训、实习，思政课教学的正常上课时间不能保证。为切实提高教学实效，必须进行教学理念的改革和教学模式的创新，以适应高职教学“工学结合”的新要求。“工学结合”是实现教育与企业相结合的重要途径，反映了职业教育发展的本质要求，因此高职院校思政课要培养符合企业、行业要求的学生，“工学结合”是必由之路。

二、“工学结合”模式下如何创新高职院校思政课教学

高职院校思政课的“工学结合”也可以与专业课一样做到形式多样，

---

① 于宏、旷永青：《论构建高校思想政治理论课长效机制的原则》，《学校党建与思想教育》2009年第23期。

同样可以不受时间、地点限制，可以多渠道广泛进行。按照教学形式不同，可以分为课堂教学的“工学结合”与实践教学的“工学结合”。

1. 课堂教学的“工学结合”

（1）强化职业素养教育。高职教育各专业紧紧围绕“职业”、“企业”开展“工学结合”，思政课工学结合的核心当然也是培养学生良好的职业素养。思政课不能直接培养学生的专业技能，但绝对可以加强学生品质的培养，通过培养学生的职业意识，引导学生爱岗敬业，鼓励学生积极参与职业技能养成等“工学结合”教学活动。而教师在课堂教学与实践教学中加强职业素养教育意识，就能够培养出“政治优良，事业感强”的高职应用型人才。

（2）开展“企业、职业”式案例教学。思政课课堂的“工学结合”教学，最容易操作的是以“企业、职业”素材作为教学案例，解决企业管理、运行过程中的各种问题，选用具有鲜明企业、职业特色的教学案例讲活教材。思政课教师平时就应注意收集，认真分析，深化加工，形成思政课“工学结合”的素材，在教学中加以引用，引发学生的分析和思考，培养学生正确的就业观、职业观，增强事业心、责任感。思政课的课堂教育一边学习理论，一边结合与学生切身利益有关的专业职业教学案例，这样更能激发学生的学习兴趣。①

（3）实现思政课教学力量多元化发展。“工学结合”要突出学校与企业两个操作主体的地位和作用，而不是高职院校一方单打独斗。“工学结合”的思政课教学力量可以多样化，不应该局限于思政课教师。在思政课教学中，每一个学期都要召开1～2次报告会，邀请党政领导、企业经理、职业能手、成功人士或者优秀毕业生到学院结合专业，给学生做思政课报告，介绍专业最新时事动态、科研攻关方向、专业人才供求信息、企业管理、员工思想，让政府、企业参与到高职思政课的教学中，这样必然会使思政课教学更有针对性与实效性。②

（4）开展项目化教学。“项目教学”是师生共同实施一个完整的“项

① 周悟、吴宁：《对高职院校“工学结合”模式下思政教学的思考》，《咸宁学院学报》2010年第5期。

② 欧阳剑波、苏冰星：《“工学结合”环境下高职生思政教育亟待实现的四个转变》，《职教论坛》2008年第12期。

目”的教学活动，它既是一种课程模式，又是一种教学方法。在项目教学中，学生成为课堂教学的真正主体，在教师的引导下通过自己体验、自己探讨，自己得出结论，这能培养学生的自学能力、思考问题和探究问题的能力。思想政治理论课注重的是社会要素，通过角色扮演、模拟法庭、热点问题的评析等项目使学生充分参与到教学中，变被动学为主动学，通过学生自己的体验得出我们想让他们接受的观点，而不是由教师把这些观点强硬灌输给他们。笔者在尊重教材，不违背思想政治理论课总要求的前提下，在“概论”课的教学中，以马克思主义中国化为主线，以中国化马克思主义为主要内容，把教材整合为四个模块，根据不同模块的内容选择了八个不同的项目内容，让学生充分参与课堂教学，使学生真正成为课堂的主体，让学生在主动参与课堂教学的前提下，变“要我学”为“我要学”。在教师的引导下，学生通过自己对社会问题、社会现象的综合分析，提高对国家历史发展和中国共产党执政能力的正确认识，从而树立社会主义核心价值观，成为思想政治理论素质合格的中国特色社会主义事业的建设者和接班人。[①]

（5）推行“双师制”授课制度。所谓“双师制”授课，是将一门课程拆解成若干单元，有些单元由学院教师讲，某些单元比较适合由行业专家、企业技术人员讲授的，可以聘请有关的专家来讲授。我们学院在开设“思想道德修养与法律常识”课过程中，结合模块教学，分别请了清远市法院的法官、知名的劳模、企事业的负责人等，以讲座形式或咨询形式给学生讲课，收到了良好的教学效果。

2. 实践教学的“工学结合”

（1）将思政课教学融入到见习、实习管理之中。由于高职院校实行“工学结合”模式，学生的见习、实习比较多，必然影响到思政课教学。但是，把思政课实践教学落实到见习、实习中去，研究与制定见习、实习思政课实践教学的具体方案，如制定《实习生思想政治表现登记表》，对学生的见习、实习实行动态的管理，关注学生的思想动态，则有利于强化学生职业素质、提高学生职业技能。

（2）课外阅读企业、职业知识活动。思政课的教学过程以理论讲授为

① 邓晓影：《关于项目驱动教学法在高职思政课教学中的运用》，《职教论坛》2009 年第 20 期。

主，但受学时限制，思政课的“工学结合”不可能做到全面，相当多的企业、职业知识，更多的要靠课外阅读。思政课教师可以根据学生的专业和职业特点，向学生提供有关专业和职业方面的参考书，由学生选择阅读，做好读书笔记或撰写学习心得。学生通过阅读来理解职业知识，扩大视野，可以提高认识和分析职业问题的能力。

（3）寒暑假开展企业、职业调研活动。思政课可以利用寒暑假向开课年级的全体学生布置企业、职业调研活动，调研活动可以结合学校“三下乡”活动展开。调研内容必须与所学专业相关或相近，开学后上交调研报告，思政部根据年级和专业评选优秀的调研报告，适当给予物质或精神奖励。这种调研活动可以大大丰富学生的社会实践经验，拓宽学生的职业视野，帮助学生积累生活素材，提高学生的综合能力，能为学生走向社会实践奠定良好的基础。

（4）积极参加学院“人才培育168工程”的建设活动。“1”是指树立一个学生政治思想工作理念：就业是第一责任，质量是第一生命，创新是第一手段，特色是第一法宝。“6”是指六位一体育人：教书育人，实践育人，服务育人，管理育人，环境育人，文化育人。“8”是指八项建设工程：就读就业创业工程，素质拓展工程，赛龙夺锦工程，励志助困工程，心理健康评建工程，思想政治理论课建设工程，校园文化环境建设工程，党团员先进性建设工程。鼓励每个学生积极参加“人才培养168工程”活动，结合学校每年举行的艺术节和文化节开展活动，制定《168工程活动学生思想政治表现登记表》，对学生参加活动实行动态管理，关注学生的思想动态，这有利于强化学生的活动意识，提高学生的活动技能。

“工学结合”的人才培养模式是我国高等职业教育改革的重要方向。高等职业教育工作者需要结合各校实际情况，进一步提高认识，解放思想，积极探索，大胆实践，为培养高素质技能型人才、构建具有中国特色的高等职业教育“工学结合”人才培养模式作出新的贡献。

（邓振芳　清远职业技术学院）

背景透视教学法在高职院校“概论”课教学中的应用

“概论”课是高校思想政治理论课的核心课程。本课程通过讲授马克思主义中国化的历史进程，宣讲马克思主义中国化的理论成果，从而引导大学生坚定对马克思主义的信仰、对社会主义的信念，增强对改革开放和现代化建设的信心、对党和政府的信任，增强其社会责任感，自觉投身到社会主义现代化事业中去。由于该门课程命名和性质都决定了其理论性、系统性、思想性较强，在教学过程中的难度就会较大。高职院校的思想政治理论课不开设“中国近现代史纲要”和“马克思主义基本原理”两门课程，因此高职院校的“概论”课又要肩负着简要介绍以上两门课程教学内容的重任，加上高职院校学生实用性、功利性价值取向比较明显的特征，较之本科院校而言，高职院校“概论”课教学的难度就更大。根据高职院校“理论够用”为度的标准，结合高职学生的思想特点和理论需求，将背景透视教学法应用在“概论”课教学中，有利于搭建马克思主义及其中国化理论与学生之间超越时空的思想链接平台，有利于提高教学质量，增强教学的实效性。

一、背景透视教学法概述

1. 背景透视教学法的含义

所谓背景透视教学法，就是“教师在课堂教学中，通过多种方式和手段对某一理论或思想观点等产生、形成的历史条件及相关内容进行透视，并结合当今面临的现实环境、条件进行分析对比，揭示出理论的生命力之所在及其发展之趋势，从而加深对某一理论或思想观点的理解”①。背景透视教学法是采用视频、音频、报刊、电视、网络媒体等各种生动形象的多媒体，对与学生密切相关的热点问题、教材中的重点和难点等用翔实的素材进行形象分析、深入透视，建立一种面临真实问题的背景，增强学生的注意力及兴趣。背景透视教学法通过追溯、阐释理论所涉及的历史、现实等背景，为大学生对“概论”课的学习与掌握提供一个坚实的平台和切入点。

2. 背景透视教学法的优势

背景透视教学法有利于形成形象生动的感性认识，进而增强“概论”课教学的吸引力。教师在运用背景透视教学法时，要使用各种教学手段，通过各种载体如音像资料、数据资料、图表资料等重现历史发生的背景和当时的社会历史条件，这些材料必须是客观存在的，而不是主观臆造的，这些材料会将活生生的事实展现给学生，使教学形象生动，从而增加课堂教学的魅力。

背景透视教学法有助于将抽象的理性知识具体化，进而增强“概论”课的渗透力。教师在教学过程中，结合教学内容对某一理论和观点进行背景透视时，往往要运用大量的材料来分析论证提出的观点。在这一过程中，既有对问题的归纳综合，又有演绎推理，学生在接受知识的同时，也学会了思考，学会了运用，学会了以正确的世界观、方法论分析和解决各种现实问题，从而有助于培养他们新的思维方式和思维视角。

背景透视教学法有助于塑造学生的自信心，进而增强自主学习的积极性。很多学生先入为主地认为“概论”课就是一些老学究们以严谨教条的方式在灌输理论，课堂气氛只会是呆板沉闷的。背景透视教学法通过创设学生参与教学活动的情景，改变学生厌学的情绪，打破沉闷的学风，让他们在参与中形成美好的亲身体验，进而产生成就感和喜悦感，这样有助于学生在具体情景和活动中获得认知，进而增强主动学习的动力。

背景透视教学法有助于缩短教学内容与生活背景的时空距离，进而增强理论与现实的紧密联系。在“概论”课教学中，教师需紧密围绕教学内容，给学生提供适当的背景材料和生活背景，特别是要将历史的背景材料

① 张雷声：《新时期思想政治理论课教学方法探讨》，高等教育出版社 2006 年版，第 65 页。

与今天的现实生活背景和条件进行比对分析，这有助于学生在比较中把枯燥的理论与鲜活的实际紧密联系起来，进而在时间和空间两个维度上缩短教学内容与现实生活的差距。

二、背景透视教学法在“概论”课教学中的设计

背景透视教学法在应用过程中需要经过几个阶段，具体包括背景材料筛选阶段、透视方案设计阶段和教学工具准备阶段。在背景材料筛选阶段，教师应事先了解、搜集、整理、分析并学习有关的专业知识和背景材料，这就要求教师具有丰富的知识储备，需要教师不断地学习以拓展自己的知识视野。年轻教师必须要认真学习中国近现代历史，认真阅读《毛泽东选集》、《邓小平文选》、各种传记和回忆录等，认真观看反映革命历史题材的影视作品，以了解事实的真相，同时还要了解新时期我党的路线、方针、政策和国际国内形势。在透视方案设计阶段，教师在做准备工作时，必须围绕教学的目的和要求，提出教学提纲，根据教学内容和教学情境设计，进行材料的加工，这是一个伴随着去粗取精、去伪存真的过程。而在设计方案中，合适、恰当的材料是成功实施背景透视教学法的关键①，它直接关系着教学效果的好与坏，因此要选取时效性强、时代感强、与学生专业相配合的简单易懂的材料。在教学工具准备阶段，要准备好教学必需的教具和仪器，借助新媒体技术这种受学生欢迎的工具，比如数据、卡片、挂图、录音机、音乐、视频等，还要确保教学工具和教学仪器在教学过程中正常运转，保证课堂秩序的顺畅，以此来优化教学效果。

背景透视教学法在“概论”课教学中的具体设计如下：

章节	透视项目
第一章　马克思主义中国化的历史进程和理论成果	复兴之路——第1集：千年局变 千年伟人——马克思

① 熊晓燕：《“两课”教学新方法探讨——背景透视教学法》，《内蒙古农业大学学报》（社会科学版）2001年第4期。

（续上表）

章节	透视项目
第二章　马克思主义中国化理论成果的精髓	天安门上的毛主席像永远要保留下去——邓小平 《实践是检验真理的唯一标准》
第三章　新民主主义革命理论	广州起义烈士陵园墓碑——图片 红色山大王的故事 三大武装起义的视频资料 外圆内方的统战艺术
第四章　社会主义改造理论	新中国成立前三年我国所面临的经济环境——音像资料 民族资产阶级欢迎社会主义改造——音像资料 红色资本家——人物介绍
第五章　社会主义的本质和根本任务	经典作家对社会主义的描述——史料 马克思、恩格斯对社会主义的描述——史料 社会主义在中国的艰难探索——史料
第七章　社会主义改革和对外开放	前后两个30年的比较——史料
第八章　建设中国特色社会主义经济	在我国现阶段的收入分配中应坚持效率优先还是公平优先——学生辩论赛 《潮人》——电视剧　新农村建设
第九章　建设中国特色社会主义政治	新中国成立60周年国庆庆典仪式——音像资料
第十章　建设中国特色社会主义文化	广东佛山“小悦悦”事件——讨论、现场模拟
第十一章 构建社会主义和谐社会	亚洲四小龙——史料 拉美陷阱——史料
第十二章 祖国完全统一的构想	台湾——史料 香港回归谈判——史料 香港、澳门回归——视频
第十三章　国际战略和对外政策	新中国外交——史料 万隆会议—— 音像资料

讲“概论”课必须史论结合，特别是在高职院校学生中讲授第一单元马克思主义中国化概论（包括第一章和第二章）和第二单元毛泽东思想时，教师应该围绕教学大纲，将“中国近现代史纲要”和“马克思主义基本原理”课中的相关内容介绍给学生。背景透视教学法应用在第一章时，有必要向学生交代马克思主义没传入中国之前的中国历史和世界背景，让学生知道中国引入马克思主义的来龙去脉，然后再讲马克思主义中国化的内容，就显得水到渠成了。在讲第三章新民主主义革命理论和第四章社会主义改造理论时，也要多讲一些历史，因为这两章内容是毛泽东思想的集中体现，而毛泽东思想又是同中国革命和建设的历史进程紧密联系在一起的，是革命和建设的理论原则与科学总结。在运用背景透视教学法讲授第五章及以后的内容时，则要对历史与现实进行更多的比较，因为中国特色社会主义理论体系是关于中国建设和改革的科学总结，在正确认识历史与现实之间关系的基础上，可以更好地把握这一理论体系。

三、应用背景透视教学法应注意的几个问题

1. 注意区分“概论”课和“形势与政策”课教学的侧重点

根据“05 方案”要求，“概论”课和“形势与政策”课都承担着高校思想政治理论课主阵地和主渠道的任务，但在具体任务上应该有所侧重。“概论”课主要是宣传马克思主义中国化的理论成果，应用背景透视教学法引入热点问题，是为了达到这个教学目的。通过对热点问题的分析，以例化理，以理析例，事理相融，促进学生理解和接受马克思主义中国化的理论成果。而“形势与政策”课是专门讲时事政治的，涉及很多热点问题，通过热点问题的宣讲，让学生了解国内外重大时事，全面认识与正确理解党的基本路线、重大方针和政策，认清形势和任务，掌握时代的脉搏，激发爱国主义精神，增强民族自信心和社会责任感，珍惜和维护国家稳定的大局。

教师在“概论”课教学中应用背景透视法，在背景材料筛选阶段，应将时政热点问题作为重要的课程资料来开发，将教材理论与热点内容相联系，在联系过程中要注意处理好“热度”和“关联度”的关系。要紧紧围绕授课内容展开透视，在透视时不要喧宾夺主，要处理好厚此薄彼的关

系，切忌不要厚了“热点”，薄了“主题”。不要简单迎合学生的兴趣，为了吸引学生的眼球，而忽视了理论的讲解。在具体教学设计上，教师应该把握尺度，及时回归主题，最终完成教学任务。

2. 与其他教学方法交叉运用以便在教学中形成良好的教学互动

背景透视教学法不是单独地、孤立地被应用，在具体应用过程中，不能割裂它与其他教学方法的联系。背景透视法可与主题演讲法、知识竞赛法、辩论讨论法、模拟体验法、现场模拟法、影视鉴赏法等教学方法交互使用，以此来激发学生的活力和热情，从而增强其学习的主动性和积极性，同时还能让学生学以致用，能够将书本上的理论与实际相结合，在增长知识、增长才干、提高理解力的同时又感到新鲜。

比如，教师在讲授第三章新民主主义革命理论时，可以开展知识竞赛，让学生在回顾历史中加深对“枪杆子里面出政权”的感悟，通过观看《长征》、《敌营十八年》、《沂蒙》等影视作品，增强对农村包围城市理论的体会，通过影视作品中体现出来的革命前辈的信仰来增强自己的信仰。在讲第八章建设中国特色社会主义经济时，可以组织班级同学在观摩辩论赛后结合课本内容和热点问题，开展题为“在我国现阶段的收入分配中应坚持效率优先还是公平优先”的辩论，通过辩论来培养学生的思辨能力和逻辑能力，进而了解我国分配原则制定的背景。

3. 注意引导大学生正确认识教材理论同社会现实之间存在的反差

引导大学生树立中国特色社会主义理想信念是“概论”课教学的重要任务和目标。要完成这个任务和目标，首先必须了解和分析当前大学生的理想信念以及阻碍大学生树立社会主义理想信念的障碍因素。其主要障碍就是在教材体系越来越拔高、社会现实越来越复杂多变的情况下，大学生所看到的社会现实与理想中的未来社会相差甚远，因此很多学生产生了悲观情绪。对此，我们要引导学生正确认识和准确把握。一方面，我们要讲述马克思的经典社会主义理论同现实之间存在着巨大的反差，可以在第五章讲社会主义本质的内容时通过背景教学法，让学生明晰经典作家当年所处的社会历史条件；另一方面，我们也要让学生正确看待当前倡导的中国特色社会主义理论同现实之间存在着的反差，有些问题是无法回避的。我们在教学中要引导他们认清问题出现的原因、寻找解决问题的正确途径，相比较其他一些国家由于不发展或发展停滞而出现的问题，我们的问题是发展中出现的问题。在采用背景透视法教学中，我们要注意全面性，防止片面性。在讲中国特色社会主义理论与实践的关系时，引导学生既要认识社会主义制度的优越性，又要认识我国当前的社会主义经济、政治及其他方面的体制尚处于不成熟阶段；既要认识社会主义的本质，又要认识社会主义本质从不充分到充分实现是一个过程；既要认识改革开放是实现中华民族伟大复兴的历史必由之路，又要清醒地看到在我们前进的道路上存在着各种困难和风险；既要认识社会主义市场经济对解放和发展生产力的巨大能量，又要高度重视市场经济的负面效应；既要充分认识我国改革开放和现代化建设所取得的伟大成就，又不讳言我们在具体工作中还存在着这样和那样的缺点与失误；既要对我们的事业充满必胜的信念，又要居安思危，增强忧患意识。①

我们透视过去和现在，是为了启迪未来，应用背景透视教学法的最终目标是让学生把目光投向未来。未来的几十年是中国社会发展的关键时期。正如胡锦涛在清华大学百年校庆大会上的讲话中所指出的那样："生长在我们这样一个伟大时代，我国青年一代应该大有作为，也必将大有作为。"

（刘凤梅　南华工商学院）

---

① 陈明凡：《牢牢把握理想信念教育这条主线——"毛泽东思想和中国特色社会主义理论体系概论"课教学札记》，《思想理论教育导刊》2011 年第 9 期。

生态课堂视阈中高职院校思政课教学方式建构研究

生态课堂借助生态学的方法，以生态思维和生态视阈考察课堂教学，从学生、教师及其课堂环境的相互关系中探索生态课堂的理论与实践。目前亟待改观频频发生的课堂生态危机：呼唤教师从全权代理的灌输者转变为设计者和促进者；呼唤学生由被动的信息接受者转变为具有创造性的学习者；呼唤我们的教学方式从个人独立学习转变为小组合作对话方式。生态课堂建设的目光是投注于学生与教师的完整的生命体，关注课堂上师生、生生、师生与文本间信息的流动；关注学生与教师的可持续发展。

一、高职院校思政课：亟待有效优化的生态现场

1. 教师行为角色的错位

有些教师受长期传统教学惯性的制约，不能一下子扭转课堂中教师话语“霸权”的情况，依旧把教师的预设、观点和意愿放在教学首位，依旧把持话语权，不肯让位。不可否认，教师清晰而有条理的讲授从一定程度上保证了课堂教学中大量知识的流动，教师在课堂教学中的角色，更多是为了完成教学目标的工具性角色。还有些教师急于摆脱以前的灌输教学，在教学中充当旁观者，要么对文本没有独立的见解，要么不敢或不愿理解，担心一发表自己的看法，就有抹杀学生主动性之嫌。不少高职院校思政课，教师一味地提倡少讲解、多活动，而走了极端。很多研讨课和学生辩论课中，教师不语或失语，变成了纯粹沉默的倾听者，对学生热火朝天的研讨、活灵活现的演讲，只微笑观看而很少有精辟讲解或结语。即使有

也只蜻蜓点水般附和，皆大欢喜。因此，许多绝佳的生成性课程资源，从眼皮下溜走。这种熟视无睹的角色错位，致使教育教学错失良机。

2. 学生行为角色的错位

有些教师很少关注学生的心理因素。学生心理因素不被重视的表现有：课堂上教师对学生的不当期望、学生很少受到教师激励、师生之间情感交流缺乏和关系紧张等现象，学生的心理世界可谓冷漠的家园。一方面理论界高扬教学改革理念大旗，另一方面现实中缺乏生气的课堂依然大肆存在。学生的心理活动和特征本应作为教学目标制定与实施的依据，却渐渐地被浩瀚的知识海洋所淹没。教学改革提倡合作学习、讨论式学习、研究性学习，而有些教师误解为把课堂交给学生，又造成了一些不良现象：课堂上的讨论看似热烈却没有主题，整个课堂学生想说什么就说什么；教师把课堂时间、课堂主体完全交给了学生，不能及时发挥主导作用。这样的教学致使学生对高职思政课的学习产生新的误解，不少学生无所适从，表面上是获得了学习的自由，实际上却是放羊式的放任自流，从实际效果看，学习行为多是无效的。

3. 教与学行为的错位

本应是师生交往互动、共同建构意义的场所，本应是师生协同发展、共同参与的成长的课堂，为何成为教师和学生各自眼中疏离的世界？究其原因：师生双方情感交流匮乏，使课堂教学中的教与学在一定程度上正走向疏离。目前许多高职院校思政课教师虽然在备课时认识到，不仅要备教材，而且要备学生，但教学实际行为中反映出来的情况，却往往是以教的效率来代替学的效率，造成教与学行为的错位。多数教师还是不能看到课堂教学的真实世界中发生的一切，很多时候，他们只是被表面的现象所蒙蔽。显然，教师需要有一双看透教学现象、深入了解学生的慧眼。无论是刚刚接触教学工作的新教师，还是观念守旧、满足于有限的教学经验的老教师，如何走进真实的教学世界都是一大挑战。教师在课堂教学中的角色，更多是为了完成教学目标的工具性角色，而非陪伴学生经历成长过程的情感性角色。试想一个缺少充分尊重、缺少彼此理解的课堂，教与学永远只能擦肩而过。新的教学改革是对生态课堂的期待与呼唤。生态教学观认为，高职院校思想政治理论课的课堂教学应是在轻松、和谐的教育情境中，师生、生生多向互动，进行智慧的交流、思维的碰撞，教师应在课堂特定的生态环境下，对课堂各生态因子之间多元复杂关系进行优化调控，使之达到一种稳定、有序、合理、和谐的发展状态，使凝固的课堂场景变成一幅幅鲜活的、生动的画面，流淌出生命的活力。

二、高职院校思政课生态课堂建构的依据：观念先导

1. 树立马克思主义生态观

马克思主义理论蕴藏着丰富的生态思想，对生态课堂理论具有重要的指导意义，是生态课堂的重要理论支撑。马克思主义关于人的全面发展的理论，是生态课堂的主题。人的全面发展同时也意味着课堂教学中不能以牺牲其他个体发展作为某些个体发展的条件，而应该是课堂教学中一切人的全面发展，包括学生和教师，将师生的全面发展视为生态课堂教学中人与社会发展的最高目标，关注学生的道德生活和人格培养。课堂不仅是学科知识传递的殿堂，更是人格形成的圣殿。课堂教学潜藏着丰富的道德因素，教师不仅要充分挖掘和展示教学中的各种道德因素，还要积极关注与引导学生在教学活动中的道德表现和道德发展。这样，学生获取知识增长的过程，同时也是学生人格健全与发展的过程，更是学生身心健康全面发展的过程。马克思生态学理论中关于自然、社会和思维发展的规律，是自然、人和社会统一的有机整体。马克思主义认为，人类社会历史发展是人与自然、人与人这双重发展关系相互依存、相互制约的自然历史过程。在生态课堂中，人与社会、自然界要协调和谐，整个课堂教学中人与人、人与社会也应是协调和谐的。课堂教学要着眼于学生的发展，具体地说，就是为了每位学生的发展，实现人的发展、自然的发展、社会的发展的统一。同时，生态课堂也要关注学生全面、和谐的发展。学生是一个完整的人，不能把学生仅仅看成是知识的容器，学生与教师、教学环境有着密切的联系。

2. 坚持科学发展观

科学发展观理论的第一要义是发展，核心是以人为本，基本要求是全面协调可持续，根本方法是统筹兼顾。科学发展观理论体现在生态课堂教学中，强调坚持以提高教学质量为中心，以学生的发展为首要任务，充分发挥学生的积极性、主动性和创造性，把教师、学生作为推动教学质量发

展的主体和基本力量。科学发展观强调协调发展，在课堂教学中，要注重知识、能力、情感、道德观等方面的协调发展，注重所有学生的协调发展，注重教师与学生之间、师生与环境之间的协调发展，注重教学质量提高、人与自然和谐发展。科学发展观强调可持续发展，坚持课堂教学质量与师生、教学资源、教学环境相协调，促进师生、环境的持续发展、终身发展；保护自然资源和生态环境，促进师生与自然的和谐发展。生态课堂是科学发展观在课堂教学中的贯彻落实。贯彻落实科学发展观，一个根本点就是要立足课堂教学实际情况，把统筹兼顾与重点突出更好地统一起来，正确处理课堂教学的中心与全面、重点与非重点、平衡与不平衡的关系，努力实现课堂教学发展的均衡性和协调性，促进课堂教学质量的全面提升和人的全面发展，这是科学发展观在生态课堂教学中的集中体现。而生态课堂把树立和落实科学发展观的过程，变为自觉运用客观规律推动课堂教学全面进步和实现教师、学生全面发展的过程。

三、生态课堂视阈中高职院校思政课教学的实现路径

1. 教师与学生的生态适应，营造和谐共生的师生关系

在生态系统网络中，各生态因子具有共生性、协同性、依存性和平等性。生态课堂教师和学生的角色需要重新定位，建立起平等、和谐、民主、互动的师生关系。师生观不应该非此即彼地简单建立在“主体—客体”二元对立的思维模式之上，在教师与学生的关系上，既不应是“教师中心”，也不应是“学生中心”，而应是一种动态的、平等对话交互主体的“人—人”关系。生态课堂中，高职院校思政课教师应由传统的单纯的知识传递者，转变为学生发展的促进者，教师在与学生的关系中是“平等中的首席”。传统课堂中滴水不漏和头头是道的讲解，曾经被视为经典课堂范例，现在这种观念要更新了。但也不能把整个课堂完全交给学生，夸大学生的主体作用，而忽略教师的作用，甚至造成教师的缺位。课堂是师生学习的共同体，学生是学习的主人，而不是课堂的静默者，师生共同拥有话语权。生态课堂倡导学生主动学习，自觉地担负起学习的责任；倡导探究式学习，注重学习方法的掌握、思维能力的锤炼、探索精神的培养，变“要我学”为“我要学”。教师与学生都是独立自主的生态主体，彼此之间

应该相互尊重。在课堂对话中，随着教与学活动的进行，高职思政课教师和学生的生态位置是不断发生变化的，教师在设计者、组织者、发动者、激励者、协调者、促进者、合作者、共同学习者等多种角色间转换，学生则在学习者、建构者、探究者、合作者等多种角色间转换。教师与学生生态主体在不断变化的状态中共同对求知过程负责，达到一种融合的状态。因此，在高职院校思政课堂生态系统中，应尊重生命的多样性和促进生命的共生性，努力让学生与教师生态主体之间、学生与学生生态主体之间通过多向的交往，建立相互依存、相互作用、和谐、平等的关系，全面和谐地促进学生和教师生态主体的发展。

2. 课堂与生活的生态结合，回归师生的生活世界

陶行知曾提出：生活就是教育。高职院校思政课必须回归生活、回归本体，在与生活的水乳交融中，探寻和实现思政课存在的意义与价值。在高职院校思政课的生态课堂中，教学的每一个环节都是教师和学生通过互动与对话交流达成互识与共识的过程，师生之间的对话是双方相互吸引、互相包容和共同参与的关系，这种对话是师生双方各自向对方敞开，彼此接纳，是一种真正意义上的平等与沟通，消解了传统的师生二元对立的尴尬状态。教师不再仅仅是授业者，在与学生的对话中，教师本身也得到教益，学生在被教的同时，反过来也在教育教师，他们共同合作、共同成长。当今人才的培养迫切要求通过提高课堂生命体的活力，消除教学世界与生活世界之间的重重壁垒，为生命体创设最接近其真实生活的成长环境。因此，高职院校思政课教学要关注生活世界，只有根植于生活世界并服务于生活世界的思政课堂，才是有生命力的课堂。然而，长期以来，高职院校思政课堂给人以严肃有余、鲜活不足之感，很重要的原因是：一方面教师没有把握住时代的脉搏，没有将一些学生关注的热点、焦点问题引入课堂；另一方面，教师的观念守旧，没有真正吃透教学改革强调的教育应回归生命本真，尊重生命，具备开阔视野，培养开放性思维的精神要领。总之，生态课堂视阈中的高职院校思政课堂是一个开放的课堂，倡导师生、生生对话。教师与学生的交往，实际上是作为现实的活生生的生命体之间的交往，教师不是在用程式化的知识教学生，而是要用自己的智慧、情感、精神等整个生命做成的“教材”，唤醒、鼓励、激励、期待、理解学生。师生、生生在敞开自我、走近彼此的对话中，相互追问，相互

聆听，共同寻找生命的意义。

3. 课堂与环境的生态互动，塑造人文课堂的生态环境

环境作为生态系统中的一个重要因子，是高职院校思政课的重要场所，对高职院校思政课具有促进或制约作用。一个和谐共生的课堂环境是师生完整生命得以自由成长的前提和基础。教师要努力创建积极的课堂环境，引导学生成为自主的学习者，推动高职院校思政课教学的良性发展。教师生态主体要提供广博的资源信息流，营造浓郁的学习氛围，让学生生态主体感受到课堂的有用性、吸引力，从而激发强烈的学习动机。教师生态主体对学生要关爱、尊重、期待、宽容，用富于激情的教学行为感染学生，营造积极向上的课堂生态心理环境，以利于师生生态主体之间平等对话、沟通交流、融合会聚，使学生生态主体的情感态度、个性心理品质得到健康发展，产生良好的生态效应。要创设以学生生态主体为中心的、整合的、协作的学习情境，进而建构思政课学习的实践场，在师生生态主体之间、学生生态群体之间搭建相互支持、相互欣赏的平台。在处于同一生态位的学生之间，鼓励合作，避免不当竞争。要创设动态开放的时空，关注思政课堂情境的动态生成。避免僵化机械的预设和执行，在不断变化的课堂生态系统运行过程中寻求预设和生成的动态平衡。要开放性地纳入学生生态主体的经验、问题和新生的体悟，随机、果断地促进生成，激发学生的智慧潜能，让高职院校思政课生态课堂成为不断涌现生命活力、激情与智能浪花的河流。要努力创设真实的或逼真的问题情境、迁移情境。通过影视作品、图片资料、多媒体技术配合讲解，在高职思政课教学中展示丰富情境，激发学生的政治兴趣和道德情感，让学生生态主体在情境、实践中自主建构知识。总之，高职思政课教学的课堂情境突出体现的应是和谐自然的特征，既有人际的沟通、情感的交融，又有理性的思辨，让学生在人文的阳光中探究，在科学的探究中享受人文关怀。

（刘　婷　南华工商学院）

案例教学分组讨论法在高职院校思政课中的应用

——以广东行政职业学院“概论”课为例

如何寓思想政治教育于有限的课堂教学中，开放教学方式，增强“概论”课的实效性，这是近年来本门课程所面临的重大研究课题，同时也是一线授课教师共同关注的问题。案例教学分组讨论法是“概论”课“教改”实践中的一种尝试，它在形式上类似于美国20世纪五六十年代由路易斯·拉斯（Louise Raths）等人创立的价值澄清法，这种教学模式充分体现“学生为主体、教师为主导”的教学思想，也是一种培养学生多方面能力的有效策略。

一、基本情况

1. 案例教学分组讨论法的基本内涵

20世纪初，哈佛大学创造了案例教学法，即在教师的指导下，围绕一定教学目标和内容的需要，把实际中的真实情景加以典型化处理，形成供学生思考分析和决断的案例，通过独立研究或相互讨论的方式来提高学生分析问题和解决问题能力的一种方法。案例教学法是一种兼具启发性和实践性的新型教学方法，被认为是代表未来教育方向的一种成功教育方法。20世纪80年代初，我国一些高等院校也开始在一些学科教学中引入案例教学，经过多年的实践和探索，案例教学法的运用已日趋规范，对我国高校课程教学的改革和发展起到了积极的促进作用。

分组讨论式课堂教学法，是教师结合教学要求、授课内容等，融合社会热点问题设置相应的专题，再根据教学班级的大小将学生分为若干小组，以小组为单位开展多种形式的合作学习的过程。合作学习以合作和互动为基本特征，学生在小组中充分讨论、相互借鉴，经由自我尝试错误后进行同化，再通过认知冲突后进行自我调适，这是一种基于“问题—探索—思考—解答”学习理论的学习模式。

案例教学分组讨论法是将上述两种模式有效结合，非常适合高职院校“概论”课的教学，特别对于“90后”的学生，这种新颖的教学方法更加适用。

2. 广东行政职业学院学生自身特色

广东行政职业学院是由中共广东省委党校（广东行政学院）创办、国家教育部备案的一所公办省属全日制普通高等学校。办学情况的特殊性决定了我院学生与其他高职院校的学生有所不同，主要有以下几点：

第一，学生素质相对较高。我校招生以专科（文科）为主，但学生分数均接近或达到2A本科线，这些学生一般在高中时学习成绩中等，大部分学生有一定的政治理论基础，思维逻辑性较强，有较强的分析和表达能力。

第二，学习政治理论课的兴趣较浓厚。我校与广东省委党校有千丝万缕的联系，我校党政领导几乎都来自党校，这一特点决定了我校政治教育的氛围较为浓厚，而教师带有倾向性的授课风格和教学方法，更激发了学生在政治理论学习方面的浓厚兴趣。此外，我校在学生人学第一年开设“概论”课程，与其他年级相比，大一新生学习公共理论课的兴趣更高，更乐于接受融合思想性和趣味性的新知识，能够积极配合教师的授课。

第三，渴望被认可和赞赏。与其他高职学生类似，高考对学生或多或少都会产生一定影响，学生一般会存在一些自卑心理，且我院学生大都来自粤北、粤西等偏远地区，诸多因素使学生更加希望得到教师的认可和鼓励，也希望有展示自我的机会。

第四，女生较多。我院招生历年女生人数较多，其优点是课堂纪律较好，但大部分女生不愿或不敢独立发言，教学气氛较沉闷。

基于我院学生的特点，在合班上课的情况下，案例教学分组讨论模式可以很好地解决学生个体主动性不足、参与度不高的问题，有利于发挥学生团体的优势，比较适合“概论”课的课堂教学。

二、案例教学分组讨论法实施环节

案例教学分组讨论法将案例教学与学生合作学习结合起来，创设一个良好的、宽松的教学实践情景，将典型案例用书面或多媒体视频等方式展现在学生面前，让学生设身处地地去思考，以小组形式共同讨论，最后得出小组较为认同的结论。具体实施步骤如下：

1. 课前准备

（1）教师应选择好典型案例。选择案例是“概论”课实施案例教学分组讨论法的首要条件。“概论”课程涵盖了我国新民主主义革命、社会主义革命和社会主义现代化建设的不同历史时期，涉及面广，这一特点决定了适合该课程的案例很多。因此，选择案例时要注意既要契合课程内容，又要适合分组讨论，同时还要兼顾社会现实及“90后”学生的特点；案例的选取既不能过于空泛，也不宜过于肤浅。准确地选取案例是该教学法成功的关键步骤。

（2）学生分组。按照班级的大小，一般每组6~8人。分组时应注意综合学生各方面的特点，如男女生比例、文理科比例等。一般情况下，学生分组会固定下来，持续整个学期，这样有利于培养学生的归属感和团队精神，成员之间相互合作、相互信任，彼此之间乐于接受不同的意见，学习的氛围较为融洽。

2. 课堂案例展示及分组讨论

（1）案例展示。案例可以用各种方式展示，如传统的书面案例展示法或教师讲述法，但随着多媒体教学的广泛应用后，动态画面展示的方法可以使学生更加直观地了解案例，特别是对于“概论”课中一些伟人或历史事件，学生在观看视频过程中能够更加真实地了解当时的历史背景等常识性内容。这种视频案例有助于“90后”大学生吸收消化课程内容，同时有助于提高学生参与讨论的关联度，教学效果良好。

（2）分组讨论。本着“学生为主体、教师为主导”的方针，教师在分组讨论中不应给出太多个人意见，而应根据分组讨论的实际和需要，引导启发学生的主动性，并且通过不时的询问和解答，使学生在轻松愉快、自主平等的氛围中获得良好的结论性判断和积极的学习态度。基于大一学生理论基础欠稳固，教师必须注意在理论知识上为学生提供必要的援助，要尽力避免学生在错误的理论基础上进行讨论。此外，由于学生年纪轻，自我控制能力较弱，教师应在一旁起到督促的作用。

（3）撰写报告或PPT展示。学生在给定的时间内经过充分讨论之后，写出本组讨论后的结论。每组推选一名学生进行本组的汇报发言，讲解本组讨论学习的结论，并提出本组成员的理论疑惑或感言。

3. 师生讨论和评议

小组发言结束后要进行总结点评。点评分为学生互评和教师点评。点评除要从理论上进行阐述外，还应针对学生的分析思路和分析方法加以说明，做到以理服人。由于学生理论和认识上的不同，加上案例本身具有一定深度，学生难免会产生不同观点，只要不是原则性错误，教师应当珍视学生的内心选择，积极鼓励并引导学生探讨正确观点。

三、案例教学分组讨论法的优势及实施时应注意的问题

1. 案例教学分组讨论法的优势

案例教学分组讨论法将案例教学与团队合作有机结合在一起，可以最大限度地发挥集体智慧，促进团结协作，特别是对于高职学生，可以有效规避单个学生理论知识和能力的不足，提升其自信心。实践证明，该方法对于“概论”课课堂教学尤其是合班上课有很大帮助。

（1）有利于培养团队精神，提高学生人文素养。

分组讨论能够充分调动学生的主动性，使学生在动脑、动手和动口等方面得到锻炼。大多数刚进大学校门的学生渴望表现自己，课堂参与的积极性较高，分组讨论可以充分激发学生的求知欲望，为学生深入学习提供了空间上的可能。同时，每个小组只有充分发挥团队精神和集体智慧，才能在学习讨论中取得好成绩。实践表明，内部较团结、集体荣誉感较强的小组更加容易取得好成绩，教师可以借此对学生进行团队精神的教育。此外，在小组内部的交流与交锋中，大一学生可以借此积累处理人际关系的宝贵经验，有助于学生缩短大学交际生活的适应期。

（2）有利于师生良性互动及教师课堂管理。

案例教学分组讨论法是一种强调学生之间互相协作的学习方法，同时也是一种促进师生之间良性互动的教学方法。教师与学生在课堂之中是一种完全平等的关系，教师在教学过程中由知识的传授者转化为学生学习的

促进者，由管理者转化为引导者。[1] 这种教学方法有利于促进师生的良性互动，改善传统师生间生硬刻板的关系。

课堂管理是教师通过协调课堂内的各种人际关系而有效地实现预定教学目标的过程，师生的良性互动有利于教师进行有效的课堂管理。此外，分组式的讨论可以化解当前“概论”课大班授课的限制，将大班教学分化为若干小组，可以让每个学生都参与到课堂教学之中，也便于教师从整体上掌控课堂。

（3）有利于提高课程教学实效性。

如何使“概论”课适合高职院校的就业导向，培养出高素质的综合性人才，这一直是本门课程走出传统课程论的最大困扰。案例教学能很好地使教学从客观案例出发，把学生关注的问题拿到课堂，并让学生亲自参与讨论，有助于训练学生独立思考的能力，通过教师的引导，使马克思主义理论真正成为学生研究问题、解决问题的科学指南。分组讨论可以发挥学生的主体参与意识和团队合作意识，激发学生的内在学习动力，提高其分析问题和解决问题的能力。

2. 案例教学分组讨论法实施过程中应注意的问题

“概论”课以大班教学为主，班额一般在 60～100 人，实施案例教学分组讨论虽然可以发挥学生主动性，活跃课堂气氛，但班级人数多，难免有“搭便车”等现象，从而引发诸多问题。如何正确处理教师主导性与学生主体性、案例教学与传统教学关系以及课堂突发事件等问题，有效组织课堂教学，是现今亟待解决的问题。

（1）正确处理教师主导性与学生主体性的关系。

案例教学分组讨论法与传统教学方法大为不同，它改变了传统的“灌输式”和“填鸭式”教学方式，形成“讨论式”和“互动式”的积极教学氛围，是对传统教学方式的重大变革。这种教学方式改变了传统的教师“满堂灌”的方式，但又不能完全放任学生，在适当的时候，应对分组讨论的学生给予监督和帮助。

对于部分教师来讲，在课堂上很难分清“教育”学生与“引导”学生

① 尚秋荣、张司洋：《高校马克思主义理论课实施案例教学法初探》，《廊坊师范学院学报》（社会科学版）2010 年第 1 期。

之间的界限。因此，正确处理教师主导性与充分发挥学生主体性就成为该教学法中教师应格外注意的一个问题。

（2）正确处理案例教学分组讨论法与传统授课方式之间的关系。

案例教学分组讨论法可以最大限度地激发学生的学习热情，更好地帮助学生理解教材内容，这对于高职学生来讲是非常必要的。但这种教学模式耗时过多，而“概论”课作为一门公共必修课，内容多、课时紧，如果缺乏细致的规划，“概论”课案例教学分组讨论将难以全面开展，因此，如何正确处理与传统教学的关系至关重要。传统教学方法形式上较为死板，但它可以在较短时间内让学生接受教材内容，有助于学生尽快学习和掌握理论内容。在实践中，灵活地结合传统教学方法和案例教学分组讨论的模式，可以帮助教师更好地进行课堂教学，同时也有利于学生提高课堂讨论的针对性和实效性。这两种方法在教学实践中缺一不可，如何分别吸收和化解其中的利与弊，这是教师在课程规划中尤其要注意的问题。

（3）正确处理师生之间及学生与学生之间的关系。

在“概论”课教学过程中，良性的互动是提高课堂教学效果的重要前提，然而由于“90 后”学生的个性差异，师生之间往往会出现代际间的“鸿沟”，导致课堂教学达不到预期效果，因此，教师在引导学生的过程中应时刻注意处理好师生关系。如教师在总结评价过程中要恰如其分，掌握评价的艺术性和科学性，注意多鼓励学生，恰当的鼓励可以激发学生的自信心，让学生敢于发表见解，在自我展示中不断提高自身能力。

另外，由于案例教学分组讨论法强调团队合作，因此课堂中难免会出现学生“搭便车”的现象，不利于部分学生对课程内容的掌握，教师应注意加强监督，同时积极灵活地介入群组活动之中。如遇突发事件，教师应积极引导学生分析问题，化解矛盾，帮助学生找到解决办法。

总之，案例教学分组讨论法打破了以教师为中心的传统讲授方式，变被动学习为主动学习。这种以学生为中心、以案例为切入点、以互动讨论为方式的教学方法，有效地提高了高职学生的沟通合作及分析、解决问题的能力，课堂气氛活跃，教学效果良好，因此在思想政治理论课教学中应大力推广。

（王　静　广东行政职业学院）

高职院校“风车式”思政课教学模式探析

——以中山职业技术学院为例

近年来，随着国家大力发展职业教育的政策出台，我国的高等职业教育规模迅速扩张，高等职业院校的数量达到1 300多所，高职学院的数量和招收人数已经分别占到了高等院校总数及其招生总人数的一半，可谓发展势头强劲。高等职业教育以培养应用型和复合型人才为目标。因此，如何针对高职院校学生的特点，对传统思政课的教学模式进行创新，使思政课成为提高高职学生思想政治素质的重要平台，就显得尤为重要。我院根据学生特点，提出了“风车式”思想政治教育教学模式，就像是一个有4片风叶的风车，共同作用，多管齐下。这种“风车式”的教学模式在教学过程中主要从四个方面进行，彼此之间相互影响，相互作用，共同推进思政课程的改革。

一、思政部教师融入学生管理工作中，建立思想政治教育大德育体系

高职院校大德育体系是为实现高职德育目标，对高职大学生进行政治、思想品德和心理健康教育的保障系统，是有效开展高职德育工作的必要条件。自2008年以来，学院号召专任教师担任学生班导师，并建立了相应的考核机制，把其作为教师职称晋升和评优评先的必备条件。思政课教师成为班导师工作的主力军，其中思政部主要领导下放系部兼任主管学生工作的书记，经验丰富的中青年思政课教师成为班导师的中坚力量，新进的年轻教师则下放系部从事辅导员工作，其余则划分到各个系部担任思想

政治教育辅导员或者心理辅导咨询师。这使思政教师的角色有了更为丰富的内涵，他们不仅成为学生获得知识的传授者，更成为学生思想上的领路人。另外，从学生入校伊始，思政部骨干教师作为学生党课培训的主讲者，分批帮助学生树立正确的“三观”，帮助学生系统了解中国特色社会主义制度及其理论，推荐优秀学生向党组织靠拢，做学生入党的第一介绍人。此种做法已经立项为学院级思政课题即“思政课教师角色新内涵——做学生入党的第一介绍人”。这样从思政课程讲授到深入学生实际，从面到点更加了解学生，明确掌握学生思想动态。这些都是贯彻全面推进素质教育的方针，培养社会主义现代化建设所需要的高素质人才的必然需求。这种育人模式实施三年以来，不断深入研讨，已经成为学院构建思政教育大德育体系的重要举措。

二、以社会工作方法推进思想政治教育，联合开设社会工作专业

随着科学发展观的深入贯彻落实，珠三角地区作为改革开放的前沿，特别是中山市已成为全国首批文明城市，和谐社会的理念早已深入人心。为响应上级部门提出的“幸福广东”与“幸福中山”的发展目标，思政部在进行党的创新理论学习与宣传的同时，通过不断的研讨取得共识，与基础部联袂开设了社会工作专业。从制订计划、市场调研、联合社区、申请政府支持、建立社区工作站、招募人员、引进师资等诸多方面着力开拓、积极进取，目前已经形成了以中山市东区花苑社区社工站为龙头，其他工作站逐渐扩散发展的良好局面。2011 年 9 月，社会工作专业第一批新生入校，成为社会广为看好的新办专业。省长黄华华、市委书记薛晓峰等众多省市领导亲自考察了花苑社工站，高度评价了学院为此所作的积极努力。

在社会工作专业的教学方面，采取基于项目导向的实践教学方式。把思政课的实践教学与专业教学相结合，培养学生各方面的能力，主要是与社工专业的专任教师共同设计课程实训项目，把思想政治教育贯穿于校内的实训室、各种参观访问以及社会调查过程中。在基于项目导向的实践教学活动中，学生可以了解并参与一个模拟或真实的现实生活中的问题，并在教师的共同指导下，运用学习到的知识找到解决问题的途径。目前，逐

渐形成了学院、政府、行业深度合作，“社团 + 项目 + 基地” 的实践教学模式。思政课教师根据社工专业学生的特点和地域优势，在与机构、行业密切合作的基础上，带领学生到校外实践基地开展思想政治教育。同时，思政课教师除了加强自身的社工专业学习、考取社工师证以外，还积极投身于社区的思想政治教育，定期到中山市的各个社区对义工和志愿者进行培训，加强了思想沟通与交流。

三、以教学基地为依托，开展形式多样化的实践活动

高等职业教育是以培养应用型和复合型人才为目标的高等教育，职业性特色决定了实践教学是高职教育的重要环节。因此，实践教学也是职业院校思想政治教育课教学的重要环节。高职院校思想政治教育除了以构建大学生的学习参与机制，形成“实践体验”，达到“知行一致”和“学以致用”的目标之外，还必须根据高职教育的特点，建立具有职院特色的思政课实践教学体系。正如我国职业教育的奠基人黄炎培先生所说：“仅仅教学生职业，而于精神的陶冶全不注意，是把一种很好的教育变成器械的教育，只能是改良艺徒培训，不能称之为职业教育。”① 思政课实践教学可以分为课内与课外。课内实践教学主要根据思政课内容和学生专业的特点，从宏观来说，可以通过每学期举办全院的课内实践创意大赛和校园超级辩论赛来践行。在班上，则可以学习小组为单位，开展演讲比赛、讨论会、观摩影视教学片、知识竞赛和社会调查等形式多样的实践性教学活动。另外，紧跟时代主题开展各种德育活动，如有目的、有步骤地实施识恩、知恩、感恩、报恩以至于施恩的人文教育；开展“红歌大家唱”、“南粤党旗红演讲比赛”等活动。

课外实践教学主要通过建立教学基地进行，目前我校已经建立了 6 个思想政治教育教学基地开展实践活动，分别是：孙中山故居、郑观应故居、中山红色军事文化博物馆、中山市温泉宾馆（邓小平在此首提“不走回头路”）、中山市大学生创业孵化中心和中山市东区花苑社区社会工作站。每学期定期组织学生到实习基地参观，还远赴广州、深圳、东莞等地

① 高奇：《黄炎培职业教育思想研究与实验》，《教育研究》1998 年第 5 期。

到革命时期、建设时期、改革开放时期的纪念地参观学习，每次实践活动后要求学生制作 PPT 汇报参观体会，优秀作品入选《中山职业技术学院大学生思想政治理论课实践教学优秀作品汇编》。在通过各种实践活动培养学生的思想意识的过程中，学院始终坚持充分尊重和发挥学生的主体地位，强调以体验式教学为主；在此基础上，进一步整合教学内容，专门突出实践教学课时和组织形式，使得三门课程的实践教学任务有机地融为一体。

四、以培养职业素养为重点，进行课程设置与改革

为规范教学和促进教师专业化成长，分别成立有专业特色的“思想道德修养与法律基础”及“毛泽东思想和中国特色社会主义理论体系概论”教研室（简称“基础”、“概论”教研室），并采用 A + B + C + D 教学模式（其中 A 和 B 分别代表“基础”课和“概论”课，C 代表“形势与政策”课，D 代表“实践教学”课）。根据高职院校特色，每学期分系别开设“基础”课与“概论”课，而“形势与政策”课则集中在每个学期的中间四周进行，每个学年的第二学期集中进行“实践教学”的课外实践活动，并配有相应的考核机制，真正做到实践和理论相结合。

高职大学生有其独特的身心特点和学习习惯，结合高职教育的特点，思政课程的改革成为当务之急。思政课程改革应当始终以教材为核心，针对学生学习生活的具体情况，从把握思政工作的内在规律和对象主体思想成长的动态趋势出发，作出正确、超前的预测、规划和创新，即每学期定期研讨整合出一本书的教学模块，以整体设计和单元设计的方式进行教学语言的创新。根据认知主体所学专业、知识层次等适当调整授课内容，加强专业意识教育、职业道德与行为规范教育、现代经济与管理文化教育、现代人格素质及心理素质教育等，突出高职院校思政课教学的实效性。要把职业道德教育内容进一步细化到行业层面，针对不同的专业，结合行业的特点有不同的侧重。

在课堂教学模式、教学方法和考试方式上大胆创新，根据贴近学生、贴近现实、贴近职业的三贴近“教改”理念，在教学中尽量给学生创造当“主角”的机会，让他们走上讲台，开启他们的思维，创建师生民主平等、

相互启发、生动活泼的学习氛围，促进学生主动质疑、互相争鸣，达到学以致用的目的。具体教学中，以根据课堂类型选择教学方法为例，在授课中运用“三点三评”的教学方法。“三点”即提出热点、突出重点、讲清难点。这种做法既有助于学生克服学习困难和理解教学目的，又有助于学生关注现实生活、理论联系实际。“三评”即每节课有起始的时事评述、课中对教材所举事例的评述和课尾的典型例题及热点问题评述。另外，课堂教学中还采用学生友情助讲、案例教学、情景教学、专题教学、研讨辩论等生动活泼的教学方式，努力做到请进来与走出去（参观访问、社会实践）相结合，课堂教学与课外讨论、交流相结合，正面教育与学生自我教育相结合等，切实增进教育效果。

在考试方法改革中，针对高职学生的学习特点，积极倡导“一页纸”开卷考试法，即学生在期末考试中，允许带一页 A3 纸，这页纸是提前一周发给学生的，学生对书上的知识进行重点概括和总结，以此为开卷参考资料带入考场，考试结束后连同试卷一起上交，占考试成绩的一定比例。这种考试方式不仅在一定程度上可以锻炼学生概括和分析能力等学习方面的基本素质，而且可以保证良好的考场秩序，经过近年来的实践证明，此方法具有一定的效果。

几年来，我们坚持以科学发展观为指导，从思政课的教学方法、教学内容到教学形式上逐步建立了这种“风车式”教学模式，使得学院的思政课教学过程得到了优化，教学质量、学生的满意度及学生的知识量得到了大幅度的提高，但是这种“风车式”教学模式还处于探索期，需要在以后的实践与理论教学中不断完善。

（赵道飞　李　娟　中山职业技术学院）

高职院校学生思想特点与“概论”课和谐课堂的构建

“概论”课是高职院校学生的一门必修课。在现实教学过程中，由于高职院校学生现实化、实用性和兴趣性取向比较明显，较之本科院校学生而言，教学难度更大。因而单纯的理论灌输及单一的教学方法已经给师生带来诸多困惑，学生学习动力不足，教师有职业倦怠感。因此，如何根据高职学生的思想特点，认真了解学生的理论需求，用心搭建马克思主义与学生之间超越时空的思想链接平台，构建一个和谐的课堂，是“概论”课教学的着力点所在。

一、高职院校大学生的思想特点

《国家中长期教育改革和发展规划纲要（2010—2020 年)》指出：“职业教育要面向人人、面向社会，着力培养学生的职业道德、职业技能和就业创业能力。”可见，高职教育在高等教育体系中的任务与分工是，在相当长的时间内为国家经济社会发展培养数以千万计的各行各业一线上的技能型、技术型、技艺型等高端技术人才。高职教育这样的人才培养目标，决定了高职学生具有自己明显的思想特点。

1. 理想追求“现实化”

就“概论”课而言，现在高职院校教学的对象基本上是“90 后”的学生。这一代人成长在改革开放时代，可以说，他们是在“理想世界”、“现实世界”和“虚拟世界”的综合作用下成长起来的。这里说的“理想世界”是指他们进入大学前，由于受高考指挥棒的影响，从小学到初中、高中，奋斗的目标就是要考上一所好的大学，毕业后找一份好的工作，这是他们追求的理想模式；然而，“现实世界”是指他们最后选择了一所高职院校，心理的落差及社会各种因素的影响，使他们的思想产生诸多困惑；与此同时，互联网的普及，一方面扩大了他们的知识面和信息量，但另一方面也出现了一个让他们游离于学校和家长视线之外的“虚拟世界”，部分学生沉迷网络、迷失自我。这种背景下成长起来的大学生呈现的特点是：他们既思想敏锐、积极进取，又追求成功、崇尚实力，以社会成败论英雄，凸显出他们在理想追求过程中具有“现实化”的倾向。

2. 知识追求“实用性”

成长在社会极速变迁时代的当今大学生，快餐式的文化阅读与生活节奏，让他们在知识的追求上也呈现了视角“实用性”的特点。尤其是对高职院校的学生而言，由于高职教育以培养高级技能型、应用型人才为己任，从入学开始，学校就注意有针对性地对学生进行职业定位与成才观教育，以便他们在今后的学习中能明确定位，自觉按高职教育的人才质量观有目的、有计划、有步骤地塑造自己。因此，这样的目标定位，无形中就使得学生不管是对课程的教学内容还是对社会实践的形式，都追求知识视角上的“实用”。他们总是希望教师在教学过程中教的都是一些“有用”的知识，这些知识犹如尚方宝剑，拿到就可以用。而这些所谓“有用”的知识就是吸引他们眼球的、当下社会比较关注的、现实生活中即用的一些知识，而对于一些基本理论、基本原理的学习则缺乏耐心。

3. 学习过程“兴趣性”

每一代大学生都有属于其这一代的行为方式和价值理念。当代高职院校大学生，上学的目的十分明确，他们选择读高职院校的目的就是要学一门实用技术，走出校门后能找到一份工作。因此，在专业的选择上肯定考虑了自己的兴趣爱好因素，入学后的主要兴趣和兴奋点也是放在相关的专业学习和实践上，校园出现的各种考证热就充分体现了这一点。他们热衷于参加各种社会考试，如专升本、司法考试、会计资格考试、导游考试、电工考试等。而对于像“概论”这样的思想政治理论课，不管是从学习的理念上，还是学习的内容上，学生都难以对其产生积极的学习兴趣，以致缺乏学习的主动性、适应性，缺乏自制能力。总体而言，热闹有余、沉静不足。

二、“概论”课和谐课堂构建的困惑

“概论”课是高职院校对学生进行系统的中国特色社会主义理论体系教育的一门思想政治理论课，对学生的成长成才有着十分重要的意义，可以说是学生终身受益的一门课程。但事实上部分学生并不是这么想的，他们认为这些课程是可有可无的，因此教学效果也不尽理想，从而给“概论”课教学带来了诸多困扰。

1. 学生对课程的重要性和必要性认识不足

正如前面所述，高职院校学生由于入学定位明确，学习与就业动机现实性明显，把学习专业课、拥有一技之长视为安身立命之本，对专业课学习比较主动，动手能力也比较强。而部分学生把思想政治理论课只当作不得不学的必修课，认为这是意识形态领域的一种理论说教，是不能快速转化为自己所需要的能力和效益的空洞理论。这样直接导致了对“概论”课学习的兴趣及主动性缺失，具体表现为旷课、缺课、上课睡觉、作业马虎、考试应付等现象，思想政治教育难以达到预期效果。

2. 教学内容缺乏针对性，难以激发高职学生的学习兴趣

目前，高职院校“概论”课使用的教材还是本科的教材，内容很多，理论性很强，缺少对高职教育的针对性。不管是教材，还是参考资料，针对高职学生特点的基本理论、案例分析都比较少。与此同时，由于高职学生理论基础相对比较差，因此很难通过自学的形式达到学习效果，课堂上互动的情况以及课后的调查、了解、交流都说明了这一点。对学生来说，他们很少利用课外时间看教材或相关参考资料，这样就必然导致理论功底的欠缺，从而影响学生的学习兴趣。

3. 教学理念滞后，教研脱节，和谐课堂难以构建

就教师而言，高职院校思想政治理论课教学任务一般都比较繁重，教师课时多，工作量大，因此，主要精力基本是用在教学上，而对科研的投入则明显不足。如此状况就导致了部分教师仅仅把思想政治理论课教学当作一种职业而不是当成一项事业去经营，以致思想、感情投入不够，教学上科研支撑不足，从而使课堂教学内容陈旧，缺乏与时俱进的前沿知识，同时方法简单，气氛不够活跃，严重影响教学效果。此外，有些教师即便

搞科研，也只侧重根据评职称的需要开展研究，而对“概论”课的研究则不多。

三、构建“概论”课和谐课堂的思想链接平台

课堂是促进学生成长的重要场所，关注学生需要是构建和谐课堂的根本任务。和谐课堂是“概论”课教学的主渠道，是“概论”课教学取得成效的关键，这是在当前的教学条件下任何形式所不能替代的。因此，用心搭建通往“概论”课和谐课堂的思想链接平台，事关“概论”课教学成效，事关高职院校合格人才培养。

1. 关注学生“职业倾向”需要，让“概论”课成为大学生终身受益的一门课程

思想政治理论课的最大特点在于它的现实指导性和未来启示性。“概论”课作为培养高职学生坚定中国特色社会主义理想信念的思想政治理论课，如果离开了学生关注的热点、生存和发展的职业倾向需要，就失去了学习的动力和根基。因此，“概论”课课堂教学在理念上一定要把理论和学生的实际结合起来，认真了解学生的理论需求，用心搭建马克思主义理论与学生需求之间超越时空的思想链接平台，科学阐述马克思主义理论体系的思想精髓，理论联系实际，在与学生的真诚互动中共同领悟马克思主义与时俱进的理论品质，这样才能达到师生教与学的和谐境界。比如：在讲授第二章关于“解放思想、实事求是”思想路线时，我们经常讲述《卖鞋子的故事》，故事讲的是两个推销鞋子的推销员来到非洲，结果发现这里的人都不穿鞋子。其中一个叫苦连天：这么个地方怎么会卖得出鞋子呢？于是打包回去了；另一个却喜出望外：如果所有的人都穿鞋子，那么我的市场该有多大啊！这个案例说明解放思想、开拓进取、创新工作思路和方法对事业成功的重要性。如果在课堂教学过程中，把这些案例的讲解与学生将来的就业、工作的思想实际结合起来，让学生明白拥有解放思想、开拓创新的理念，掌握一种实事求是的工作方法对他成长成才的重要性，教学的效果会比较好。可见，“概论”课不仅仅是理论的学习，同时更是正确世界观、人生观、方法论的形成。在当今知识经济社会中，自然科学和社会科学如同车之两轮、鸟之两翼，大学生只有拥有丰富的人文社

会科学知识和深厚的理论根基才能站得高、看得远。

2. *关注学生“学术倾向”需要，培养学生可持续发展的能力*

“概论”课既是一门思想政治理论课，同时也是一门人文社会科学课程。学术性是这门课程的生命力所在，只有关注学生学术倾向的需求，才能提高学生学习的积极性，从而培养学生拥有可持续发展的能力。因此，教学过程中在传授教材知识、保证知识传播的科学性和方向性的同时，充分考虑学生的学术倾向需要，介绍前沿知识和研究成果，是构建和谐课堂的又一重要因素。首先，学生有求知需要。没有知识就不能生存，就不能发展，就不能探索世界的奥秘，尤其是在知识经济社会更是如此。可以说求知欲是与生俱来的，因此对高职院校的学生而言，丰富而充满人文社会科学知识内涵的“概论”课，是他们拥有可持续发展能力不可缺失的课程。其次，学生有自主需要。学生虽然生活在群体之中，但是他们都有独立的意识。他们有时更喜欢自我的体验。因此，不能完全靠灌输让学生获得知识、方法和情感，而应该在教师的启发下，通过对学术动态的介绍，调动学生自主探究、自主实践和自主验证的能力。最后，学生有创新需要。创新是一个人的灵魂。当学生获取已有知识，他们就不再满足现状，需要达成新的问题创新。因此教师通过构建和谐课堂这个平台，关注学生的学术需要，鼓励学生创新，他们就可获得可持续发展的能力。

3. *关注学生的“兴趣倾向”需要，把马克思主义理论课堂教学生活化*

兴趣是最好的老师，兴趣是学生学习的动力。说一千道一万，“概论”课只有关注到学生的“兴趣倾向”需要，才会收到良好的教学效果。因此，教师必须充实教学内容，更新教学方法，丰富教学手段，从而激起学生的学习兴趣。对于一个“概论”课教师而言，衡量一个教师教学和学术水平的高低不在于他是否说得深奥，而在于他是否能用简单通俗的语言将复杂的问题讲清楚。正如北京大学陈占安教授说的，“谁都不否认马克思主义是科学真理，中国共产党很伟大，但如果仅仅把其局限于马克思主义和中国实践的结合，指导中国社会主义革命和建设的理论，这样就使马克思主义的中国化简单化和局限化了。这样就会使大众认为，马克思主义与我们自己无关，尽管它很伟大。马列主义中国化和日常民众的距离就是在这种情况下被拉开了”。因此，把马克思主义理论课教学生活化，对“概论”课教学成效至关重要。比如：“概论”课第五章关于“发展是硬道理”问题，教材介绍了“发展符合马克思主义基本原理”、“发展才是硬道理”、“发展是执政兴国的第一要务”等理论问题，如果课堂教学中能结合当前国家发展的状况、国内熟知的案例，特别是身边熟知的例子来讲解，学生会更容易理解些。举个例子说明：2010 年 7 月，《羊城晚报》刊登了题为“我的大专经历让我跳越平凡”的报道，讲述了广东农工商职业技术学院 2008 级金融专业毕业生张晓敏同学，在大学期间，由于努力学习，积极进取，成绩优秀，并锻炼出较强的处事能力和意志力，初次就业就进入某国有银行担任大堂经理，两年后就被银行破格调到银行机关部门工作。张晓敏毕业短短两年取得的突出成绩表明，一个人正确的世界观、人生观、价值观的形成，对个人的发展来说也是硬道理。正是这种身边真实的案例，让学生感觉到马克思主义的世界观、方法论不是抽象的、遥远的，而是具体的、生动的，就在我们的身边，是我们的行动指南，马克思主义真理的光辉就在我们的生活中闪耀。

和谐课堂的构建就像一段旅程，这段旅程是由师生共同去承担、共同走完的。在这段旅程中，教师是学生成才的指导者和引路人，学生是这段旅程的重要主体。教师在这个过程中的教育素养、学识素质、道德素养都会给学生智慧、启迪，影响学生的成长和成才。有人认为，课堂教学中教师就是教师，学生就是学生，其实不是这样的。课堂教学作为一段旅程，师生是可以共同享受、共同创造的。为了这段美好的旅程，教师要热爱教学、精心教学、创新教学。在新的时代里，教师要给学生一碗水，自己就必须是一条溪流；教师不仅仅是红烛，更应该是创新的火把；教师不仅仅是园丁，还应该是园艺师！因此，读书、教书、治学是教师的一种生活方式，教师要注重科研，与时俱进，常讲常新，保证课堂质量，这样教师就是这段教学旅程中最靓丽的风景。高职院校“概论”课教师要利用和谐的课堂教学，努力走好这段旅程，为社会不同工作岗位、不同工作阶段、不同工作层面培养更多劳动模范、岗位技术能手与企业家等高端应用型技能人才！

（陈媚林　广东农工商职业技术学院）

合理运用“加减乘除”，提高“概论”课教学实效

“概论”课是思政课新方案的核心课程，着重讲授中国共产党把马克思主义基本原理与中国实际相结合的历史进程，充分反映马克思主义中国化的理论成果，是加强大学生思想政治教育的重要渠道。但高职院校的学生有着不同于普通院校学生的学习特点，高职院校的课程设置和学分设置也不同于普通院校。因此，高职院校的“概论”课程，在选取教学内容、教学方法、教学模式等方面都应紧密结合高职院校和学生的自身特点，突出理论的简练实用，突出实践教学的重要作用，突出学生主体作用，突出课堂教学与网络教学紧密结合，突出理论教学与实践教学的结合，突出教师团队的团结合作，从而形成独特的教学风格。笔者总结本院“概论”课教学团队及个人近年来的教学经验，可以用“加减乘除”四个字来归纳。

一、运用加法，增加实践教学内容，加大理论与现实生活的联系

实践教学是“概论”课教学的重要环节。毛泽东思想和中国特色社会主义理论体系，是在中国革命、建设和改革开放的实践中形成与发展起来的，具有鲜明的实践性特征。实践教学不是理论课教学的点缀，更不是可有可无的附庸，它对于拓展学生知识、提高学生素质、培养学生能力都起着重要作用。根据“概论”课的实际情况和高职院校及学生的自身特点，高职院校“概论”课的实践教学大致可以分为两种模式。

1. 课堂内实践教学形式

课内实践教学是“概论”课校内实践教学的主要内容。课内实践教学包括课堂讨论、课堂辩论、新闻评论、案例剖析和历史再现等多种形式。其中课堂讨论是最常使用的课内实践教学方法。课堂讨论指围绕某社会热点、焦点问题，学生可以畅所欲言、各抒己见，平等、民主地交流探讨。教师可以提前布置较难的题目，在教师讲授理论知识后随堂讨论。在讨论中，教师在鼓励学生积极发表自己见解的同时，应在必要时调整学生对问题把握的方向，并对讨论中出现的偏颇及错误认识加以分析，使大学生学会全面、辩证、客观地看待问题。最后教师对学生的观点进行总结与概括。此外，教师还可以尝试把视频教学和多媒体教学引入课堂，也可采取课前演讲、热点研讨和情景模拟训练等形式以提高实践教学的效果。

这里主要介绍一种课前“热身活动”。首先全班学生要进行合理的分组和充分的动员准备，然后按照小组顺序，每周安排一个小组在课前的十分钟进行与本课程相关的活动，最后由教师和学生代表进行评价总结。小组活动的内容要与本课程的内容和学生的实际密切相关，小组活动的形式尽量多样化，如新闻播报、新闻评论、多媒体展示、演讲辩论、话剧小品等。此外，还可以围绕一些热点、焦点问题进行辩论，如公平与效率、完成祖国完全统一的手段等，通过这些活动，能有效增强课程的有效性。

2. 社会实践

社会实践是“概论”课实践教学的重要途径。在实践中培养学生的实践意识和实践能力，是高校思政课应遵循的一个重要教学原则。学生参加社会实践，可以了解社会、认识国情，增长才干、奉献社会，锻炼毅力、培养品格，对于加深对毛泽东思想和中国特色社会主义理论体系的理解，深化对党的路线、方针、政策的认识，坚定在中国共产党领导下走中国特色社会主义道路、实现中华民族伟大复兴的中国梦的共同理想和信念，增强历史使命感和社会责任感，具有不可替代的重要作用，对于培养中国特色社会主义事业的合格建设者和可靠接班人具有极其重要的意义。社会实践活动可分为社团服务型实践模式、实践基地型实践模式和假期自主型实践模式等。

（1）社团服务型实践模式。思政课实践教学要与高校团委和宣传部门相配合，思政课教师和辅导员要积极参与，利用课余时间，组织学生到企事业单位、工厂社区、基层农村，针对社会热点和普遍存在的突出问题进行调查研究，并力所能及地提出解决方案。如思政部与工程技术系合作，于2009年7月16日至7月21日，开展为期六天以“追寻南粤红色足迹，深入社会实践谋幸福”为主题的暑期“三下乡”社会实践活动。

（2）实践基地型实践模式。该模式的特点是结合思想政治理论课和学生专业课内容特点，选择适当的实践基地作为依托，在任课教师的指导下，积极参与社会实践。这种走出校门的社会实践形式对学生具有较大的吸引力，这种稳定的实践基地型实践模式，可以使实践教学的数量和质量得到保证，有利于学生掌握知识、练就本领。因此，学校主管部门和思想政治理论课教师应合力为学生创造条件，争取与地方相关部门取得联系，加强合作，建设长期稳定的实践基地。我校现已经建立了包括孙中山故居、广州烈士陵园、虎门销烟博物馆等在内的数个实践教学基地。

（3）假期自主型实践模式。大学生的假期尤其是暑假时间较长，给“概论”课实践教学提供了充裕的时间。假期社会实践方式应力求形式多样，如参加志愿者活动、宣传党的方针政策、参观访问、游学考察、社会调研等。为了提高假期社会实践活动的针对性和有效性，教师应做好实践教学的充分准备，提前将实践提纲和基本要求印发给学生，学生自愿结合形成小组自主进行活动，活动结束后，学生要提交调查报告或其他实践成果材料，最后在全校范围内进行评比和展示。我校从2008年寒假开始，一直坚持开展寒假学生自主型实践活动，并围绕社会热点和焦点问题，如珠三角教育改革、广东省经济又好又快发展、新农村建设、农村留守儿童教育、金融危机等问题展开调研。通过社会实践，在理论联系实际中使教学进一步深入，使理论学习“进头脑”，更贴近现实。

二、运用减法，减轻学生负担，提高教学的针对性和实效性

高职院校“概论”课使用的教材与本科院校相同，具有很强的科学性、权威性和严肃性，充分体现了马克思主义中国化的最新成果和中国特色社会主义实践的最新经验，也有较强的现实性和针对性，代表了当前国内最高学术水平。但在教学实践中，教师们普遍感觉内容偏多。教材共15章，内容丰富全面，涵盖经济、政治、文化、社会、外交、国防、党建、

法律等各个方面。由于教学时间的限制，对一些重要问题的阐述只能一笔带过。教师为在有限的时间里完成教学任务，只能“满堂灌”，没有充足的时间与学生交流互动，影响了学生学习积极性和主动性的发挥。此外，“概论”课有不少内容和中学政治历史课重复，与其他思政课之间也存在着内容重复的现象。内容上的重复使学生没有了新鲜感、求知欲，这也是学生对本课程不感兴趣的主要原因之一。

因此，“概论”课教师所选择的教学内容必须突出重点，必须把握好毛泽东思想、邓小平理论、“三个代表”重要思想、科学发展观的主题、主线和重点，遵循邓小平关于“学马列要精、要管用”的原则，以“必需”和“够用”作为内容选择的标准。在兼顾到整门课理论体系的同时，对简单的或大家比较熟悉的内容可以一带而过，或者布置给学生课后自学，对精选的专题进行精讲，把专题的重点内容讲深、讲透、讲活。突出重点，便于学生加深理解，能够灵活运用，真正达到教学目的。根据高职的课程标准和学生的实际学习情况，我们重新组织了教学内容，适当减少了一些纯理论性、纯历史性且与现实联系不大的内容。例如在讲第六章第一节“社会主义是我国最大的实际”时，根据学生的实际，笔者简化了“社会主义初级阶段理论的形成和发展”及“社会主义初级阶段的含义和主要特征”的讲述，而有针对性地讲述了“我国社会主义初级阶段的长期性”，并通过观看《国情备忘录》和学生讨论，收到了良好的效果。所以，减少课堂学习内容并不是降低学习标准，而是更有针对性，消除了学生的厌烦情绪，增强了学习的主动性。

三、运用乘法，以网络为平台，展示现代技术的威力

随着现代科学技术的迅猛发展和教育现代化进程的不断推进，教学媒介不断推陈出新。网络技术的发展为“概论”课教学提供了又一崭新的平台。网络资源具有容量大、智能化、立体化和交互性强等特点，网络技术的应用可以突破时空限制，使得课程资源的广泛交流与共享成为可能，我们应予以重视并尽可能合理地加以运用。

（1）开设网上课堂，实现资源共享。“概论”课教师应当积极利用校园网络系统，在学校的网络教学平台上开设网上课堂，构建网上“概论”

课教学基地。教师可将本课程的教学大纲、教案参考、教学案例、多媒体教学课件、教学录像、视频资料、文献资料、模拟试题等内容放在网上，建立完善的教学资料数据库，实现教学资源的师生共享。这些丰富的资源能有效地激发学生对课程学习的兴趣，满足学生求异、求新的心理，而且学生可以课后上网浏览，随点随学，从而可以保持课程的开放性，拓宽学生的视野。我院现已建立了思政部网站，并建立了“概论”课教学资源库，方便学生学习。

（2）创建网上论坛，实现师生交流互动。在“概论”课课堂教学中，师生的接触比较有限，尤其现在不少高校都是大班教学，要想实现更多的思想沟通几乎是不可能的，所以必须在课堂教学外寻求师生平等对话的渠道，而创建网上论坛就是其中一个效果很好的选择。以计算机网络为依托，充分发挥网络的开放性、交互性、共享性、兼容性等优势，为教师与学生以及学生与学生之间搭建一个相互交流的平台。在教学实践中，我们讨论交流如何学习科学发展观、如何构建和谐班级、如何看待大学生成才等热门话题，师生在网上相互交流思想、相互学习，最终达到了共同提高的目的。

四、运用除法，改革教学方式，发挥团队团体力量

长期以来，思政课教师的教学基本是“单打独斗”，从备课、讲课、辅导到作业批改由一名教师全程包办，这种做法已不适合教师的专业化发展和高职院校逐渐重视科研能力的要求。同时由于本课程内容繁多，授课时间跨度较大，学生和教师都可能产生疲惫厌倦感。对此我们采取了教学内容专题化、教学教师团队化的方法。

在符合教学大纲基本要求、保持“概论”课完整性和系统性的基础上，对教学内容进行整合，实行专题教学。开展专题教学，要以中国化的马克思主义为主题，以马克思主义中国化为主线，以中国特色社会主义为重点，结合我国的政治、经济、文化及社会生活中的重大问题和学生思想实际选定若干专题，根据每个专题的教学需要和教师专长，分工协作，各显其长。从学生所关心的难点、热点问题出发进行授课，使每个讲座都具有各自的特色和主题，更贴近大学生的思想实际。例如，我们在教学实践

中，将教材分为五大部分：总论、新民主主义革命和社会主义改造理论、中国特色社会主义建设基本理论、中国特色社会主义建设总体布局、中国特色社会主义建设的环境和保证。再将每部分分为若干个专题，开展专题互动式教学，使学生对“概论”课的主要内容有了深刻的认识。

在专题教学中，以教研组为基本单位组成教学团队，这样更能形成集体攻关的合力。以团队的方式组织教学管理，可以更好地优化思政课教学诸环节。我们的做法是在学校支持下，在教学团队中，由主讲教师负责教学内容的讲授，由课程负责人、课堂主管教师和助教分别承担课程规划设计、课堂组织管理、作业批改等任务；主讲教师的课堂教学采用专题教学，将不同专题交由不同教师分担，一门课程由多个教师共同完成，减少了每个教师的备课量，有利于教师集中精力进行攻关，提高每一堂课的含金量，学生也可以在一门课的学习中聆听到多位教师的讲课，从中比较评判，这对教师也是一种鞭策，有利于教学竞争激励机制的完善；提倡不同年龄、不同阅历、不同风格教师之间相互听课，也提供了相互学习、共同提高的机会，从而依靠团队力量不断提高教学效果。

团队的力量总是无穷的，我院“概论”课教学团队付出辛勤劳动也收到了令人欣慰的回报。两年来，我们的教学得到了学生的认同，也受到了同事和领导的称赞。面向未来，我们才刚刚起步，不断地学习和探索将是我们一直努力的方向。

（程展鹏　广东理工职业学院）

教学设计篇

“概论”课专题教学初步设想

“05 方案”实施以来，很多高校根据各自的情况进行了教学改革。目前来看，“概论”课专题教学越来越成为一种趋势，也日益得到广大高校授课教师的认可。专题教学法是一种有效的教学方法，它一改以往常规教学中教师按章节讲授教材的传统，主要是教师结合社会、学生和教材实际选定些问题，围绕这些问题，分教师、分专题进行教学。我校近年就“概论”课的专题教学进行了一些探讨，取得了一些经验。现将我们关于“概论”课专题教学的思考进行总结归纳，以期为其他兄弟院校“概论”课教师提供一些参考。

一、“概论”课专题教学应把握好的几个问题

1. 专题内容与教材内容的关系

“概论”课专题教学中存在着两种倾向：一种倾向是脱离教材体系设置专题。这也有两种情况，一是教师根据自己的学科优势和研究兴趣设置专题。自己的学科背景是历史，就多开设历史方面的专题；是经济学的就多开设经济学方面的专题；是社会学的就多开设社会学方面的专题等。二是把专题讲成形势任务课。发生什么大事情，就开设什么专题课。另一种倾向是完全按照教材体系，照搬教材内容开设专题，从而失去了开设专题教学的目的和意义。

“概论”课专题教学必须遵循的一个基本原则就是以教材为基础。所谓的以教材为基础，是指专题的设置必须以教材为依据，切实实现教材所规定的教学目的和基本要求。“概论”课的教学目的主要是通过本课程的

学习和研究，帮助大学生深入了解和系统掌握马克思主义中国化理论成果的历史进程、深刻内涵、主要内容和精神实质，尤其是改革开放以来马克思主义中国化的最新理论成果以及党领导人民建设中国特色社会主义的生动实践和基本经验，坚定在党的领导下走中国特色社会主义道路的理想信念。这一目的和基本要求决定了“概论”课专题教学体系的设置必须以马克思主义中国化为主线，以中国化的马克思主义为主题，以建设中国特色社会主义为重点，紧紧围绕主线、主题和重点，从历史到现实，从理论到实践，充分体现和反映教材规定的教学目的与基本要求来构建专题体系。可以说，教材是专题之本，专题之灵魂，离开教材的专题设置就会使其失去赖以生存的根基，就会成为无本之木。

专题设置要依据教材，但不能简单地照搬，否则就失去了设置专题的意义，教材体系向教学体系的转化也就无从谈起。在遵循教材基本要求的前提下，对“概论”课教学内容的讲授，可以不拘泥于按章节体系依序授课的教学方式，可以按照课程内容的内在思想和逻辑关系对教学内容进行整合、概括和充实，形成既有先后关联又相对独立的系列专题。采取专题式教学有利于抓住重点，对于课程中的重点和难点问题能有更清晰的阐述，并围绕着专题确定教学方案，建构起有效的专题教学的内容体系与框架结构，相对集中深入地进行教学，真正使教材体系转化为教学体系。

如何处理好这一关系，我们的做法是：首先是吃透《中共中央宣传部教育部关于进一步加强和改进高等学校思想政治理论课的意见》的精神及“概论”课教学的基本要求和教学目标，在熟悉“概论”教材体系和每章具体内容的基础上，精心、科学地设计专题。专题应涵盖教材十五章的内容，既要与教材在基本体例和基本观点上保持一致，又能紧密结合党的创新理论、社会发展现实和学生思想实际，集思想性、知识性和趣味性于一体。其次是通过集体备课的方式，对专题的教学要求、基本的教学内容、需要联系的重大实际、教学中重点和难点等问题进行集体讨论，使教师既能从横向上把握所承担专题的基本理论和丰富内容，也可以从纵向上建立专题间的逻辑联系。再次是要将专题讲授与学生自学结合起来。在讲授某一专题前，教师要事先引导学生阅读教材及相关文献资料，力求使其掌握“概论”教材中的基本原理和基本知识，同时引导学生积极思考专题中涉及的有关问题，使专题和教材形成一种相互照应的关系，以弥补专题教学中的不足。

2. 专题与专题之间的承接关系

专题式教学有利于抓住和突出教学重点，使学生对重要理论有更加深刻的了解和把握，有利于强化对基本概念和基本原理的认识与理解，也有利于对当前人们所关注的重点和难点问题进行阐述，从而达到较好的教学效果。但专题教学中要注重处理前一专题与后一专题之间的承接关系。在专题教学中如果不注重整体之间的理论衔接，必然使各专题之间的逻辑性减弱。因此，在专题讲授中，要向学生介绍本专题与上下专题之间的内在逻辑关系，从而使学生对各专题之间的关系有一个整体的把握。专题教学有利于突出重点，但对于那些比较容易理解，或者在其他课程中亦涉及的原理，也不应忽视或弃之不理，可采取学生课后复习、自学或网络论坛等形式予以解决。

3. 知识性与学术性的关系

教育的根本目的并不是提供现成的知识，而是使学生掌握探索知识的方法，培养科学研究的精神，提高创新知识的能力，达到“教是为了不教”的教学境界。因此，专题授课法必须以知识为基础，同时将学术性贯穿教学过程之中。在实际操作中，我们可以在以固定任课教师为主的前提下，聘请学识丰富、理论功底深厚、教学风格独特的专家、教授开讲座、作报告，以此为示范培养其他教师的科研能力，不断提高其教学水平。同时使学生大开眼界，丰富其理论知识，深化对理论的理解和把握，学习科学研究的方法。也可以让这门课的教师分别承担不同专题的讲授任务，进行流动授课。由于毛泽东思想和中国特色社会主义理论体系概论源于马克思主义，纵向跨度大，需要高度概括，横向上包括中国特色社会主义建设的各个方面，内容广泛而丰富。要每个教师对每一个方面都深入钻研，并形成自己独到的见解，困难较大，尤其是青年教师还有一个熟悉其理论体系的过程。采用教师流动专题授课，一方面有利于教师对自己负责的专题深入钻研，进行精心准备，同时教师间也可以形成竞争机制，博采众长，增进学术交流，提高教学水平。另一方面，也可以使学生在同一课程中学习不同教师的教学风格和研究方法，增加教学过程的新意。

但是，我们要注意的另一个问题就是一味追求专题授课的学术性，将这门课程的每个专题都变成专门化、深奥的专业学术报告，这有悖于公共政治理论课的教学要求。因此，专题授课必须以课程系统知识为基础，在某些方面进行深化和拓展，从而实现知识性与学术性的有机统一。

4. 专题讲授与实践教学的关系

“概论”课的政治理论性很强，因此传统的“满堂灌”式的专题授课方式容易引起学生的疲劳，教学效果并不理想。因此，专题教学必须要将专题讲授和其他多样化的教学形式有机结合起来，使教师的主导作用与学生的主体地位都得到充分体现。首先，教师在专题授课时找出每个专题中的理论重点和闪光点，紧密联系国内外实际，尤其要针对学生思想上的困惑讲清、讲透。其次，教师要正确理解和运用“灌输”方法。政治理论课教育，灌输是必要的、基本的和不容否定的，因为任何理论教育都包含理论灌输的层面，但灌输的方法应该是多样化的。为避免抽象、枯燥的理论教育，教师应围绕每一个专题，大量收集相关信息，掌握多方面的材料，经过认真筛选后，将一些有价值的信息和典型的材料介绍给学生，通过活生生的现实例子引发学生对历史和现实问题的思考，在思考中把握理论实质。再次，要尊重和理解学生，围绕学生进行教学，引导学生积极参与课堂教学活动。课堂上师生们平等的交流对增强教学效果是至关重要的。虽然，在一定程度上，教师是知识的权威，但同时更应当是学生的朋友。因此，教师要尊重学生的人格，理解学生的思想实际，平等地对待每个学生，多倾听学生对这门课的意见和心声，不断调整教学内容、方式和方法，并且对相关理论问题展开专题讨论。为此，教师要引导学生主动阅读，读教材、读原著、读相关资料。在教师的引导和启发下，使学生有所思，讨论时做到有感而发，并且不要害怕学生质疑，因为马克思主义中国化的基本原理是科学的，所以是不怕被质疑的，更由于这一理论的精髓就是解放思想、实事求是、与时俱进，因而教师要在与学生不同观点的碰撞和交锋中站稳立场，适时给予正确引导。

5. 专题讲授与其他三门课中交叉、重复内容的关系

“概论”课与其他三门课内容的交叉重复在所难免：如有关马克思主义中国化、马克思主义与时俱进的品格、党的思想路线、解放和发展生产力、科学技术是第一生产力、人的全面发展、可持续发展、构建社会主义和谐社会等内容，与“马克思主义基本原理概论”课的相关内容存在重叠；又如有关毛泽东思想产生的历史必然性及其具体理论观点，与“中国

近现代史纲要”课的相关内容存在交叉；有关培养“四有”新人、弘扬民族精神、发展社会主义先进文化、加强民主与法制建设等内容，与“思想道德修养与法律基础”课的相关内容存在交叉。“概论”课专题设置要深入研究这四门思政课在整个思想政治理论教学体系中各自的性质、地位、主要任务及它们之间的相互关系，探索四门课在教学中如何有效衔接和最大限度地避免重复。从课程安排来看，“概论”课大都在其他三门课程结束之后开设，在兼顾到本课程理论体系的同时，对简单的或其他三门课程已经讲述过的内容可以略讲或不讲，或者布置给学生课后自学，把课时让位给“概论”的重点内容，教师对重点内容专题精讲，从内涵和外延两个方面进行拓展，把内容讲深、讲透、讲活，这样就能够取得较好的教学效果。

二、本科院校“概论”课专题教学内容设计

根据教材和教学大纲的要求，专题式教学内容设计必须贯穿“一条主线”、明确“发展道路”、重点描绘“蓝图设计”、突出“时代背景”四大板块，将原教材十五章内容全部融通整合，强调重点阐述，避免面面俱到。在四大板块下再具体细分一些专题。

1. 第一板块：贯穿一条主线

一条主线就是马克思主义中国化。专题讲授内容的设计就是要用毛泽东思想和中国特色社会主义理论体系引领教与学的方向，统领教与学的全局。现实呼唤理论，理论指导现实。这一板块共分四个专题：

专题一：马克思主义中国化的历史进程

这一专题等于是专题教学体系的一个导论。内容主要是教材第一章第一节的内容。在全面阐述马克思主义中国化历史进程和科学内涵的同时，还要给学生讲清楚“概论”课的研究对象、任务，帮助学生深刻认识学习本课程的重要意义，明确肩负的历史责任和神圣使命。

专题二：马克思主义中国化的第一次飞跃——毛泽东思想

基本内容涵盖教材第一章第二节、第三章、第四章。讲授的主要内容是：毛泽东思想形成的背景、科学内涵；新民主主义的总路线和基本纲领；从新民主主义到社会主义过渡的历史必然性等。由于第三、四章的内

容同“纲要”的内容重复，本专题应把重点放在对新民主主义理论、社会主义改造理论的分析上。

专题三：马克思主义中国化的第二次飞跃——中国特色社会主义理论体系

基本内容为教材第一章第三、四、五节。重点是阐明中国特色社会主义理论体系的科学内涵、精神实质、历史地位和指导意义。

专题四：马克思主义中国化理论成果的精髓

基本内容是教材的第二章。讲授内容主要是：实事求是思想路线的基本内涵；实事求是思想路线的形成与发展；实事求是思想路线的基本内容。通过这一专题的学习，要让当代大学生认识到马克思主义中国化是一个不断发展、与时俱进的创新过程，创新是理论发展的不竭动力，是理论之树长青和永葆其科学魅力的根本所在。

2. 第二板块：明确发展道路

解决中国特色社会主义道路的核心问题，一是什么是社会主义，二是中国特色的问题，三是怎样走的问题。这是中国特色社会主义道路的重要立论根据。这三个核心问题是带有全局意义的，只有全面透彻认识它们，才能使学生澄清心中的疑问，树立中国特色社会主义的理想信念。这一板块分三个专题：

专题五：什么是社会主义——社会主义本质辨析

基本内容是教材的第五章。重点讲授的内容是：全面科学地阐述邓小平关于社会主义本质的理论，澄清在社会主义本质问题上的模糊认识。

专题六：社会主义初级阶段——中国特色社会主义的基本国情

基本内容是教材的第六章。讲授的重点是：讲清楚为什么要提出初级阶段这个理论；社会主义初级阶段的科学含义和基本路线、基本纲领；社会主义初级阶段的发展战略。

专题七：改革开放——中国特色社会主义的发展动力与强国之路

基本内容是教材的第七章。要重点讲授的是：怎样建设社会主义，怎样找到中国特色社会主义的“动力源”；明确为什么要坚持改革，改革的理论依据和实践基础、主要内容，改革的性质是什么；阐明为什么说中国的发展离不开世界，世界的发展也需要中国以及当前形势下如何提高我国开放型经济的水平。

3. 第三板块：重点描绘蓝图设计

这是中国特色社会主义的具体展开。中国特色社会主义是全面发展的，是经济、政治、文化、社会、生态“五位一体”的发展战略。这一板块有五个专题：

专题八：中国特色社会主义经济制度与社会主义市场经济体制

基本内容是教材第八章第一、二、三节。讲授的重点是：阐述中国特色社会主义的基本经济制度、分配制度及中国特色社会主义市场经济的理论。

专题九：转变经济发展方式，实现经济科学发展

基本内容是教材第八章第四节。重点阐述新形势下我国转变经济发展方式的原因以及如何在科学发展观的指导下实现我国经济又好又快地发展。

专题十：政治文明与中国特色社会主义政治

基本内容是教材第九章。鉴于第九章内容与“基础”课内容的重复，本专题要重点讲述中国特色社会主义民主政治制度、社会主义国家法治同西方国家的政治制度、法治的联系和区别；让学生知道为什么必须坚持中国特色社会主义的基本政治制度，为什么不能照搬西方议会民主、“三权分立”和多党制以及当前如何积极稳步推进我国政治体制改革、建设社会主义政治文明。

专题十一：社会主义核心价值体系与中国特色社会主义文化

基本内容是教材第十章。讲授的重点是：阐述中国特色社会主义文化建设、社会主义核心价值体系建设、思想道德建设和教育科学文化建设的重要性、主要内容和基本方针政策。

专题十二：构建社会主义和谐社会与中国特色社会主义社会建设

基本内容是教材第十一章。要重点讲授的内容是：分析构建社会主义和谐社会的重要性和紧迫性；介绍我们党提出构建社会主义和谐社会的理论来源和现实依据；阐明构建社会主义和谐社会的指导思想、基本原则和目标任务；阐述如何推进以改善民生为重点的中国特色社会主义社会建设。

4. 第四板块：突出时代背景

中国特色社会主义理论体系是在当今国际国内都发生巨变的情况下所萌发的指导中国社会的理论。所以，了解产生这一马克思主义中国化最新

理论成果的大背景是理解中国特色社会主义理论体系的必要条件。因此，将教材后面的几大重点问题进行整合，作为时代大背景来讲，既把问题讲清了，也能对理论进行深入的了解。这一大背景又分为两块：一是外部环境，一是内部条件。

在外部环境中，分两个专题来阐述：

专题十三：冷战结束后国际关系的演变与中国的国际战略、外交政策

基本内容是教材第十三章。重点讲授冷战结束后国际关系的新变化、我国当前应对的国际战略布局和独立自主和平外交政策的演变、发展。

专题十四：一国两制与台湾问题

基本内容是教材第十二章。重点讲授的是：阐述“和平统一、一国两制”构想的形成、确立过程、基本内容和重要意义；讲明“一国两制”科学构想在香港、澳门的成功实践及其对解决台湾问题的重大推动作用；讲清我们党和人民对解决台湾问题的坚定信念与决心以及“和平统一、一国两制”构想在新形势下的坚持和发展。

在内部条件中，也分两个专题：

专题十五：依靠力量——以人为本与群众动员

基本内容是教材第十四章。重点讲解中国共产党领导的革命、建设和改革是伟大而艰巨的事业，完成这一事业必须坚定地依靠中国最广大的人民群众，必须巩固和发展统一战线，必须加强人民军队和国防建设，没有充分发动广大人民群众参与和创造性实践，任何社会变革都不会取得成功。

专题十六：领导力量——执政党建设经验与反思

基本内容是教材第十五章。重点讲授的是：讲清中国共产党是建设中国特色社会主义事业的领导核心；立党为公、执政为民，是党根本宗旨的体现，是党恪守的政治立场；阐明以加强党的执政能力建设和先进性建设为重点、全面推进党的建设新的伟大工程的现实途径和重大意义。

三、高职高专院校“概论”课专题教学内容设计

根据教材和教学大纲的要求，基于高职高专的基本情况，高职高专院校“概论”课专题式教学内容设计既要更加精简又要把握好基础知识的讲

授。就此，我们的专题设计主要有以下内容：

专题一：马克思主义中国化的历史进程

这一专题等于是专题教学体系的一个导论。内容主要是教材第一章第一节。在全面阐述马克思主义中国化历史进程和科学内涵的同时，还要给学生讲清楚“概论”课的研究对象、任务，帮助学生深刻认识学习本课程的重要意义，明确肩负的历史责任和神圣使命。

专题二：马克思主义中国化的第一次飞跃——毛泽东思想

基本内容涵盖教材第一章第二节、第三章、第四章。讲授的主要内容是：毛泽东思想形成的背景、科学内涵；新民主主义的总路线和基本纲领；从新民主主义到社会主义过渡的历史必然性等。由于第三、四章的内容同“纲要”重复，本专题应把重点放在对新民主主义理论、社会主义改造理论的分析上。

专题三：中国特色社会主义的基本理论问题

基本内容是教材的第五、六章。重点阐述邓小平关于社会主义本质的理论，澄清在社会主义本质问题上的模糊认识；讲清楚为什么要提出初级阶段这个理论，它的科学含义和特征，它的基本路线、基本纲领和发展战略是什么。

专题四：改革开放——中国特色社会主义的发展动力与强国之路

基本内容是教材的第七章。要重点讲授的是：怎样建设社会主义，怎样找到中国特色社会主义的“动力源”；明确为什么要坚持改革，改革的理论依据和实践基础、主要内容，改革的性质是什么；阐明为什么说中国的发展离不开世界，世界的发展也需要中国以及当前形势下如何提高我国开放型经济的水平。

专题五：中国特色社会主义经济制度与社会主义市场经济体制

基本内容是教材第八章。重点阐述中国特色社会主义的基本经济制度、分配制度及中国特色社会主义市场经济的理论；阐述新形势下我国转变经济发展方式的原因以及如何在科学发展观的指导下实现我国经济又好又快地发展。

专题六：政治文明与中国特色社会主义政治

基本内容是教材第九章。鉴于第九章内容与“基础”课的内容重复，本专题要重点讲述中国特色社会主义民主政治制度、社会主义国家法治同西方国家的政治制度、法治的联系和区别；让学生知道为什么必须坚持中国特色社会主义的基本政治制度，为什么不能照搬西方议会民主、“三权分立”和多党制以及当前如何积极稳步推进我国政治体制改革、建设社会主义政治文明。

专题七：社会主义核心价值体系与中国特色社会主义文化

基本内容是教材第十章。讲授的重点是：阐述中国特色社会主义文化建设、社会主义核心价值体系建设、思想道德建设和教育科学文化建设的重要性、主要内容和基本方针政策。

专题八：构建社会主义和谐社会与中国特色社会主义社会建设

基本内容是教材第十一章。要重点讲授的内容是：分析构建社会主义和谐社会的重要性和紧迫性；介绍我们党提出构建社会主义和谐社会的理论来源和现实依据；阐明构建社会主义和谐社会的指导思想、基本原则和目标任务；阐述如何推进以改善民生为重点的中国特色社会主义社会建设。

专题九：中国特色社会主义的发展环境

基本内容是教材第十二、十三章。重点阐述建设中国特色社会主义需要一个统一、完整、稳定的国内环境和良好的国际和平环境；如何争取统一稳定的国内环境和和平安定的国际环境，营造良好的中国特色社会主义建设环境；讲清我们党关于实现祖国统一的基本立场、战略策略和方针政策；讲明冷战后国际关系的新变化以及我国当前应对的国际战略布局和独立自主和平外交政策的演变、发展。

专题十：建设中国特色社会主义的领导力量和依靠力量

基本内容是教材第十四、十五章。重点讲清中国共产党是建设中国特色社会主义事业的领导核心以及在新形势下如何加强和改进党的执政能力建设与先进性建设；讲明中国共产党领导的革命、建设和改革是伟大而艰巨的事业，完成这一事业必须坚定地依靠中国最广大的人民群众，必须巩固和发展统一战线，必须加强人民军队和国防建设。没有广大人民群众的参与和创造性实践，任何社会变革都不会取得成功。

（赵军祥　傅义强　南方医科大学）

"概论"课教材体系逻辑结构与教学体系的建构

将马克思主义中国化的理论成果纳入高校思想政治理论课整体规划，按照课程标准整合为一门课程——"概论"课，确定为大学教育必修课，为青年一代成长为中国特色社会主义事业的建设者和接班人奠定重要思想基础。党中央适应新形势发展需要，把高校思想政治理论课教材作为马克思主义理论研究和建设工程重点教材，从战略上体现对关系党和国家事业长远发展的高校思想政治教育的高度重视。本文试通过对教材逻辑结构进行分析，谈谈应该建构怎样的教学体系。

一、教材体系逻辑结构分析

根据教材内容和教材的精神实质，教材体系的逻辑结构可从四个方面来分析。

1. 解放思想、实事求是是教材体系的逻辑起点

毛泽东思想和中国特色社会主义理论体系，都把坚持马克思主义基本原理同马克思主义中国化结合起来，坚持解放思想、实事求是和一切从实际出发的思想路线。坚持马克思主义，不是从抽象概念出发，而是通过深入分析国情，探索中国革命、建设和改革的客观规律，制定方针、政策，以实践基础上的理论创新为革命、建设和改革提供理论指导。毛泽东思想是在反对把马克思主义教条化、苏联经验绝对化、共产国际的指示神圣化的斗争中，在反对"左"倾和右倾错误思想的过程中形成的；中国特色社会主义理论体系是在强调解放思想、实事求是，自觉把思想认识从对马克思主义的错误理解中解放出来，在及时研究新情况、解决新问题、总结新经验的基础上，不断深化对人类社会发展规律、社会主义建设规律和共产党执政规律的认识，以实践基础上的理论创新回答一系列重大问题，根据当代中国实践和时代发展，不断推进马克思主义中国化的过程中形成和发展的。回顾马克思主义中国化历程，我们在实践上的每一重大发展、理论上的每一重大突破，都是坚持解放思想、实事求是的结果；统观不同历史时期的中国化马克思主义理论成果，其形成都是以解放思想、实事求是为逻辑起点。因而解放思想、实事求是也是“概论”课教材体系的逻辑起点。教材单列“马克思主义中国化理论成果的精髓”一章，并将其放在总论之后作为第二章，正体现此理论逻辑。

2. 马克思主义中国化是教材体系的逻辑主线

中国共产党自成立以来，就以马列主义作为指导思想。马克思主义必须同中国的具体国情结合起来，实现中国化，用“具体的马克思主义”来指导才有实践的成功。中国革命和建设的起点不是作为马克思立论基础发展的资本主义，在农民占人口绝大多数，经济、文化、社会面貌都十分落后的半殖民地半封建社会条件下进行无产阶级革命，会遇到许多特殊问题；在人口多、底子薄、发展很不平衡的落后基础上建设和发展社会主义，所肩负的任务也具有非同一般的繁重性、艰巨性，所面临的矛盾和问题具有更复杂的特征，加之国际局势复杂多变，每前进一步都必然要面对更多困难。这就决定了我们在革命、建设和改革发展的每一阶段，都必须把坚持马克思主义基本原理同推进马克思主义中国化结合起来。历史表明，离开中国化，坚持的马克思主义是本本主义和教条主义，而离开马克思主义，甚至不问“主义”，只埋头于解决中国实际问题，又必然会迷失前进方向。什么时候在具体实践问题上形成了中国化马克思主义观点，什么时候实践问题就能顺利解决；什么时候在重大实践问题上形成了中国化马克思主义观点和理论体系，什么时候就能够把实践成功地推进到下一历史阶段。中国化马克思主义各个理论成果一脉相承，是历史与逻辑的统一。不同理论体系由于不同历史时期的具体实际不同、面临的主要矛盾和历史任务不同而区别开来。

毛泽东思想，包括把马克思主义基本原理与中国具体实践科学统一起来的新民主主义革命理论和社会主义改造理论。以其为指导，完成了中国民主革命和社会主义改造，使社会主义制度在中国确立。教材把“新民主主义革命理论”和“社会主义改造理论”作为相对独立的内容，单列两章，因为它们代表着马克思主义中国化历史进程中两个独立阶段。按照历史进程，各自独立设章，从逻辑结构上清晰表明马克思主义中国化的历史推进及其在马克思主义中国化历史进程中的特殊地位和意义，也才能看清楚马克思主义中国化这一主线。为建设和发展社会主义奠定经济、政治前提和制度基础，是新民主主义革命和社会主义改造的目标归宿；历史也正是经过新民主主义革命和社会主义改造而演进到社会主义初级阶段，建设和发展社会主义成为中国化马克思主义新的理论探索主题。马克思主义中国化是毛泽东思想、邓小平理论、“三个代表”重要思想和科学发展观的逻辑主线，也是“概论”课教材体系的逻辑主线。

3. 建设中国特色社会主义是教材体系的逻辑重点

“建设中国特色社会主义”部分内容教材安排了十一章的篇幅，足见其是教材体系的逻辑重点。这部分章节包含中国特色社会主义道路和中国特色社会主义理论体系两个层面的问题。旨在说明，我们是在及时研究新情况、解决新问题、总结新经验，形成党的基本理论、基本路线和基本纲领，制定一系列方针政策，作出一系列工作部署的过程中，成功开辟中国特色社会主义道路的；是在根据当代中国实践和时代发展，不断推进马克思主义中国化，以实践基础上的理论创新回答一系列重大问题的过程中，形成中国特色社会主义理论体系的。这表明理论体系包含作为我们指导思想的建设中国特色社会主义的理论基础，也包含对相关重大理论和实践问题的探索与思考。有些问题单独一章，并不是纯粹从理论的成熟性、科学性角度来考虑，而是为了强调理论创新的实践意义和作用。但单独作为章或节，理论上又显单薄，因而需要基本纲领、指导方针或战略部署来补充，如“社会主义改革和对外开放”、“构建社会主义和谐社会”等。有些问题只是工作部署或近期目标，如“建设社会主义新农村”、“建设创新型国家”等。

这部分内容的内在逻辑可这样把握：社会主义初级阶段理论是中国特色社会主义理论体系的理论基石；社会主义市场经济和社会主义本质论是中国特色社会主义理论体系中的重要创新理论。四位一体总体布局是中国特色社会主义的最新认识成果；领导核心和依靠力量是不可缺少的重要内容；改革开放基于马克思主义中国化的实现，开辟了中国特色社会主义道路，也奠定了新时期一切理论创新的实践基础。

4. 坚定在党的领导下走中国特色社会主义道路的理想信念是教材体系的逻辑归宿

清晰阐明下述问题：马克思主义中国化各个理论成果的基本观点是在什么样的时代特征、历史背景和实践基础上针对什么问题提出来的？它涉及马克思主义的哪些基本原理，体现怎样的价值观，与在这个问题上的错误观点有何区别？所形成的理论观点是怎样通过深化认识、回答和解决重大理论与实践问题而推动革命、建设及发展的？是怎样将中国革命、建设和改革的实践经验加以提炼，形成中国化马克思主义理论，又是怎样推进马克思主义中国化的？中国化马克思主义各个成果的内容框架、逻辑结构、精神实质是怎样的？在马克思主义中国化的历史进程中处于什么历史地位，对实践有什么指导意义？

阐述这些问题，表明了马克思主义中国化理论成果的科学性。每一理论成果都既坚持马克思主义基本原理，又根据历史和实践的发展，以实践基础上的理论创新回答一系列重大理论和实际问题，为实践提供理论指导。我们在实践基础上对“什么是社会主义”这一问题进行深刻反思后所认识到的社会主义与以前的不同，说到底，就是对马克思主义基本原理与中国实际结合问题认识的程度不同，结合的具体状况不同。教材体系对中国化马克思主义理论成果科学性的展现，正是以坚定在党的领导下走中国特色社会主义道路的理想信念为逻辑归宿。

二、教学体系的几个重要方面

如何将教材体系转化为教学体系，内化为学生的理想、信念，以便更好地实现思想政治教育目标，是教师必须思考的重要问题。尤其是要在有限的教学时间内说服学生接受许多需要较长时段才能证明其科学性的理论认识，有很大难度。

应试教育使学生忽视德、体、美和心理健康而片面发展；“知识至上”的教学理念，使学生成为被知识“异化”的人。知识固然重要，但从培养中国特色社会主义事业建设者和接班人的角度，教育学生走出自我中心，从他人的角度思考问题，确立把个人成才与社会需要结合起来的价值观，才是思想政治教育的目标。具体到“概论”课，贯彻素质教育理念，确立知情意行融合统一、整体提高学生思想政治素质的教学目标，才能更好地实现“概论”课的教学目的。这样建立的教学体系必须包括以下几个重要方面：

1. 充分体现课程特性的课堂理论教学体系

课堂理论教学是课堂教学的基本方面。课堂理论教学体系的构建要求教师必须在钻研教材的基础上，准确把握教材重难点，教学过程中注意创设情境，营造氛围，激发学生兴趣，调动学生积极性，同时根据学生的实际思想状况有针对性地开展教学。从根本上说，为实现教学目标，所构建的课堂理论教学体系必须体现“概论”课作为思想政治理论课的三个特性。

第一，思想性。高校思想政治理论课已不像中学那样着重讲“是什么”，给予学生更多结论性观点，而是立足逻辑分析，帮助学生搞清楚“为什么”，注重就事说理，对问题深刻剖析，进行理论教育。进行中国化马克思主义理论教育，应注重学生主体理论思维的启发引导。学习过程是主体将其内生的价值观与知识的获取结合起来的过程，是通过自主思维实现思想观念内化的过程。教师通过提供科学的理论思维，用辩证思维能力，用长远战略眼光，用宽阔的世界视野，从社会主义和资本主义发展的历史进程，从与别国纵向、横向比较中，客观看待中国改革发展中所遇到的问题、取得的成就及其在当今国际舞台上的地位和作用，帮助学生提高认识和分析问题的能力，引导学生把所学理论变成自己的学识，形成思想，进而坚定理想信念。

第二，现实性。现实性的重要问题是：改革开放以来国际国内形势发生了怎样的变化，如何看待这些变化；我们取得了怎样的成就，还存在什么问题，如何正确看待这些问题；中华民族和社会主义将怎样发展，这对大学生意味着什么等。这种实践性要求我们一方面注重联系社会实际，注重吸取理论发展的最新成果；另一方面，要联系大学生的思想实际，联系大学生所关心的热点问题及面对社会问题产生的模糊认识与思想困惑，让学生把时代特征、具体国情视为自己成长的社会大环境，深刻感受当代中国飞速发展对自身成长发展的意义和作用。方法上，应从易于学生理解和接受的角度，找准现实问题与思想教育的结合点，选择契合教学内容、具有启发意义、能说明问题，或益于实现综合性、拓展性教学目标的典型案例，深入浅出地开展教学。

第三，政治性。这种政治性就是帮助大学生了解当代世界和中国的发展趋势，提高在复杂形势下进行政治判断的素质和能力。从国际方面看，政治性在于，正确面对世界多极化和经济全球化发展，以及各国联系日益紧密、综合国力竞争日趋激烈、各种矛盾更加错综复杂的局势，注意海量国际信息中所蕴含的政治性问题，警惕一些国家利用技术优势操纵信息传媒进行文化渗透，科学辨析西方社会思潮和价值观念。同时，利用信息传播迅速、影响深广的特点，弘扬优秀传统文化，提高我国民族文化和社会主义先进文化的生命力，促进世界文明的多样性。从国内方面看，我国正处在社会转型的关键时期，随着社会主义市场经济的深入发展，社会利益关系日益复杂，人们思想活动的差异性也日渐呈现。引导学生确立将个人成才与社会需要相结合的价值观，成长为有益于社会、献身于中国特色社会主义和中华民族伟大复兴事业的人才，是“概论”课教学的重要任务。

2. 强化观念的教师推荐阅读体系

为学生自主学习指定有效的文献资料，是“教师主导”加“学生主体”的“概论”课教学体系的一个重要方面。教师只是学生思想政治素质提高的引导者，学生才是素质提高的主体。主导教学过程的“概论”课教师，要着眼于学生思想政治素质的提高，结合教学内容向学生推荐一定量的阅读文献，进行素质拓展，通过提高意识，达到强化某一方面素质的目的。对有益于学生深化对马克思主义中国化历史进程中某一问题认识的“知”，能激发热爱党、热爱祖国、热爱社会主义的“情”，增强历史使命感、社会责任感，强化坚定崇高理想信念所必需的“意”，有益于形成为实现理想、完成使命所驱使的“行”的文章，都应作为教学设计的重要内容。推荐阅读的文献，总体上应能够体现知、情、意、行的辩证统一，提高学生的思想政治素质。

3. 知情意信行融合统一的实践教学体系

实践教学活动本质上是鼓励学生主动参与，培养学生自主获取新知的态度和能力的过程，是触及学生思想、灵魂，启发思考，进而提高认识的思想体验过程，同时也是健康情绪、情感的养成过程和为实现理想目标所必需的坚强意志、毅力的磨炼、锻炼过程。情、意、行的薄弱与知的薄弱一样，都会影响作为整体的思想政治素质。课堂理论教学与实践教学有机结合，在必要的理论学习基础上，开展学生能发挥主体作用的各种实践教学活动，能够达到知情意信行融合统一，整体提高学生思想政治素质的目的。

近年来，我们在“概论”课教学过程中，致力于实践教学活动的开展，大多数章节的教学都设置有实践教学活动环节。每次实践教学活动都由教学内容及要求、教学目标、教学方案、教学成果或实例等组成。比如，结合第三章“新民主主义革命理论”的教学，讲述中国共产党领导的新民主主义革命的一段故事，开启网上红色之旅，讲述新民主主义革命时期能激发人们奋发向上的歌曲的形成背景等。结合第七章“社会主义改革和对外开放”的教学，选讲改革开放以来创业者的传奇故事，增强创业意识。结合建设中国特色社会主义经济、政治、文化和构建社会主义和谐社会等内容的教学，展开关于大学生村官队伍建设、贫富悬殊、身边民主等的讨论，赴精神文明先进村镇参观考察等。近年来，我们着眼于学生思想政治素质提高的教学实践有每周新闻述评、模拟课堂教学、体验式教学、看影视资料写观后感、热点专题讨论、主题发言、演讲比赛、寒暑假社会调查、创业者故事会等，这些教学活动融理论性、现实性、趣味性于一体，在净化心灵、陶冶情操、坚定理想信念等方面，都取得了一定实效。这些活动共同构成“概论”课实践教学体系，成为更好地实现知情意信行融合统一、整体提高学生思想政治素质的重要载体。

（贾孟喜　广东女子职业技术学院　罗海滢　南方医科大学）

“概论”课教学改革刍议

——以广东药学院为例

“概论”课是一门新设的课程，综合性、理论性都很强，应该如何优化它的课程目标？教师在讲授过程中应该注意哪些问题？怎样才能更好地提高授课效果？这些都是摆在“概论”课教师面前亟待解决的重要课题。本文结合广东药学院“概论”课的教学实践，着重对课程的教学改革进行一些回顾和探讨。

一、明确课程定位，转化“教学体系”

现行的“概论”课教材是“马克思主义理论研究和建设工程”的研究成果之一，它的逻辑性、理论性、概括性都较强，对毛泽东思想和中国特色社会主义系列理论都作了很好的诠释，有高度、有深度、有广度。但是，教材的功能是提供教学指导，规划教学范围和内容，因此在教学中需要将教材体系转化为教学体系，要求“概论”课教师在教学过程中不能照本宣科，要根据教学目标合理利用教材、设计教学方案、规划教学内容、选择教学方法，实现从“教材体系”到“教学体系”的转化。只有这样，才能便于教师的讲授和学生的接受。在“概论”课开设之初，我们在教研室的教研活动中，就明确提出教师的任务之一，就是明确课程定位，合理利用教材，将“教材体系”转化为“教学体系”。为此，我们要求教师要善于处理课程理论性与知识性的关系，在教学中把重点放在帮助学生搞清楚“为什么”的问题上，这就要求教师善于处理理论和实践之间的关系，在突出“概论”课理论性的过程中，善于将教材体系转化为教学体系，用通俗易懂的语言、丰富的材料、大量的案例、适当的提问来激发学生的学习热情，理论联系实际地回答一些重大的理论问题和现实问题，充分发挥“概论”课在阐释党的理论、方针和政策等方面的重要作用，使当代大学生能够对毛泽东思想和中国特色社会主义理论体系有一个整体而清晰的认识。

二、优化教学内容，强化“三个结合”

“概论”课涉及内容十分广泛，政治经济文化社会、内政外交国防党建、革命改革发展稳定，包罗万象，每方面都涉及历史和现实，理论和实践，包含着许多理论和知识点。要在有限的课时内，讲清楚所有问题是不现实的，因此，在“概论”的授课过程中，我们要求教师注意优化教学内容，做到“三个结合”。

第一，原则性与灵活性相结合。所谓原则性，是指教师在授课过程中要按照教材和教学大纲进行讲授，不能随意脱离教学大纲和教材内容。所谓灵活性，是指教师在授课过程中不能完全按照教材照本宣科地讲授，而应该对教材的内容作适当的调整和优化，否则将会影响教学效果。原则性是由我国思想政治理论课教学必须服从于国家意识形态建设需要决定的，灵活性是由课程内在的教育教学规律决定的，只有将原则性与灵活性结合起来，才能更好地推动课程教学的顺利开展，达成各项预定的课程教学目标。

第二，科学性和趣味性的结合。“概论”课的内容十分丰富，构成了一个科学的理论体系，而且概念、名词等比较枯燥乏味，我们要求教师在授课过程中要全面掌握本课程的内容和基本精神，把握精神实质，坚持教学的科学性。同时，“概论”课又是一门比较抽象、综合性很强的课程，再加上其所涉及的内容十分广泛，不可能在课堂上把所有问题都逐一展开，有些问题仅能对其基本观点进行简单介绍，这势必会造成课堂教学中“骨头多、血肉少”的现象，趣味性不够。因此，要讲好这门课，必须要在坚持科学性的前提下，适当增加一些趣味性强的案例、故事、人物评述等内容，使学生对这门课程产生学习兴趣。

第三，理论与实际相结合。“概论”课作为一门理论课，重点阐述的是马克思主义中国化的两大理论成果及其内在联系。对此，我们要求教师在授课过程中坚持理论联系实际的原则，既要讲清理论，也要结合社会的实际、学生的实际。只有这样，才能做到既有利于学生深入理解理论知识，也有利于学生把这些理论同自己的学习、生活和社会的发展结合起来，增强理论的说服力和感染力。

三、坚持以生为本，发挥学生的主体作用

"概论"课的教学尽管是以理论教学为主，教师讲的内容很多，但是也应该以生为本，考虑到学生的理解能力和接受能力，创设一种氛围，培养学生的独立思维能力和创新精神。因此，我们要求教师要对本课程的内容进行提炼、归纳，选择现实感强和有针对性的内容，带动课堂教学向研讨教学方向发展。通过丰富教学活动和手段，实现教与学的双向互动，激发大学生的参与感，比如运用演讲、辩论、课堂讨论、PPT 制作等形式，激发学生的参与兴趣，发挥学生学习的主体作用，从而达到培养学生独立思维能力和自学能力，挖掘个性潜能的目的。坚持以生为本的教育理念，既有利于学生掌握课程所阐述的理论精华，又能增强理论的吸引力、说服力，充分发挥学生在课程学习中的主体作用。同时，在"概论"课的教学过程中，既要鼓励学生参与社会实践，进行社会调研，也要求教师充分利用网络资源，以教师为主导、以学生为主体，通过各种途径和方法，把学生的积极性和主动性调动、激发出来。

四、改革教学方法，增强教学实效

改革教学方法是提升教学质量和增强教学效果的重要手段。因此，认真研究和创新教学方法是教学改革过程中必不可少的重要环节之一。多年来，在"概论"课的教学方法的改革中，我们着重关注以下几方面的问题：

第一，重点讲授与一般讲授相结合。在"概论"课的教学实践中，尽管我们学校有 90 个教学时数，但要求教师把所有内容讲完也是不现实的。如果不按照教学大纲讲授，既无法完全传递教材内容，又不符合有关的教

学规定。因此，我们要求教师在授课过程中应抓重点和难点，对重点问题进行详细阐述，对一般性问题则略讲。这样既解决了内容多、课时少的矛盾，又使学生能较好地掌握课程的基本内容。

第二，教师讲授与学生讨论相结合。在“概论”课的教学实践中，我们发现教师“满堂灌”的教学效果并不一定理想，而开展多种形式的讨论活动对于调动学生的积极性、主动性，有效地提高学生分析问题、解决问题的能力具有重要的作用。学生为了参加讨论，事前就必须做好准备，查阅大量资料，提出论点论据，进行论证。因此，组织学生就一些重大理论问题进行讨论和研究，教师进行归纳总结是提高教学实效性的一种有效形式。

第三，课堂讲授与课外自学相结合。课外自学是学生充分理解和掌握所学内容的一种重要方式。由于教师进行课堂讲授的时间有限，许多问题无法在课堂上充分展开，因而理解这些内容的任务只能通过学生的课后自习来完成。在课外自习的过程中，教师要加强对学生的引导，提出规范和要求，这样课外自习才能取得实效。

第四，利用网络教学平台开展辅助教学活动。当今世界已经进入信息化时代，网络日益广泛地应用于人类生活的各个领域，大学生具有网络运用上的优势，因此，在“概论”课的教学中，我们要求教师要紧跟时代发展的步伐，利用网络教学平台开展答疑、辅导、讨论等活动，通过网络教学平台与学生进行广泛的交流，调动学生学习的积极性，提高学生的学习热情和学习效果。

（吕　志　张居永　广东药学院）

“概论”课教学需要处理好的几个关系[①]

从高校思想政治理论课程建设的历程看，开设“概论”课是05高校思想政治理论课改革方案的最大亮点。[②]“概论”课在高校思想政治理论课中具有突出重要的地位，讲好这门课程的意义十分重大。笔者认为上好“概论”课的关键，是要正确处理和把握好以下几个关系。

一、“概论”课与其他思想政治理论课之间的关系

国家教育部对四门思想政治理论课程开设是这样安排的：在大学第一学期开设“基础”课和“原理”课，旨在对学生进行马克思主义基本原理和人生观、价值观、道德观、法制观的教育；在第二学期开设“纲要”课，是在运用马克思主义基本原理及其立场、观点和方法的基础上，总结中国近现代社会发展和革命发展的历史进程及其内在的规律，达到对马克思主义理论进一步认识和巩固的目的；在第三学期开设“概论”课，是在对马克思主义基本原理及中国近现代社会发展进程和基本规律有了一定认识的基础上，再来对马克思主义中国化的理论成果进行深入的探讨和总结，达到对马克思主义认识进一步升华的目的。这样的学习过程，不仅是环环相扣、层层递进的过程，也符合马克思主义发展的内在逻辑。

在几门思想政治理论课程当中，需要进一步准确把握和处理的是“概论”课与“纲要”课之间的联系和区别。首先，在时间断限上，两门课的

① 基金项目：广州医学院2008年教育教学研究项目“增强政治理论教育实效的研究”（编号：2008—25）。

② 石云霞：《高校思想政治理论课程建设史研究》，武汉大学出版社2006年版，第12页。

起点不同，但终点是相同的。其次，两门课在有些章节的内容上非常接近，如在新民主主义的革命道路、新民主主义革命理论、社会主义改造等内容上有交叉。“纲要”课与“概论”课之间的区别在于：

第一，“纲要”课重点讲“史”，而“概论”课重点讲“论”。“纲要”课通过讲“史”得出正确的结论：中国近现代史就其主流和本质来说，就是中国一代又一代的人民群众和仁人志士为救亡图存英勇奋斗、艰苦探索的历史，是全国各族人民在中国共产党的领导下，进行伟大的艰苦斗争，经过新民主主义革命，赢得民族独立和人民解放的历史；经过社会主义革命、建设和改革，把一个积贫积弱的旧中国逐步变成一个初步繁荣昌盛、充满生机和活力的社会主义新中国的历史。“概论”课则是讲“论”，它是以中国化的马克思主义为主题，以马克思主义中国化为主线，以中国特色社会主义建设为重点，把马克思主义中国化的两大理论成果作为统一的整体进行分析，结合中国共产党领导人民在中国特色的革命道路、社会主义改造道路和社会主义建设道路的探索中，所进行的艰苦实践和理论总结，揭示马克思主义中国化和中国化马克思主义的基本规律。

第二，“纲要”课与“概论”课的教学目的有别。“纲要”课主要讲授中国近代以来抵御外来侵略、争取民族独立、推翻反动统治、实现人民解放的历史，帮助学生了解国史、国情，深刻领会历史和人民是怎样选择了马克思主义，选择了中国共产党，选择了社会主义道路。“概论”课着重讲授中国共产党把马克思主义基本原理与中国实际相结合的历史进程，充分反映马克思主义中国化的理论成果，帮助学生系统地掌握中国化马克思主义的基本原理，坚定在党的领导下走中国特色社会主义道路的理想信念。

第三，“纲要”课与“概论”课在一些内容相近的章节上阐述的角度有别。在讲授“概论”课与“纲要”课内容接近的章节时，要注意以两门课程的教学目的为指导，从阐述的角度上来加以区别。如讲述“纲要”课第五章“中国革命的新道路”时，重心是讲中国共产党对中国革命新道路的艰难探索，而不是讲道路的理论内涵。相应地，“概论”课第三章第三节“新民主主义革命的道路”重心就是讲理论内涵。关于新民主主义革命理论问题，对于中国新民主主义革命理论形成的历史背景和时代特征，“纲要”课中讲得比较细，“概论”课不要过多展开。对于新民主主义革命理论的基本内涵，“纲要”课没有展开，而这又是毛泽东思想的重要组成部分，“概论”课要作深入的分析。讲授新民主主义革命的基本经验，“概论”课不要过多讲授历史背景，因为“纲要”课中已经有比较详细的说明。

又如“纲要”课第八章“社会主义基本制度在中国的确立”与“概论”课第四章“社会主义改造的理论与经验”的内容有交叉。在讲第一节“新民主主义社会”时，为了避免重复，“纲要”课的重心是讲新民主主义社会的建立过程以及中国由新民主主义向社会主义过渡的实际步骤；而“概论”课第四章第一节的重点应是讲新民主主义向社会主义转变的理论。讲“适合中国特点的社会主义改造道路”，“纲要”课的重点应放在改造的过程上，不要进行经验分析；而“概论”课则在讲授经验时可以多一些展开等。[①]

二、理论教学与实践教学的关系

“概念”课程本身具有鲜明的时代性，与社会主义现代化建设的实践活动密切相关。因此，在该门课程的总体设计和教学方案中应突出实践能力的培养，设计课程实验和实践环节，确保理论与实践教学学时比例为4∶1，通过课堂内外教育、校园网上网下引导、校内校外实践三个层面，以多种途径、形式和方法对学生进行立体化培养，全面提升学生的实践能力和综合素质。可以通过以下几个环节进行实践教学：

（1）在课程教学过程中结合课堂教学进度组织讨论会或辩论赛。

主要针对与课程有关的当前热点、难点问题来开展，并辅以教师点评。通过这种方式既可以丰富教学方法，极大地调动学生学习的主动性、积极性和兴趣，又可以充分体现课程的时效性；既可以锻炼学生分析问题及表达、组织等多方面的能力，又可以通过讨论和辩论了解学生的思想动态。同时，教师及时点评给学生以正确的引导，是对传统课堂讲授方式有益的补充。

（2）聘请知名专家进行专题讲座。

通过知名专家的讲座扩大学生的知识面，开阔学生的视野，提高学生

---

① 李松林：《“纲要”、“概论”两门课交叉内容的讲授法》，《思想理论教育导刊》2007年第7期。

对本门课程相关的前沿及热点问题的认识和分析能力，激发学生学习的热情。在专家讲座结束以后，组织学生对相关问题展开讨论或撰写学习心得，以提高讲座的实效性。

（3）组织学生开展社会调查。

结合教学内容，给学生布置较为开放性的社会调查题目，要求学生利用寒暑假或周末的时间，开展社会调查，并撰写规范的调查报告。在调查活动结束后，组织交流活动，评选优秀社会实践论文及先进个人。例如：在学习第十四章“中国特色社会主义事业的依靠力量”时，可围绕“你所在居住地居民的创业情况”，“你所在居住地居民的宗教信仰情况”，“大学生宗教信仰情况”，“城镇新增劳动力、农村富余劳动力或下岗失业人员就业状况”等问题展开社会调查。通过社会调查，学生在获得第一手感性资料的同时，可以更深刻地了解社会，有助于加深学生对中国特色社会主义理论的理解。

（4）组织学生参观社会实践基地。

学校可以根据当地的实际情况和资源，建立中国特色社会主义理论的教学实践基地。这些基地和联系点应涵盖革命历史、改革开放历史和现代化成就等主要实践教学内容。在组织学生参观社会实践基地的过程中，教师要严密组织，认真指导，要求学生撰写社会实践报告，培养学生理论联系实际的能力。

（5）开展网络实验和实践环节。

在信息化的背景下，建立互动性强、实践能力突出的跨学科综合设计的网上实践系统，通过网上实验的开设和多种实践方式的探索，强化学生实践能力和多维视角的培养，构建以创新能力为核心的实践教学模式和模块式课程体系。由于大多数高校网络普及程度高，而网络具有信息传递快速便捷，承载内容丰富多样，直观性、互动性强和易于实现资讯共享等优点，网络实践应成为信息时代背景下高校思想政治理论课教学和实践方式改革的一个重要的突破口。

三、教材体系与教学体系的关系

教材体系与教学体系既有联系又有区别。教材是教学大纲的具体化，是教学的主要依据。处理好教材体系与教学体系的关系，需要对教材体系—教学体系—学生认知体系进行有效转换。[①]

在高校思想政治理论课的教学中，从教材体系向教学体系转换过程中常常容易出现两种不当的方式。一种是教材体系与教学体系死板机械地合一，即照本宣科式地授课。这其实是用教材的统一性窒息了教师的主体性，虽不违反教材体系的统一性与指导性原则，但作为教学主体的教师无所作为，只是沦为灌输的工具，整个课堂死气沉沉、乏味枯燥，学生的积极性无法调动，学生的思考力无法提高，不但无法达到良好的教学效果，反而易造成学生对思想政治理论课的抵触。另一种则是教材体系与教学体系完全分离，即信马由缰式地发挥。虽然教师教学的个性得以发挥，却是以牺牲课程的性质为代价的，不但无益于学生思想政治理论素质的提高，反而易造成学生对思想政治理论课的贬低。这两种方式都显示了教师在从教材体系向教学体系转换过程中，把握统一性与主导性辩证关系能力的不足。

采用专题授课法是开展“概论”课教学中，有效地处理教材体系与教学体系关系的一种较好的方法。[②] 专题授课法不是脱离教材另搞一套，而是以教材系统的知识体系为基础，根据教材内容组织、编排、提炼相关知识，并形成自己的观点。由于毛泽东思想和中国特色社会主义理论体系源于马克思主义，纵向跨度大，需要高度概括。横向上包括中国特色社会主义建设的各个方面，内容广泛而丰富，要求每个教师对教材的每一方面都深入钻研，并形成自己独到的见解，困难较大，而且长期下去会对教师学术水平的提高带来一定的不良影响。采用专题教学，一个教师分讲2～3个专题，教师既可以围绕这些专题，讲深讲透，又可以由此确立自己的研究方向，围绕这个研究方向，努力多出成果，出好成果，达到以科研促教学，教学、科研两不误的目的。

（王克峰　广州医学院）

---

① 林滨：《论思想政治理论课教师的教学转换能力》，《思想理论教育》2008年第21期。

② 卢波：《谈专题授课法在“毛邓三概论”教学中的运用》，《教育与职业》2008年第9期。

提高“概论”课教学实效性的思考

增强“概论”课教学的实效性，需要在提升教师的教学层次，准确把握教材精神上下功夫。

一、“概论”课教学现状的基本分析

1. 当前“概论”课教学水平的层次分析

当前“概论”课的教学水平大体分为四个层次：最低层次是游离教学层次，表现为两种形态，一种是讲课不会有出格言行，但基本上是照本宣科，缺乏科学诠释，又与实际游离，导致课堂沉闷，缺乏生机；另一种情况则相反，授课教师有自己的见解，但背离教材精神，违背了思想政治理论课教学的宗旨，因而达不到教学目的。中下层次为感性教学层次，表现为教师能通过教学手段与形式的改进吸引学生，但讲课缺乏理论穿透力，达不到理论教育应有的高度。中上层次为理性教学层次，授课教师有较强的理论功底，扣紧实际，大多数学生也听得有味，但教学艺术感染力不足。最高层次是审美教学层次，授课不仅有理论的高度与深度，而且教学形式、教学方法、教学手段运用恰当，内容丰富，案例形象具体，语言精练优美，完全使理论教学进入了艺术的境界，听后让人震撼、有感悟，让人解渴受益，让人得到享受。从近年来广东高校思政课教学的实践看，低层次的教学有了较大提升，特别是青年教师的教学水平提高较快，但客观地说，进入高层次的教师还不多，多数教师处于二、三层次。[①] 因此，提

① 曾学龙等：《扎实干事　锐意创新——广东高校思想政治理论课建设与改革的特点、经验及启示》，《思想理论教育导刊》2010 年第 10 期。

高教学实效性主要应在提升教师的教学层次上下功夫。

2. 当前“概论”课教学的突出问题

教学实效性不足，缺乏理论的穿透力是当前“概论”课教学的突出问题，具体可用四个字概括：闷、玄、偏、空。

闷，就是课堂气氛沉闷，学生对教师讲的东西提不起劲，就连讲课的教师自身也感到没劲。主要原因有二：一是教师讲的内容学生似曾相识，缺乏新鲜感，难以打动学生；二是教师自己缺乏激情，难以感染学生。

玄，就是引经据典一大套，表面看很热闹，但总是到不了位，学生听了后似懂非懂，既不解渴又占用了不该占用的时间，说到底还是对教材内容没有吃透，对历史对现实了解不够。

偏，就是讲授的内容偏离主题，与章节本身的要求相差较远，想表达的东西没有表达准确，或诠释不清。比如，有的教师做的课件内容庞杂，外围的东西讲了一大堆，但总是进不了主题，就好像打仗，总在打外围战，却攻不进去。或者说像打靶，好像也打了六、七环，却没打准靶心，给人一种没把问题说透的感觉。

空，就是空乏，实际内容不多，基本上是停留在教材表面，缺乏深层次的分析，缺乏自己的理解，让人听后有一种干巴巴的感觉。由于内容空，又没有新东西讲，加上教师自己也缺乏底气，只好用别的内容来填充。

二、“概论”课教学的基本矛盾

忠于教材精神与搞活课堂教学是思想政治理论课教学的一个基本矛盾，也是“概论”课教学中的一个核心问题。

教材精神实际上就是该门课程最核心的内容，任何课程都有它最基本的东西，其他内容都是围绕其展开的。“概论”课最核心的内容就是中国化马克思主义理论是怎样推进中国的社会主义现代化的，主题就是如何用社会主义来实现中国的崛起，而重点则是准确把握“概论”课的逻辑主线以及各章节之间的逻辑联系，把握马克思主义中国化的前因后果、历史脉络及其在当下中国的运行状况，就好比把中国百年来历史大变迁的图画展现在学生面前，听的人就会有一种对课程教学的新鲜感，感到有劲、有味，就会激发起对课程的兴趣，并产生对教师理论功底的认同，从而激发学生对教师的敬佩感。

然而，在教学实践中我们发现，忠于教材精神与搞活课堂教学常常不一致，其矛盾主要表现在两个方面：一是怕偏离教材而不敢超越教材一步，不敢有自己对教材观点的诠释，更不敢有自己的发挥，导致课堂沉闷。表面上看是忠于教材精神，实际上是没有对教材内容进行教学转换。另一种情况则相反，就是对教材内容诠释过头，发挥过度，以致“擦枪走火”，甚至发挥到偏离主线，偏离教材精神。表面看课堂不沉闷，但事后听者一回味，却发现没有什么收获，达不到教学的基本要求。从本质上看，上述两个方面都是没有准确吃透教材精神的结果。

究其原因，主要有三：一是教师不敢对教材体系进行拓展，生怕因为拓展教材内容而违反政治纪律；二是教师对教材精神和基本内容的理解不够，挖掘不深，掌握的材料也不够；三是忠于教材精神与拓展教材内容二者之间的度不好把握，怎样准确拓展教材内容的深度又做到不把课讲歪，还需要进一步探讨。

笔者认为，处理好这对矛盾的关键是在准确理解教材精神、寻找恰当教学方法上下功夫。从“概论”课教学看，主要应把握三个标准：政治标准、学术标准和语言标准。政治上让学生受到鼓舞，感到有劲，并且极大地增强学生对建设中国特色社会主义的信心；学术上把握中国化马克思主义理论是怎样推进中国社会主义现代化的逻辑主线以及各章节之间的逻辑联系，阐述有理有据；语言上抓住主要观点，概括准确精练，没有出格言论，对尚无定论的东西不乱下结论，对学界有争议的观点不随意附和。当然，最终的教学效果还是要体现在学生是否真正满意、是否真正有收获有提高上。

三、增强"概论"课教学实效性的建议

1. 提升教师的理论功底，努力增强"概论"课教学的理论性

"概论"课的教学内容涉及政治、经济、文化及社会等多个领域，这对任课教师的知识面提出了很高的要求，因此，要注意拓展教师的知识面。首先，加强对教师的理论培训，尤其是每年党中央的重要会议召开之后，要将"概论"课教师的专题培训与省级以上党校对领导干部进行的短期培训同步实施，以便使教师能及时把握中央文件的最新精神。其次，教师自己也要关注时事动态，多看各种书报资料包括内部资料和文件，善于接纳和吸收最高决策层的最新信息，善于抓住社会和最高决策层的兴奋点，还要经常走向基层社区，参与社会调查，实地了解一线动态，掌握一手资料。另外，建议各学校要经常开展教学观摩，邀请名家来校交流，教师间也应鼓励互相听课，取长补短，尤其鼓励教师对教学难点开展学术研讨，这是提升教师教学水平和理论功底的重要途径。

2. 灵活运用教学方法，努力增强"概论"课教学的学理性

思政课教学的学理性主要体现在理论观点的前沿性与精辟性诠释上。诠释就是对教材提出的观点和知识点进行科学合理、通俗易懂的解释，对概念性的东西要抓住关键词对之分解和剖析，有的还要用实例说明，以便学生真正把握观点、概念的要义。拓展就是在诠释观点的基础上运用图表、数据、文字实例或录像来扩充教学内容，对教材观点进行必要的补充。提升，就是在必要的时候，根据教学的需要，把要解释的观点进行简明的提炼与概括，直接点出问题的实质。比如，在讲授第八章第四节关于自主创新的问题时，先要对创新型国家的概念进行解释，然后再用国际上通用的创新型国家的四个标准进行拓展，以便学生把握创新型国家的内涵与要求，知晓我国在这方面的差距。无论是诠释还是拓展，都要善于找出教材各章节间的逻辑联系，并对之进行准确的概括，使学生明白理论的真谛。

此外，讲好"概论"课，教师一定要有激情，有激情才会增强课程教学的感染力。激情来自何方？首先是来自教师对科学理论的真诚信仰，来自对中国化马克思主义理论经典作家人格魅力的信服，同时也与教师对教学内容的熟悉程度、理解程度以及授课状态有关。因此，教师进入课堂，

就要尽快进入讲课状态。而课前预习、热身非常重要，只有熟悉内容，准备充分，理解准确，又对学生可能产生的思想困惑做到心中有数，才能保持讲课的激情状态。

3. 善于调动课堂气氛，努力增强“概论”课教学的互动性

教师讲课无论多么精彩，都不能整堂课由教师包打天下，特别是三节课连着排，肯定容易产生审美疲劳，这就要适当变换教学方式，运用其他手段和方法来调动学生的兴趣。因而，教学互动必不可少。

教学互动，就是教师要设法搞活课堂气氛，调动学生的参与积极性，让学生的注意力能够自始至终集中在听课上。一是寻找适当的切入点，即通过案例故事或单刀直入或采取别的形式切入主题，直接调动学生的求知欲；二是观察学生在课堂上的情绪反应，寻找适当的互动方法，有时可以直接用询问交流，有时用眼光交流，有时可用反问交流，有时也可点名提问；三是课堂的过程控制，即注意观察学生在课堂上的情绪，尤其是观察他们是否产生信息接收疲劳，这时需要有一个教学缓冲来调节学生的情绪。在这一点上，我们要跳出思政课的教学思维，学学其他课程的教学互动方式与方法。比如，学学英语课教师的做法，主动走下课堂，与学生进行面对面的直接交流；学学管理类课程的做法，运用案例分析来吸引学生的注意力；学学理工农林类课程运用课堂小实验来说明问题的做法；还可以学学数学课的解题推理演绎法，一步一步地把学生的听课思维按照教师的解题思维往下引。比如，教材第九章第一节关于中国特色社会主义民主政治建设必须坚持党的领导、人民当家做主与依法治国的有机统一，就是一个教学难点，笔者以一个家族企业的权利运作机制为例，从社会主义民主的内涵与企业的决策入手，连续设问7个，由学生来思考回答，像剥笋那样一层一层往下剥，再进行提升性的归纳。由于设问简单，学生能即兴思考、即兴回答，因而课堂气氛活跃，学生不但明白了社会主义民主的真实内涵，而且对党的领导、人民当家做主与依法治国的有机统一有了深刻的理解。不过，应用这种方法，从何处切入，用什么方法和实例切入非常重要，同时，设问要简单但又要有深度，抓住要害，一针见血。这就全靠平时的教学积累与研究，也需要靠课堂上的即兴发挥。

（曾学龙　仲恺农业工程学院）

中国特色社会主义理论体系构建和教学体系设计整体性研究

中国特色社会主义理论是胡锦涛同志在党的十七大政治报告中首次提出的新论断。我国理论界掀起了研究这一理论的热潮，在各有关理论刊物上发表的研究文章也非常多，其内容涉及中国特色社会主义理论体系提出的背景，与马克思列宁主义、毛泽东思想的关系，科学体系，基本内容，理论意义和现实意义等。本文就中国特色社会主义理论体系构建和教学体系设计进行整体性研究。

一、中国特色社会主义理论体系构建和教学体系设计整体性研究的思路与方法

1. 中国特色社会主义理论体系构建和教学体系设计的思路

在理论体系内容的构建上，站在十七大的认识高度和理论高度，依据这个理论的内在逻辑联系，以毛泽东思想对社会主义革命建设理论探索的成果为指导，以十一届三中全会召开为时间始点，以改革开放为历史起点，以邓小平提出走有中国特色社会主义建设道路的论断为理论切入点，融邓小平理论、“三个代表”重要思想、科学发展观为一体，构建中国特色社会主义理论体系。在教学体系设计上，以政治理论课教师为主体共同着手研究理论体系的基本内容，制作课件，搜集实用案例，制订社会实践方案。

2. 中国特色社会主义理论体系构建和教学体系设计的方法

在理论体系研究中，我们应当运用马克思主义辩证唯物主义关于一切

从实际出发、实事求是的基本立场和方法，认真学习与研究已有的著作和文章，收集相关资料，进行问卷调查，举办研讨会，要借鉴马克思研究资本主义生产关系的运行规律的方法来研究中国特色社会主义理论体系，从体系安排上采用历史的逻辑的研究方法，力求从理论提出的先后来安排理论体系和教学体系，在基本原理、基本概念的研究叙述上采用分析—综合、归纳—演绎的方法。在此基础上进行精心提炼，提出新观点，构建中国特色社会主义理论体系。以教师精讲、多媒体课件的使用、案例教学和社会实践调查来设计教学体系。

二、中国特色社会主义理论体系构建和教学体系设计的关系

1. 理论体系构建是教学体系设计的主要依据

科学理论体系是指概括和总结符合客观事物发展规律并经实践证明为正确的概念、观点、原理的合乎逻辑的知识架构。中国特色社会主义理论体系就是对中国社会主义建设改革发展的基本经验和理论原则的概括与总结。具体讲就是在建设中国特色社会主义的思想路线、发展道路、发展阶段、发展战略、根本任务、发展动力、依靠力量、国际战略、领导力量和根本目的等问题上，形成的一系列独创性的重大理论观点，系统回答了在中国这样一个十三亿人口的发展中大国如何摆脱贫困、加快实现现代化、巩固和发展社会主义的一系列重大问题。所以在构建中国特色社会主义理论体系时，把马克思主义、毛泽东思想作为中国特色社会主义理论研究的理论基础，以十一届三中全会为中国特色社会主义理论的历史起点，以邓小平同志提出的关于社会主义本质的论断为逻辑起点，以邓小平理论、“三个代表”重要思想、科学发展观和理论界研究新成果为基本内容，以探索与回答三大基本问题（①什么是社会主义、建设一个什么样的社会主义、怎样建设社会主义；②怎样建设党、建设一个什么样的党；③怎样发展、实现什么样的发展）和揭示三大规律（社会主义建设规律、共产党执政规律、人类社会发展规律）为研究主线展开，构建中国特色社会主义理论体系。教学体系设计是以理论体系构建的基本内容为依据，根据中国特色社会主义理论体系基本内容的逻辑联系来设计教学。

2. 教学体系设计是理论体系实现“三进”的重要保证

教学体系是由教学对象、教学主导、教学资源、教学媒体有机组合构成的教学系统。作为政治理论课，中国特色社会主义理论体系的教学体系应是教学对象、教师讲授、教学内容、课件制作、案例选用、实践教学、效果检验等因素有机结合形成的教学系统。在这七个因素中，教学内容即中国特色社会主义理论体系构建是重中之重。如何在教学过程中把握中国特色社会主义理论体系，使理论体系与教学体系具有紧密的逻辑联系，我们做以下教学体系设计的整体性研究：把教学内容分为五大部分。第一部分以导论为题论述中国特色社会主义理论的提出背景、研究对象、科学含义、历史地位以及学习中国特色社会主义理论的方法和意义；第二部分以什么是社会主义为中心议题来阐明社会主义的本质和任务；第三部分以建设一个什么样的社会主义为主线来指明我们要建设一个富强、民主、文明、和谐、统一的社会主义国家；第四部分以怎样建设社会主义为基本论点来探讨中国特色社会主义建设的途径、措施、条件和保证；第五部分揭示中国特色社会主义理论的精髓和灵魂。这样，中国特色社会主义理论体系构建与教学体系设计整体性研究达到有机统一，便于学生掌握其立场、观点和方法。然后教师再根据教学内容制作课件，选择有说服力的案例，加强学生的社会实践等，为中国特色社会主义理论体系“进教材、进课堂、进大学生头脑”提供有力保证。

三、中国特色社会主义理论体系的内容概述

1. 中国特色社会主义理论体系涵盖的内容博大精深

胡锦涛同志在党的十七大政治报告中明确指出：“中国特色社会主义理论体系，就是包括邓小平理论、‘三个代表’重要思想以及科学发展观等重大战略思想在内的科学理论体系。这个理论体系，坚持和发展了马克思列宁主义、毛泽东思想，凝结了几代中国共产党人带领人民不懈探索实践的智慧和心血，是马克思主义中国化的最新成果，是党最宝贵的政治和精神财富，是全国各族人民团结奋斗的共同思想基础。中国特色社会主义理论体系是不断发展的开放的理论体系。《共产党宣言》发表以来近一百六十年的实践证明，马克思主义只有与本国国情相结合、与时代发展同进

步、与人民群众同命运，才能焕发出强大的生命力、创造力、感召力。在当代中国，坚持中国特色社会主义理论体系，就是真正坚持马克思主义。”① 胡锦涛同志这一论断有四点要义：一是明确了十六大以来党中央提出的科学发展观等重大战略思想，是中国特色社会主义理论体系的重要组成部分；二是明确了包括邓小平理论、“三个代表”重要思想以及科学发展观在内的科学理论，凝结了几代中国共产党人带领人民不懈探索实践的智慧和心血，是马克思主义中国化的最新成果；三是明确了中国特色社会主义理论体系作为马克思主义中国化的最新成果，是党最宝贵的政治和精神财富，是全国人民团结奋斗的共同思想基础；四是中国特色社会主义理论是开放发展的理论。中国特色社会主义理论作为一个科学体系，纵向包括了基本原理及其所体现的路线、纲领、方针、政策、策略、方法等各个层面，横向涵盖和辐射到了经济、政治、文化、科技、教育、社会、统一战线、军事、外交、祖国统一、党建等各个领域。

2. 中国特色社会主义理论体系的构建

根据上述论断，我们把中国特色社会主义理论的内容整括为十五个分论。①在导论分论里主要研究：中国特色社会主义理论的研究对象、提出的背景、科学含义、历史地位以及学习中国特色社会主义理论的方法和意义；②在本质任务论分论里主要研究：伟大的历史转折、社会主义的本质、社会主义的根本任务；③在初级阶段论分论里主要研究：社会主义初级阶段理论的形成、社会主义初级阶段的基本路线、社会主义初级阶段的基本纲领、社会主义初级阶段的基本经验、社会主义初级阶段的基本政策；④在领导核心论分论里主要研究：党的领导是中国特色社会主义战略目标实现的根本保证、中国共产党建设的总目标和总任务、加强党的建设的基本途径；⑤在依靠力量论分论里主要研究：建设中国特色社会主义是全国各族人民的共同事业、人民群众是中国特色社会主义建设的依靠力量、巩固和发展爱国统一战线、加强国防和军队建设；⑥在改革开放论分论里主要研究：改革是社会主义制度的自我完善和发展、对外开放是中国的基本国策；⑦在科学发展论分论里主要研究：科学发展观提出的背景、科学发展观的内涵、科学发展观的历史地位、在实践中贯彻落实科学发展

① 《十七大政治报告辅导读本》，人民出版社2007年版，第11～12页。

观；⑧在和平外交论分论里主要研究：国际形势的发展与特点、独立自主的和平外交政策；⑨在战略目标论分论里主要研究：我国发展目标的认识过程、三步走的发展战略、全面建设小康社会；⑩在市场经济论分论里主要研究：社会主义市场经济体制的建立、社会主义初级阶段的基本经济制度、社会主义初级阶段的分配制度、推动经济又好又快发展；⑪在民主政治分论里主要研究：中国特色社会主义的民主政治制度、依法治国建设社会主义法治国家、积极推进政治体制改革、发展民主政治；⑫在先进文化论分论里主要研究：建设中国特色社会主义文化、建设社会主义核心价值体系、加强思想道德建设和科学文化建设；⑬在祖国统一论分论里主要研究：祖国统一是中华民族的根本利益、“一国两制”的科学构想、从武力解放台湾到和平解放台湾又到两岸和平统一、新形势下祖国统一思想的发展；⑭在社会和谐论分论里主要研究：构建社会主义和谐社会的重要性、构建社会主义和谐社会的指导思想和基本原则、构建社会主义和谐社会的目标和任务；⑮在精髓灵魂论分论里主要研究：中国特色社会主义理论的精髓、中国特色社会主义理论的灵魂、中国特色社会主义理论是发展着的理论。

通过中国特色社会主义理论体系构建与教学体系设计整体性研究，使二者密切结合起来，形成很强的逻辑联系，使得思路清楚，层次分明，便于教师教学和学生学习，真正做到中国特色社会主义理论体系“进教材、进课堂、进大学生头脑”，成为青年大学生——未来的中国特色社会主义建设者的思想灵魂和共同理想。

（黄斌昌　广东南方职业学院）

论思政课教材内容向教学内容转化应把握的几个环节

——以“概论”课为例

高校思政课实施“05 方案”后，课程体系发生很大改变，由原来七门课程整合为四门。课程体系的变化增大了思政课教师教学的难度，从而对思政课教师提出了更高要求。为使思政课实现从教材内容向教学内容的转化，使教学内容转化为学生可接受的话语，教师必须把握好以下几个环节。

一、吃透教材——教材内容向教学内容转化的前提

高校思政课教材突出理论性和权威性，教材内容的表述不可能鲜活生动。如果教师只是照本宣科，必然难以调动学生积极性。教师只有吃透教材，对教材内容进行必要整合和适当取舍，才能对教材进行宏观驾驭。

1. 整体把握教材内容，构建一个合理的教学内容体系

思政课的教材固然有其内在的逻辑性，但其内容非常庞杂，教师必须通读、熟读、精读教材，才能对教材进行宏观的架构，构建符合课程特色的教学内容体系。如“概论”涉及哲学、经济学和科学社会主义等学科，贯通经济、政治、文化、民族、宗教、党建、统战、外交等领域，教材中的主要观点涵盖马列主义、毛泽东思想和中国特色社会主义理论体系，包罗万象。但是，通读、熟读、精读教材后，就发现该课程内容可以设计为“一纲两目”：“一纲”即马克思主义中国化，“两目”即毛泽东思想和中国特色社会主义理论体系。教师把这种内容体系的设计同理论观点、社会实际和学生的思想困惑结合起来，注重通过典型案例提出问题、分析问

题、解决问题，着力培养学生的思维，提高学生的价值判断能力，就能够增强教学实效，达到纲举目张的效果。

2. 对教材内容进行整合，以一个知识点带动相关知识点的讲授

思政课教材的内容互相联系，如果孤立去讲述每一个问题，既费时费力，也难免重复。整合教材内容，以一个知识点带动相关知识点，则可事半功倍。如“概论”课第八章第四节“促进国民经济又好又快发展”，我们可以抓住“中国特色新型工业化道路”这个知识点，带动另外知识点如“建设创新型国家”，“建设社会主义新农村”，“统筹区域发展”，“建设资源节约型、环境友好型社会”的讲授。因为这几个知识点高度关联，一个知识点讲清讲透，其他知识点便呼之欲出。而且“中国特色新型工业化道路”与教材其他章节的知识点如“科学技术是第一生产力”、“构建社会主义和谐社会的总体思路”等也有彼此关照、前后呼应的关系。讲好“中国特色新型工业化道路”，有助于学生深刻领会“中国特色社会主义经济”的内涵，也有助于学生对当代中国三大战略即科教兴国战略、人才强国战略和可持续发展战略有完整理解，对构建社会主义和谐社会的重要性和迫切性有清醒认识。

3. 用通俗的生活化语言解读教材中固定的理论术语

高校思政课教材有其政治意义上的刚性，要求教师在教学过程中用通俗的生活化的语言解读。如讲授“概论”课第五章第二节“对社会主义本质的新认识”，既要讲清社会主义的本质要求消灭剥削，又要引导学生正确认识我国现阶段在一定范围内存在剥削的必然性，正确区分剥削的功能和性质。如果教师借用列宁的名言“和狼在一起，就要学狼叫……为的是最终消灭所有的狼”① 来说明问题，就会事半功倍。再比如第八章第一节“建立社会主义市场经济体制”，讲好这一节关键在于引导学生正确认识社会主义市场经济与资本主义市场经济的联系和区别，一方面要讲清市场经济作为资源配置方式本身不具有制度属性，即邓小平所指出的“计划和市场都是经济手段”②，社会主义市场经济与资本主义市场经济有其内在的一致性；另一方面又要讲清市场经济与社会主义相结合而形成的社会主义市

① 《列宁选集》（第4卷），人民出版社1960年版，第579页。
② 《邓小平文选》（第3卷），人民出版社1993年版，第373页。

场经济体制又必须体现社会主义基本制度的特征，即江泽民所说的“画龙点睛”[①]，如果把市场经济比喻为君子好逑的窈窕淑女，她既可以和社会主义结合，也可以和资本主义结合。但是，一旦她和社会主义结合，就必然打上社会主义的民族、文化等烙印。这样，学生对社会主义市场经济与资本主义市场经济的联系与区别的疑惑就迎刃而解，甚至理解加深，认识到我们今天既要坚持并深化市场取向改革，也要坚持并坚守改革的社会主义方向。

4. 处理好四门必修课程之间部分内容重复的关系

“05 方案”新课程体系强调针对当代大学生实际，“进行马克思主义的基本原理、中国社会现实和中国历史这三个方面教育的结合，突出了通过理论、现实和历史这三者的结合，加强对当代大学生的思想政治教育”。有些知识点既属于这个学科的重点，又属于另一学科的理论难点，这样，同一个知识点难免出现在不同课程里。如爱国主义、民族精神、社会主义核心价值体系等知识点在“基础”课和“概论”课都有体现；马克思主义中国化、社会主义的根本任务、社会主义初级阶段的主要矛盾、科学技术是第一生产力等内容在“概论”课和“原理”课中都有阐述；至于“纲要”课和“概论”课之间，重复的内容就更多。

处理课程间部分内容重复的关系，主要通过教师集体备课来解决。如“纲要”课，教材内容包括从鸦片战争到改革开放以来的历史，要避免与“概论”课的重复，一是要确定“纲要”课内容的下限，最好是讲到 1956 年社会主义改造基本完成，即社会主义初级阶段的上限，其后关于社会主义道路的艰辛探索以及改革开放以来的历史融合到“概论”课讲授；二是要注意详略，“概论”课对新民主主义革命理论、社会主义改造理论的讲解不宜照搬教材，应从学生已开设“纲要”课的实际出发，根据教学宗旨和基本要求，适当取舍。这样，学生就不至于因为讲授知识与自己过去所学内容重复而降低学习积极性。

① 《江泽民论有中国特色社会主义》（专题摘编），中央文献出版社 2002 年版，第 69 页。

二、提高教师自身综合素质——教材内容向教学内容转化的基础

"一般来说，教育者的综合素质越高，教育效果就越好，思想政治教育功能越能得到发挥。反之，没有良好的素质，教育者就失去了对受教育者发生作用的基本手段"①。可见，思政课教师若要实现将教材内容向学生有效讲授，除了吃透教材外，还必须不断提高自身素质，使课堂教学同教师自身理论水平、学科优势有机结合。

1. 教师要进一步提高自身的马克思主义理论水平

"05 方案"课程体系新课程开设后，教师对马克思主义理论的掌握不能局限在某一领域，从哲学、政治经济学、科学社会主义到道德、历史和文化，从马列主义、毛泽东思想，到中国特色社会主义理论体系，教师都必须有完整理解和系统把握。俗语云"登高望远"，"教师倒给学生一碗水，自己必须有一桶水"，教师在教学时必然要涉足大量与教材相关的经典著作，不断地给自己"蓄水"、"充电"。

2. 利用集体备课，充分发挥教师的学科专业优势

受时间、精力和所学专业的限制，思政课教师不可能精通所有知识点，而是各有学科专业优势。我们倡导的集体备课形式，是根据教师的学科、专业、兴趣合理分工教材内容，各人负责某一章节或专题，以便实现资源共享。如"概论"课程，有的教师专长毛泽东思想，有的教师专长中国特色社会主义理论体系，在集体备课时，让不同专长的教师结合自己的知识积累、科研成果和兴趣爱好对教材不同部分进行架构与解析，整合成该课程教案。

3. 不断增加教师的知识储备和信息储备，掌握课堂教学的主动权

思政课与其他课程的重要区别之一是，教师既不能拘泥于教材内容，不敢越雷池一步，作机械灌输或充当教材的复读机，也不能完全脱离教材。教师必须关注当今社会发展变化，关注国际国内最新动态，关注学生身边发生的新问题，不断加大自己的知识储备和信息储备，淘汰不合时宜

① 张耀灿：《思想政治教育学前沿》，人民出版社 2006 年版，第 192 页。

的知识点，补充学科前沿的知识，掌握课堂主动权，既丰富教学内容、扩展教学信息量，又不被学生的兴趣爱好牵着鼻子走，更不为了迎合学生口味而哗众取宠。

4. 发挥自身的科研优势，将自己的科研成果渗透于课堂教学之中

教师讲授一门理论课程时间久，就会对某些理论热点或难点产生兴趣，进而形成理论的“兴奋点”。教师利用课余时间对这些理论兴奋点进行思考研究，就会产生相应的科研成果，其表现形式包括各种立项课题、出版物和教研成果，这也是学生尊敬、崇拜教师的重要原因。思政课教师如能发挥自己的科研优势，将自己的科研成果渗透于课堂教学，不仅能使内容更有知识深度，更吸引学生，提高教师的威信，也能使学生真正学有所得。

三、因材施教——教材内容向教学内容转化的重要途径

俗话说“到什么山上唱什么歌”，对思政课教师而言，就要针对不同学生采用不同教法，讲授不同的内容。因为高校思政课属于公共必修课，量大面广。从学校层次而言，有重点院校和普通院校，有本科院校和高职高专；从学生而言不但有文科、理科、工科等学科，还有不同专业。思政课教师要从学生实际出发，使教学的维度与学生的维度相吻合，使教学内容进一步转化为学生可接受的话语，实现思政课的教学目的。

1. 面对不同层次的学生采用不同的教学方法

教育学理论一方面强调“有教无类”，另一方面也强调“教无定法”。一般而言，重点院校的学生文化素质较高，具有一定的理论功底，他们对一些较高深的理论有一种钻研探究的欲望，教师应侧重于引导他们多读马克思主义经典著作，借以加深对教材中若干重要观点的理解，使内容深入浅出；而普通院校的学生相对来说文化素质和理论功底比较薄弱，他们往往对抽象的理论感到晦涩、枯燥，甚至敬而远之，教师应多从学生熟知的实际事例出发，激发学生的听课欲望，使内容浅入深出。面对重点院校的学生，可以采用一些专题讲授方法，搞研究式教学，尽可能结合学生专业把相关理论讲得深入；而对普通院校的学生，教师多采用通俗易懂的语言，多举具体生动的事例，调动学生的兴趣和热情，逐步提升到理论层面，使教学达到“润物细无声”的效果。

2. 针对不同专业的学生，采用不同的教学内容

“思政课”与专业课最大的一个区别，就是它要面对全校所有专业的学生讲授相同内容，但各专业学生之间的情况千差万别。一般而言，理、工、农、医及体育、艺术等术科专业的学生与中文、政法、外语、财经等文科专业的学生相比，不仅入学时政治理论课的成绩有较大差别，而且在理论素养、兴趣爱好等方面也有很大差别。如果教师习惯于用一套教案面对所有专业的学生，其教学效果必然不佳。教师必须从不同专业学生实际出发，在遵循教学大纲和教材基本框架前提下，对不同专业的学生采取灵活措施，对教材内容适当取舍，这不仅不违反教学规律，而且贯彻了因材施教原则。比如对理、工科和体育专业的学生，可以多选择一些著名科学家、优秀运动员成长的事例，激发学生学好政治理论的热情；对文科专业的学生，可以运用一些革命家、理论家、社会活动家的成功事例，进一步增强他们对思政课的价值认同；而对艺术专业的学生则可以多用德艺双馨艺术家的事例教育感染他们。

3. 从学生的思想实际出发，针对不同的课程确立不同的教学重点

当代大学生生活在科学技术迅猛发展的时代，思想十分活跃，对现实的政治、经济、社会问题很关心，而且对新事物反应迅速，不唯书、不唯上、不唯师。但由于年纪轻、阅历浅，在世界观、人生观、价值观等方面存在问题。因此，教师要从学生思想实际出发，针对不同的课程确立不同的教学重点。如“基础”课教师应将传统爱国主义教育与经济全球化的现实结合起来，教育学生正确认识全球化背景下国家观念和爱国主义新内涵；“纲要”课教师应将历史和现实结合起来，帮助学生树立热爱共产党、热爱新中国、热爱社会主义的坚定信念；“原理”课教师应将马克思主义的政治信仰和价值追求同当今世界经济全球化、政治多极化、文化多样化、价值多元化的思潮结合起来，引导学生顺利实现从观念形态的马克思主义者到社会生活中的马克思主义者的转变；“概论”课教师应将马克思主义基本原理和中国化马克思主义的理论成果结合起来，促使学生学会运用马克思主义的立场、观点和方法看待改革开放的巨大成就与前进过程中面临的现实问题，理解与接受对马克思主义的继承、发展和创新的关系。

（田杨群　曹顺霞　肇庆学院）

论思政课“教材体系”向“教学体系”转换的路径选择[①]

——以“概论”课教学设计为例

高校思政课“05方案”有较为科学的教材体系，教师的任务就是实现“两个转换”，即实现“从教材体系向教学体系转换”、“从教学体系向学生能力素质体系转换”。在这“两个转换”中，建构具有教师个人风格的“教学体系”是关键，它不仅体现了教师的教学能力与水平，而且也决定了“三进”的质量与实效。本文通过重点论述“教材体系”向“教学体系”转换这一关键环节，来探讨“概论”课的教学设计问题。

一、必须深入把握教学体系和教材体系的关系

从逻辑上来说，要处理好教材体系和教学体系的关系，就必先明确教材体系与教学体系的基本内涵、教材体系与教学体系之间的基本关系。所谓教材体系，就是教材围绕着一个明确的主题、贯彻着一条基本的主线，由相互贯通及具有内在关联的若干基本内容所构成的结构关系和逻辑关系，教材体系规定了特定课程的教学内容和教学结构。教学体系则是通过具体教学过程对既定课程的教材体系进行转化与呈现的教学结构、教学内容和教学讲授安排的总称。教材体系与教学体系既有联系，又有区别，这

① 基金项目：广东省高等学校第三批思想政治理论课优质课程“毛泽东思想、邓小平理论与‘三个代表’重要思想概论”（编号：〔2008〕79号）；广东省教育厅2009年思政课题“思想政治理论课教育和社会主义核心价值体系研究”（编号：2009ZY040）；广东纺织学院2010年教研课题“‘概论’课实践专题教学的研究”（编号：J100901）。

主要体现在它们的关系中。在教材体系既定的前提下，教学体系与教材体系有怎样的关系呢？

第一，教材体系是“根源性”的，教学体系是“派生性”的，教材体系的变化必然引起教学体系的变化。比如说，“05 方案”中“概论”课程的教学体系是一个新的整体、新的体系，并非原来“98 方案”相关课程教学体系的拼凑或集合。因此，要深刻认识到，新的“概论”课程不是原来相关课程的简单拼凑或相加，而是教材体系上的创新。若要讲好新的“概论”课程，必须有一个教学体系上的创新。这就是说，教学体系的创新是因为教材体系本身发生变化所致。教师必须依据新“概论”课程的教材体系，处理好旧教学体系与新教学体系的问题。

第二，教学体系与教材体系密切相关。

一是教学体系的设计和呈现必须依托教材体系。在大纲统一、课本统一的前提下，在教学过程中，存在把教材体系转化为教学体系的问题。教材体系是“课本”的基本呈现形式，立足课本体系，就是立足教材体系；而教学体系是课程教学活动的基本表现形式，在教学活动中，教学体系是呈现具体教材体系或课程内容体系的载体。因此，“概论”课程无论怎样呈现都不能离开教材体系内设定的“中国化马克思主义”的主题、“马克思主义中国化”的主线和“中国特色社会主义建设”这个重点。如果抓住了“概论”课程教材体系的主题、主线和重点，教学体系的设计就有了规范、原则和方向。

二是教学体系是对教材体系的贯彻实施。如果没有教学体系的呈现，就没有对课程具体教学活动的消解。也就是说，如果在教学活动中，没有可供呈现的教学体系，教学活动就是没有依据的、随意性的。那么，教材体系的贯彻实施就难以落实。比如说，我们要让“概论”课程的内容和精神实现“三进”，在“进教材”后，就要通过教学活动来实现“进课堂”、“进大学生头脑”，在这样的教学活动中，需要有一个完整的教学体系来保障教学活动的系统性和连续性。通过教学体系的建构，使教材内容有机地、逻辑地呈现在具体的受教育者面前，通过教学的讲授过程和具体的“教—学”模式，来讲授课程内容、实现课程教学目的。

第三，教材体系与教学体系区分明显。如果把教学体系等同于教材体系，“概论”课程和其他思政课教学就会变成照本宣科；如果脱离教材体系，另搞一套所谓的教学体系，思政课教学就会脱离一课之本，迷失方向。这两种做法都体现不出思政课程的针对性和实效性。从实质上来说，由于没有正确区分教材体系和教学体系的关系，也不能处理好二者的关系。第一种情况实际上是犯了“本本主义”错误，必将导致教学活动中教师主动性和创造性的丧失；第二种情况实际上是犯了“主观主义”错误，必将导致教学活动中教师的随意性和主观性的泛滥。就思政课程的要求和特点来说，两种做法都抹杀了“一纲一本”的初衷。从以上分析可以看出，设计教学体系要处理好教材体系与教学体系的关系问题，这就必须明确三点：一是教学体系不同于教材体系；二是教学体系的设计离不开教材体系；三是教学体系的设计实际上是对教材体系的创造性解读。因此，教学体系的设计必须处理好课程教材体系与教学体系的关系。

二、必须紧扣课程的主题、主线和讲授重点

“概论”课要着重讲授共产党把马克思主义基本原理与中国实际相结合的历史进程，充分反映马克思主义中国化的理论成果，帮助学生系统掌握毛泽东思想和中国特色社会主义理论体系的基本原理，坚定在党的领导下走中国特色社会主义道路的理想信念。这就明确了“概论”课的主题、主线和重点，即“概论”课以中国化马克思主义为主题，以马克思主义中国化为主线，以中国特色社会主义建设为重点。把马克思主义中国化的理论成果作为统一的整体进行分析，就掌握了“概论”课的定位和基本任务。从这个意义上来说，讲授“概论”课程的教学体系，其个性和具体性无论怎样繁多，都必须围绕着课程的主题、主线和讲授重点来进行，才能实现课程设计的目标。

第一，要围绕“概论”课的主题进行教学体系设计。“什么是马克思主义、怎样对待马克思主义”，“什么是社会主义、怎样建设社会主义”，“建设什么样的党、怎样建设党”，“实现什么样的发展、怎样发展”等重大理论和实践问题，是贯穿在“概论”课教学中的主要问题。围绕这些主要问题展开教学体系的建构与设计，必然能够抓住教学的核心。

第二，要围绕“概论”课的主线进行教学体系设计。马克思主义中国化的历史进程是“概论”课的主线。“概论”课本身要求其基本内容必须

包括毛泽东思想、邓小平理论、“三个代表”重要思想和科学发展观等重大战略思想。把马克思主义中国化进程作为“概论”课的主线，就是要以毛泽东思想和中国特色社会主义理论体系引领教与学的方向，统领教与学的全局，用毛泽东思想和中国特色社会主义理论体系武装当代大学生的头脑，让马克思主义中国化的理论成果贯穿这门课的始终。

第三，要围绕“概论”课的教学重点进行教学体系设计。从教材体系的设计看，中国特色社会主义理论体系是“概论”课的讲授重点。党的十七大明确指出，全党同志要倍加珍惜、长期坚持和不断发展党历经艰辛开创的中国特色社会主义道路及中国特色社会主义理论体系。坚持、建设和发展中国特色社会主义，是当代中国共产党全部理论和全部实践的聚焦。教材体系的设计要围绕着建设中国特色社会主义这个重点进行。

三、必须科学把握课程教学内容的整体性

教学过程是一个连续、系统的教学活动，这就要求在教学的整个过程中要注重教学体系的整体性设计。课程教学体系的设计必须紧紧围绕教学内容的整体性来进行。“概论”课教学体系的整体性设计是如何实现的呢？这是由“概论”课教学内容的整体性决定的。

第一，“概论”课的教学设计要从整体上讲授中国化马克思主义的基本问题。中国化马克思主义的理论成果是马克思主义普遍原理与中国实际相结合的产物，是党在中国革命、建设、改革和发展的历史进程中，运用马克思主义普遍原理，坚持解放思想、实事求是、与时俱进，不断进行理论创新所形成的具有中国特色的科学理论；马克思主义是中国化马克思主义理论成果的理论之源；中国革命、建设、改革和发展的实践是中国化马克思主义理论成果形成的实践基础；中国化马克思主义与马克思主义一脉相承而又体现了中国风格和中国气派，是中国共产党人集体智慧的结晶，是对马克思主义的继承和发展。它包括毛泽东思想、邓小平理论、“三个代表”重要思想和科学发展观等重大战略思想；它涵盖了中国革命、建设、改革和发展各个时期的经济、政治、文化、党的建设、国防和军队建设等各个领域，是一个完整的科学理论体系。

第二，“概论”课的教学设计要实现毛泽东思想、邓小平理论、“三个

代表”重要思想和科学发展观几个理论成果的创造性整合。“概论”课程涵盖的不是一个理论，而是既一脉相承又与时俱进的几个理论成果。但是，教材内容体系设计先是总体概述理论的基本问题，然后就每个理论的贡献和时代特色进行分而析之，在历史、理论、现实三方面实现了马克思主义中国化历史进程和中国化马克思主义几大理论成果的统一。在教学设计中，要始终坚持把“概论”课的历史因素（理论的形成和发展史）、理论内容（在历史发展不同阶段的理论成果）、现实问题（当代世界与当代中国的现实）整合起来，通过历史材料使理论讲授生动，通过理论剖析使历史材料得以升华，在把理论和现实结合的过程中增强课程的实效性和现实针对性。

第三，“概论”课的教学设计要在理论的历史发展上实现整合。教学设计要充分认识到，中国化马克思主义在不同时期其具体理论内容也总是在实践发展的过程中不断拓展、丰富和完善的。

第四，“概论”课的教学设计要体现理论成果逻辑体系上的整合。毛泽东思想、邓小平理论、“三个代表”重要思想和科学发展观作为中国化马克思主义的几大理论成果，是马克思主义同中国革命、建设、改革和发展的具体实践相结合，在一定时空范围内的具体运用和体现，具有内在的联系。透过历史与现实，将思想的继承与创新关系整合起来，体现理论的逻辑力量，并转化为学生认识社会、把握人生的智慧与德性，是教学设计应着重考虑的问题。

四、必须准确解读课程内容之间的内在联系

教学体系是课程内容在课堂讲授中的逻辑展开和具体呈现，反映了课程内容之间的内在联系。“概论”课的教学体系设计应以毛泽东思想和中国特色社会主义理论体系的基本原理为主要内容，全面、系统、准确地阐述中国化马克思主义理论成果的科学体系、历史地位、基本原理及其精髓；以理论成果的形成和发展为经，以基本原理的理论逻辑为纬，根据理论成果的内在联系，形成有机结合的框架结构。

第一，在“概论”课教学设计上，应注意分析和研究中国化马克思主义理论成果的内在联系。一是理论成果有一个贯彻始终的哲学基础，这就

是辩证唯物主义与历史唯物主义的世界观和方法论。从毛泽东到习近平党的历代领导集体都始终贯穿着解放思想、实事求是、与时俱进的科学精神。解放思想、实事求是、与时俱进既贯穿于中国化马克思主义形成和发展的全过程，又在基本原理的各个方面体现出来。二是理论成果的主题是通过新民主主义革命，建立和巩固社会主义，实现中华民族的伟大复兴。消灭一切压迫和剥削，建立社会主义，最终实现共产主义是中国化马克思主义的最高理想和奋斗目标。这一主题是贯穿始终的。三是理论成果围绕这一主题，阐述并回答了一系列相互联系的基本问题，主要包括新民主主义革命理论、社会主义改造理论、中国特色社会主义建设的理论，科学地回答了“什么是社会主义，如何建设社会主义”的问题。

第二，在“概论”课教学设计上，要准确把握理论成果的逻辑主线。一是运用纵向分析的方法，论述马克思主义与中国实际相结合的历程，中国化马克思主义理论成果的科学体系、历史地位。二是运用逻辑分析的方法，阐述新民主主义革命的理论和社会主义改造的理论，通过对符合中国国情的新民主主义革命道路、社会主义改造道路的理论阐释，阐述中国为什么选择社会主义道路和只有社会主义能够救中国的问题。三是重点阐述我们党在不同时期围绕“什么是社会主义，如何建设社会主义”这一基本问题，探索社会主义建设道路，解决对社会主义发展规律的认识和怎样建设中国特色社会主义的问题，突出中国化马克思主义关于社会主义建设理论的整体性。四是从哲学角度阐述中国化马克思主义的精髓，阐述中国化马克思主义的世界观和方法论，阐述党的思想路线的形成和发展，阐述解放思想、实事求是、与时俱进的科学含义及相互关系。

五、必须处理好基本理论和课程体系之间的关系

在“概论”课教学设计上，必须处理好基本理论和课程体系之间的关系。

第一，要处理好马克思主义与马克思主义中国化理论成果之间的关系。马克思主义基本原理是马克思主义中国化理论成果的理论之源；马克思主义中国化理论成果的形成和发展，始终遵循着马克思主义基本原理同中国具体实践相结合的根本原则。正确处理马克思主义与中国化马克思主义的关系，不仅是处理好理论上“继承与坚持”、“发展与创新”的关系，

也是在历史、理论和现实三方面实现对理论成果的统一。历史和实践证明，没有继承与坚持的“发展创新”，会将马克思主义引向歧途；而没有发展与创新的“继承坚持”，将会导致马克思主义失去生机。

第二，要处理好理论成果本身的关系。马克思主义中国化的理论成果都注重从整体上阐述我们党围绕进行新民主主义革命，建立和巩固社会主义，实现中华民族的伟大复兴这一主题，涵盖了中国革命、建设、改革和发展时期的各个领域，是一个完整的科学体系。这就是说，教学设计无论怎样个性化，都需要强调和突出马克思主义中国化理论成果的整体性和系统性。在教学设计和教学过程中，既要体现理论成果的科学体系性，又要讲清楚理论成果的内容具体性。因此，既要研究和认识马克思主义中国化理论成果的整体性，又要深刻领会不同历史时期马克思主义中国化的主要内容、基本特征、时代特色，更好地把握理论成果之间继承与创新、丰富与发展的关系。

第三，要处理好“概论”课与“05 方案”其他课程之间的关系。“概论”课是“05 方案”的核心课程。作为一个整体性方案，“概论”课与其他三门课之间既有联系又有区别。在教学中，处理好课程之间的关系是增强教学实效性的一个重要手段。马克思主义与中国化马克思主义是“源”和“流”的关系，是“坚持”与“发展”的关系。讲授中国化马克思主义既要夯实马克思主义理论基础，又要突出“理论成果”的时代性、民族性和实践性。中国化马克思主义的形成和发展离不开中国近现代的具体历史背景，不懂中国近现代史，就讲不清“概论”。因此，“概论”课的教学必须结合中国近现代社会发展的进程，并着眼于“论”（而非“史”），系统阐述中国化马克思主义的基本原理。通过“基础”课的教学，可以帮助学生增强社会主义法制观念，提高思想道德素质，尤其是坚定在党的领导下走中国特色社会主义道路的理想信念。因此，在“概论”课教学过程中，既要研究和考虑到其他几门课的教学内容，又要注重和突出“概论”课的教学内容重点；既不脱离“05 方案”，又不封闭“概论”课程。

（黎少青　广东职业技术学院）

关于“概论”课程内容整合的探讨

一、“概论”课教学内容在实际教学中存在的问题及整合研究状况

当前，“概论”课教学内容在实际教学中存在以下问题：

1. 内容分散繁多

“概论”课有十五章，从教科书的实际上看是合理的，但从教学的实际来看，教学内容过细、分散、繁多，不利于学生从整体上把握本门课程的理论体系，容易导致学生在理解上出现混乱不清的现象。

2. 部分内容重复

本门课程每一个章节都独立完整，但从总体上来看，内容重复的现象比较突出。如果照本宣科，容易使教学内容重复且没有深度和层次性。教师如果被教材的内容牵制，就容易导致深感无奈和浪费学生课堂学习时间等问题出现。

3. 理论条块分割明显

本门课程的章节划分是合理的，但在具体教学中，如果对内容不进行整合，就容易出现理论与现实相脱节的问题，现实世界完整的面目被人为地从理论上分成一块块地进行认识。虽然这本身符合认识规律，也符合认识本身的特征，但是过于遵从理论的角度而不是遵从现实的角度进行教学，不利于学生从现实的本来面目去学习理论。

有不少学者认为：“概论”课要提高教学效果，就需要对内容进行整合。例如，桂林电子科技大学的金晔提出，把“概论”课程内容整合为三个部分：“第一部分，总论。分设两章，一章概述马克思主义中国化进程

中产生的理论成果，一章分析马克思主义中国化理论成果的精髓。第二部分，毛泽东思想体系中的两个内容。一章讲述中国新民主主义革命的理论和经验，一章讲述中国社会主义改造的理论和经验。第三部分，讲述建设中国特色社会主义。这一部分可以分为四个相对独立的内容：中国特色社会主义的三个基本问题，中国特色社会主义的总体布局，祖国完全统一和外交政策，建设中国特色社会主义的依靠力量和领导核心。”①

这种观点针对“概论”课的现实教学情况，提出了要整合的意见。但由于完全是从纯理论的角度提出，没有把观点转向具有可行性的实践中去，因此最终只能是停留在理论探讨的层面上。“概论”课的课程内容整合应该是多维度的，目前理论界没有从各种视角对“概论”课的整合进行深入的探讨和研究，从而导致这方面的研究显得较为空泛。

有学者提出专题式教学。例如，闽江学院阮晓莺提出：“专题式教学就是针对学生思想实际和社会现实问题，按照问题来组织课堂教学，打破原有教材章节体系的限制，选取若干专题作深入分析讲授的教学方式。专题式教学能克服学生内在学习动力不足的矛盾，有效提高学生学习的兴趣；能充分发挥教师的专业所长，有效提高教学质量和科研水平。专题式教学应以理论进入学生头脑为最终目标，以素质教育模式为标志，以教书育人为核心。专题式教学要求教学内容合理安排，突出‘要精，要管用’的要求，教师要具备扎实的专业功底和高超的教学能力，并建立有效机制，重视中期控制和后期反馈。”②

目前主张“概论”课以专题式教学的学者虽认识到要打破章节的限制来进行教学，但在专题的设置和应用上缺乏深入的研究，没有理论和现实依据的支撑，专题之间条块分割也非常明显，在实际教学中难以被具体应用。

阮云志提出了“概论”课教学体系构建的马克思主义哲学维度和心理学维度。③ 这种观点从理论角度提出“概论”课的整合依据，有一定的理

① 金晔：《论高校思想政治理论课教学的系统性原则——以“毛泽东思想和中国特色社会主义理论体系概论”课为例》，《文教资料》2009 年第 21 期。

② 阮晓莺：《专题式教学在“概论”课教学中的运用及思考》，《思想理论教育导刊》2010 年第 2 期。

③ 阮云志：《〈毛泽东思想和中国特色社会主义理论体系概论〉教学体系构建维度》，《法制与社会》2009 年第 15 期。

论价值，但在实际教学中如何从哲学角度和心理学角度整合教学内容，就存在明显的操作难题了。

总体来看，思政教育界都在试图探索出一条整合“概论”课程内容的道路，但忽略了现实的情况和学生的发展需求这两个维度，为整合目的而整合课程内容，就使目前的研究难以转变成为具有实践指导意义的方法论了。

二、“概论”课程定位与课程内容整合的关系

（一）“概论”课程的准确定位决定课程的内容整合

“概论”课目的是通过教学，引导大学生主动关注和思考中国近代、当代重大政治问题，形成对社会和自身的客观、全面的认识；提高大学生的思想政治素质，树立正确的世界观、人生观和价值观，形成正确的思维方式。

目前，用人单位越来越重视大学生的能力素质。大学生核心能力素质理论认为，大学生的能力素质由知识（政治理论政策、法规法律常识、现代科技常识、人文科学与哲学常识、专业知识）、技能［语言表达能力、文字表达能力、科学思维能力、综合分析能力、人际协调能力、计划能力、学习能力、执行力（动手能力）、创新能力、反省能力、专业技能］、品质（思想政治道德品质）、身心（身体素质、心理素质）构成。由此可见，大学生的综合素质是综合能力的体现。

根据近几年用人单位招聘毕业生时对素质能力的重视程度调查，用人单位较注重大学生的问题解决能力和应变能力等。这包括问题解决能力、分析能力、应变能力、人际沟通能力、口头表达能力、适应能力、主动性等。56.3%的用人单位非常重视问题解决能力、分析能力，40.5%的用人单位比较重视学习能力。

当今社会各界都把创新能力和学习能力视为人才的标志性能力，而分析能力和综合能力是创新能力和学习能力的基础。创新能力，即利用所学的知识，综合运用动手能力、观察能力、分析能力、思维能力等进行科学研究、技术革新，提出新见解的能力，是人才的本质特征。学习能力是21

世纪人才的重要能力，除了要有积极进取、锲而不舍的求学态度之外，还要掌握科学的学习方法，提高学习的质量，还要善于突破思维定式，积极吸纳先进文明成果。在学习中，他们自己去思考、去寻找、去发现事物变化的规律，去综合使用而不是去记录现成的知识。由此可见，创新能力和学习能力有效实现的基础是分析能力，没有对事物准确的分析判断，就不可能有创新能力和学习能力。

笔者认为，“概论”课程应自觉地纳入学生素质教育的体系当中，注重学生的素质和能力培育，要求学生具备以下六种能力：

1. 实事求是分析问题的思维能力

运用唯物辩证法的原理及思维方法和历史唯物主义的原理分析毛泽东思想、邓小平理论、“三个代表”重要思想与科学发展观的形成背景和内容是如何体现了实事求是的精神的，从而使学生掌握从理论形成的背景和内容来实事求是分析问题的思维能力，使学生今后能分析解决同类的问题。

2. 历史经验的反思能力（纵向比较分析能力）

运用同时期的历史事件进行纵向比较的方法分析和解释新民主主义革命三大法宝，使学生在认识新民主主义革命三大法宝的同时，具有纵向比较分析问题的能力，今后能通过纵向比较的方法分析同类的经验总结。

3. 历史经验的反思能力（横向比较分析能力）

运用同时期的历史事件进行横向比较的方法分析和解释对社会主义本质、初级阶段及改革开放的正确认识的重要性，使学生在正确认识社会主义本质、初级阶段及改革开放的同时，具有横向比较分析问题的能力，今后能通过横向比较的方法分析同类的经验总结。

4. 社会发展的环境分析能力

通过具体案例，运用学过的经济、政治、文化的基本概念分析经济因素、政治因素和文化因素对其发展所起的作用，分析社会主义的经济制度、政治制度和文化制度的特点及优点，从而掌握运用经济、政治、文化的基本知识分析社会环境的能力。

5. 社会发展的动力分析能力

通过分析社会各阶层的特点，分析建设中国特色社会主义事业的依靠力量；通过分析中国共产党的先进性，分析建设中国特色社会主义事业的领导核心；通过对社会个体成分的根本利益、特点及先进性的分析，掌握对事物发展动力的分析能力。

6. 社会发展的目标分析能力

通过对社会发展的必然性和可能性分析，分析构建和谐社会和祖国统一的重要性，使学生掌握对社会发展目标的分析能力。

（二）“概论”课程的定位依靠整合课程内容来实现教学目标

“概论”课程内容整合为六大部分：

第一部分为马克思主义中国化的历史进程和理论成果及精髓：整合第一章马克思主义中国化的历史进程和理论成果与第二章马克思主义中国化理论成果的精髓的内容，突出实事求是分析问题的思维能力的训练。

第二部分为马克思主义中国化第一次历史性飞跃——毛泽东思想：整合第三章新民主主义革命理论和第四章社会主义改造理论的内容，突出历史经验的反思能力（纵向比较分析能力）的训练。

第三部分为建设中国特色社会主义的基础理论：整合第五章社会主义的本质和根本任务、第六章社会主义初级阶段理论与第七章社会主义改革和对外开放的内容，突出历史经验的反思能力（横向比较分析能力）的训练。

第四部分为建设中国特色社会主义经济制度、政治制度和文化制度：整合第八章建设中国特色社会主义市场经济、第九章建设中国特色社会主义政治和第十章建设中国特色社会主义文化的内容，突出社会发展环境分析能力的训练。

第五部分为建设中国特色社会主义的领导核心和依靠力量：整合第十四章中国特色社会主义事业的依靠力量和第十五章中国特色社会主义事业的领导核心的内容，突出社会发展的动力分析能力的训练。

第六部分为实现建设和谐社会、完成祖国统一及和平崛起的伟大目标：整合第十一章构建社会主义和谐社会、第十二章祖国完全统一的构想与第十三章国际战略和外交政策的内容，突出社会发展的目标分析能力的训练。

（三）“概论”课整合方案

“概论”课程内容的整合与实际教学模式应该互相联系，笔者认为课程内容的整合可以根据以下教学模式进行：

（1）“概论”课案例模式课程内容整合。

（2）“概论”课研练课题模式课程内容整合。

（3）“概论”课综合思考题模式课程内容整合。

（4）“概论”课能力训练项目模式课程内容整合。

笔者认为“概论”课的课程内容整合不是只有一种正确的方案，只要能够忠于本课程的教学宗旨和理论特点，能够结合学生成长的需要，结合时代形势的发展，能够有效地把教学效果提高，都是可取的方案。

（叶彦岑　广东轻工职业技术学院）

论高校思想政治理论课教育互动的实现

一、高校思想政治理论课教学互动的实现过程

所谓教育互动，是和“以教师为中心、以课堂为中心、以知识为中心”的传统教育理念与教育方式相对应的，突出学生与教师的主体地位，在师生之间、学生与学生之间的平等交流、沟通、对话以及在共同活动中实现教学相长、促进学生全面发展的现代教育理念与教育方式。

思想政治理论课教育互动，是教育互动这一现代教育理念与教育方式在思想政治理论课教育教学中的具体运用和发展。由于思想政治理论课教学具有特定的教育目的、教育内容、教育原则和教育规律，思想政治理论课教育互动也具有三个方面的独特特征，这既是深刻理解思想政治理论课教育互动内涵的关键所在，同时也为有针对性地开展教育互动提供了三个方面的原则规约：

其一是目的性。所谓目的性，指思想政治教育区别于环境的自发影响，是一种有目的、有计划、有组织的社会实践活动，具体表现为思想政治教育活动的组织性和计划性、正面性和引导性、发展性和超越性三个方面。其二是主体间性。所谓互动，是主体之间的交往活动，只有承认主体的存在及其平等的地位，实现主体之间的交流与分享，即体现出主体间性，才能实现真正的互动。因而，思想政治理论课教育互动以承认主体性为前提，以主体之间的平等交流为手段，以提高人的主体性为归宿。其三是实践性。思想政治理论课教学互动本身就是“一种涵盖历史、文化特质

的社会交往活动"[①]，其活动本身具有现实性，其教育价值的实现也具有客观性与实践性。

从哲学的角度来看，思想政治理论课教育互动是一种交往活动。哈贝马斯的交往理性理论，对于揭示思想政治理论课教育互动的生成机制具有启示意义。哈贝马斯将社会分为系统和生活世界两个部分，他认为，所谓交往，是这样一种活动，"在这里，发言者和听众，从他们自己所解释的生活世界的视野论及客观世界、社会世界和主观世界中的事物"[②]。他所理解的交往，是发生在生活世界当中，主体与主体借助语言表达而形成相互理解、达成共识的交往活动。他认为，交往具有非常重要的意义，它将促进社会发展与主体发展的统一，"从交往的角度看，它们是用来保存和发展文化知识的；从社会化的角度看，它们则是用来培养和维护个人认同的"[③]。借用哈贝马斯的交往理性理论，我们可以把交往性的教学互动的实现概括为四个理想环节：思想政治理论课教学互动主体地位的确认、平等对话和共同活动的产生、达成思想共识与形成价值认同以及新意义的生成和主体潜能的开发。

在这四个环节中，主体地位的确认是第一个环节，也是教学互动实现的前提和条件。只有承认了主体的平等地位，实现主体对主体的尊重和理解，才可能体现出主体间性，产生真正的交往。需要指出的是，这种主体地位的确认不是"预设"的、"静止"的和"孤立"的，而是"生成"的、"动态"的和"交互"的，是在主体互动过程中得到确认、逐步完善和不断发展的，主体地位的确认和主体性的发展，恰恰是教育互动的价值体现和目标所在。平等对话、交流活动的产生是第二个环节，也是教育互动实现的主要形式。在主体之间的平等对话和交流中，主体的思想观念和价值追求在呈现和表达，并相互碰撞、冲击和影响，且对主体原有的思想价值观念体系产生影响和改变。值得指出的是，这种活动不仅仅是一种语言的交往，也可以是一种共同的活动。第三个环节是达成思想共识与形成

---

① 张耀灿、郑永廷、吴潜涛、骆郁廷等：《现代思想政治教育学》，人民出版社 2006 年版，第 279 页。

② ［德］哈贝马斯著，洪佩郁、蔺菁译：《交往行动理论》，重庆出版社 1994 年版，第 135 页。

③ ［德］哈贝马斯著，曹卫东、付德根译：《后行而上学思想》，译林出版社 2001 年版，第 60 页。

价值认同，这是教学互动实现的关键环节，也是思想政治理论课教育价值得以实现的重要标志。师生之间达成某种思想共识、形成某种价值认同，是主体思想认识和价值观念提升的一种表现，对促进社会发展和激发个体精神动力具有重要意义。第四个环节是新意义的生成和主体潜能的开发，这是思想政治理论课教学功能的拓展，标志着主体性能力得以提高和发展，最终将影响主体的实践行为，在实践活动中表现为主体性的增强和人的全面发展。

总之，以上四个环节构成了思想政治理论教育互动环环相扣、层层递进的四个层次和四种境界，反映了思想政治教育互动实现的完整过程。这是一个从低级阶段发展到高级阶段的渐进历程，每递进一个阶段，互动的层次就越深，互动的价值与意义也就越大。

二、高校思想政治理论课教学互动的实现困境

作为一种现代教育理念和教育方式，思想政治理论课教学互动是现代教学理念的根本标志，反映了思想政治理论课教学对现代社会发展的要求和人的主体性发展的积极回应，体现了现代思想政治理论课教育的本质要求，是开拓教育功能、提高教学实效的重要手段和关键环节。然而，思想政治理论课教育互动又受到现实因素的制约，主体很难摆脱现实的利益诉求、价值倾向、兴趣爱好和话语系统来构建“生活世界”的理想图景，从而使得思想政治理论课教育互动的实现面临诸多的困境。

就其理论基础交往理性来说，本身就带有浓厚的理想主义色彩，“交往行为只是一种理想境界，交往理性是难以期盼的，要达成一种普遍的共识、规范是十分困难的，所以他提出发展一种普遍的交往理性来解决生活世界的殖民化问题无疑是一个乌托邦”①。因为人是现实的、具体的、社会的人，教育互动的四个理想环节会受到现实条件的制约而难以完整地呈现，从而在教育实践中出现互动形式单一、互动内容苍白、互动层次较低等突出问题。

在阻碍教育互动实现的诸多因素中，最为突出的是人的主体性困境、

---

① 陈志刚:《交往理性思想：批判与乌托邦》,《教学与研究》2004 年第 11 期。

主体立场（角色）差异困境和交往语言困境。

1. 人的主体性困境

思想政治理论课教学互动的困境首先表现为现代社会主体性本身的困境，即个体在市场竞争、多元文化、信息涌动和风险冲击下积极性、主动性和创造性的衰落和消失。哈贝马斯将之概括为“系统对生活世界的殖民化”，R. 多尔迈将之概括为“主体性的黄昏”。具体而言，表现为自主性与依赖性的矛盾、利益导向与价值导向的矛盾、主导意识与多元价值的矛盾三个层面。市场经济体制的确立、民主政治的发展要求人成为独立自主的经济活动和政治活动的主体，从根本上冲击了过去高度集中的政治经济体制下人的诸多依附关系，催生了人的自主意识的觉醒。而科技的迅猛发展以及由此带来的科技主义的盛行，数字化时代和信息化社会的到来却又强化了一种新的依赖关系，即对科技、信息的依赖，对环境的依赖，这就形成了自主性和依赖性的矛盾。利益导向与价值导向的矛盾反映了当前重物质利益轻精神价值、重当前利益轻终极关怀的价值倾向。这种矛盾的出现是与市场经济的发展、竞争压力的加大和社会风险的加剧紧密联系在一起的。主导意识与多元价值的矛盾，反映了现代性背景下个体选择的困境，“现代性使个体遭遇到种种复杂的选择，并且因为它是无原则的，因此，它同时对于如何进行选择无法提供帮助”①。最终的结果则是个体陷入相对主义和个人主义，疏离主导价值观念。

2. 主体立场（角色）差异困境

当前，教育学界有一种“无立场”的思想潮流，有学者呼吁教师应放弃“预设”的立场，与学生进行建构性的交往、互动，从而在一种知识探求、精神探险中获得师生关系的良性发展。这种思潮虽然对于强调主体之间的平等性、促进师生交往的积极性有着一定的指导意义，然而，在教学实践当中却难以有效开展，在未能满足其实现条件的情况下，可能会造成教师的无所适从和教学效率的低下。在教学实践中，教师的立场（角色）是真实的、现实的、具体的，这在思想政治理论课教学中更应当强调。尽管教师对教学的具体过程进行主宰、掌控和独占是不合理的，但是教师作为国家主导意识形态和整体利益的代表、作为学生长远发展的引路人的基

① ［英］吉登斯著，田禾译：《现代性的后果》，译林出版社2000年版，第92页。

本方向是必须坚持的。正因为教师不是一个单纯的个体角色，不能仅仅从个体的角度来思考问题，其基本立场要具有整体性、全局性和长远性，这就可能导致教师的个人立场与角色立场之间形成适当张力，这种张力既可能是教育互动的动力，也可能是教育互动的阻力。进一步说，如果这种立场与角色得不到学生的理解和认同，甚至在一定程度上与学生的个人立场相冲突而产生分歧和矛盾，就可能产生师生之间交往与互动的困境。尤其是教师这种整体、全局和长远的立场被学生认识到、感受到而又没有被认同甚至遭到学生排斥的时候，“角色固化”就成为影响师生交往的阻滞因素。

3. 交往语言困境

言语包含交往者的态度、情感、意志、人格品行，交往的过程不仅是言语的知识信息的表达、倾听、领会、理解的过程，更是交往者精神的相遇、相通和情绪、情感的交流过程。① 由于年龄差距所带来的生活体验的不同、成长环境的差异、兴趣爱好的差别以及对时代潮流感受的敏感度差距，师生交往过程中的交往言语经常出现“自说自话”、难以理解和沟通的问题，具体表现为两个方面：一方面是师生对言语表达背后的情感体验、精神内涵和特定文化意蕴的理解困难与隔膜，从而影响了师生交往的深度；另一方面是过分强调言语的工具性而剥夺了言语的情感功能，即教学互动过程中把言语背后的情感体验、意义价值完全剥夺，变成一种客观的知识陈述。在这种言语交往中，“教师的言语以陈述为主，知识被分解为碎片，缺乏师生对文本的参与性解读，言语的目的以学生获得的信息量、掌握的知识点为导向，忽视学生对知识的体验、理解和生成。语言的意义被凝固，无法生成新的意义”②。

三、高校思想政治理论课教学互动的实现模式

直面现代社会思想政治理论课教学互动实现的困境，是为了避免过分理想化，而将其置于更加具体、更加真实的现实处境中，从而探讨出思想

① 汪澜：《建构新型师生主体交往关系》，《中华读书报》，2003 年 9 月 17 日。

② 张向阳：《高校师生交往的困境及出路——基于交往理性的视角》，《教育探索》2009 年第 11 期。

政治理论课教学互动的实现模式。现代社会背景下，思想政治理论课教育互动的实现模式，包括以下三方面的内容：

第一，以促进人的全面协调发展为目标。思想政治理论课教育的根本目的是“提高认识世界和改造世界的能力，在改造客观世界的同时改造主观世界”①。具体到现代社会，则是要教育主体克服“道德人”、“经济人”、“神性人”、“工具人”的局限，真正按照人的属性实现人的物质与精神、科技与人文、政治与道德、生理与心理、知识与能力等方面的全面协调发展，使人真正成为“完整的人”。② 以人的全面协调发展作为教育目标，要求思想政治理论课教育互动不能停留在形式层面，不能满足于简单的理论灌输和知识传递，而要强调学生主体性的参与，通过主体之间真诚、合理、坦诚的交往，实现精神交往、价值碰撞和文化交流，推动人的主体性发展，并最终促进人的全面发展。

值得强调的是，培养学生的批判精神应当成为思想政治理论课教学互动的目标之一，这既是思想政治理论课教育互动得以形成的条件，也是教育互动价值实现的必要前提。为此，有学者呼吁，思想政治理论课教学应当注重培养学生“建设性反思批判精神”。所谓“建设性反思批判精神”，是指对社会现象的分析研究要通过反思批判这样一种理性的思维活动，实事求是地肯定应该肯定的东西，否定其中应该否定的东西，并根据这种分析提出积极的建设性的改进意见和方案，从而促进社会进步，减少社会在发展过程中付出的代价。③ 为了培养学生的“建设性反思批判精神”，思想政治理论课教育互动应当鼓励学生的怀疑精神，创造条件让学生表达自己的真诚想法，允许学生对教师的观点说不，在此基础上对学生的观念和价值倾向进行有针对性的引导，从而为人的主体性发展提供条件。

第二，以构建师生平等对话的情境为方式。营造师生平等对话的情境，是构建现代思想政治理论课教学互动的关键环节。从教师的角度来看，需要做到以下三点：

① 张耀灿、郑永廷、吴潜涛、骆郁廷等：《现代思想政治教育学》，人民出版社 2006 年版，第 136 页。

② 张耀灿、郑永廷、吴潜涛、骆郁廷等：《现代思想政治教育学》，人民出版社 2006 年版，第 142 页。

③ 彭慧蓉：《建设性反思批判精神的培养是高校思想政治理论课的职责》，《教育探索》2009 年第 12 期。

一是要树立高度尊重学生的伦理观。教师应当树立“以生为本”的理念，高度尊重学生的主体性，充分肯定其独立性、自主性、能动性和创造性，并着眼于主体性的发挥和培养，通过教育对话，促进学生的全面发展。在教育互动的过程中，教师需要关注和研究学生的需求及其特点，根据学生的需要及其特点，把握他们的思想状况，在此基础上制定切实可行的具体教育目标，选择丰富的、适应其需要的教育内容，采取恰当的互动方式，从而在满足社会需要的同时，也尽量满足学生的需要。

二是在角色上注重移情与换位思考。教师和学生由于年龄、成长环境以及社会角色方面的差异，在思想观念、价值取向乃至言语表达上存在着一定的差异。怎样才能缩小或者消除这种差异？最关键的是在教学互动中巧用“移情”。所谓“移情”，就是站在他人的角度，替他人着想，体会与他人类似的情感。① 发挥“移情”在思想政治理论课教育互动中的作用，一方面，教师要体谅学生，设身处地地从学生的角度来思考问题；另一方面，要创设情境，引导学生替他人着想，从他人的角度来思考问题。只有师生双方都体谅对方，才会出现平等对话的场景。

三是在语言表述上注意生活化和时代化。按照哈贝马斯的理论，要保证语言的有效性、实现真正的交往，必须满足“可领会性、真实性和真诚性”三个方面的要求。② 为了满足“可领会性、真实性和真诚性”三个原则，教师在语言的使用上，一是需要注意将教材体系转换为思想体系、将理论语言转换为生活语言，采用贴近学生、贴近生活的表述方式来开展教学互动。二是注意语言表述的时代化。富有鲜活生活气息的时代语言承载了师生共同的时代背景和生活记忆，拉近了师生之间的距离，有助于促进师生之间的平等交流。三是在语言表达中要投入感情、展示真诚。只有以心换心、以情动人，才能实现真正的教学互动。

第三，以走向实践、面向生活为旨趣。马克思主义认为，实践是理论的源泉、目的、发展动力和检验的标准。实践是理论的生命之源、生活之源、本真之源。丰富的实践经验为理论的生成和发展提供了丰富的思想资源和理论动力。思想政治理论课教育主要是一种理论教育，但它的价值却

---

① 沈红梅：《移情——浅谈德育工作中的换位思考法》，《中国教师》2009 年第 8 期。

② ［德］哈贝马斯著，张博树译：《交往与社会进化》，重庆出版社 1998 年版，第 3 页。

体现为一种实践价值。为此，面向生活、走向实践，坚持理论联系实际，是思想政治理论课教育的基本原则。

面向生活、走向实践也是实现思想政治理论课教学互动的内在要求。在哈贝马斯的交往理性理论中，生活世界是与经济、政治等社会系统划分边界的公共领域，交往理性只能发生在生活世界之中。生活世界可以发展出一种以交往理性为基础的民主思想和公民社会力量，以抵制体制对生活世界的侵蚀。走向生活世界，是交往理性的旨趣所在和根本原则。尽管生活世界和交往理性具有理想化的色彩，但对开展互动教学还是具有一定的启示意义的。作为一种交往行为，思想政治理论课教学互动的着眼点不是远离主体的客观知识或者理论，而是发生在主体与主体之间的真实、真诚的活动，其最终的目标指向师生本质力量的发展和实践能力的提升，为此，必须走向实践、面向生活。

思想政治理论课教学只有回归生活世界、关注时代发展和学生成长需要，才能真正实现教学互动。实践的不断发展为思想政治理论课教学提出了新的任务和要求，也成为师生教学互动的重要背景。同时，思想政治理论课教学互动只有深入到学生的真实生活中，才能真正影响主体，并最终对社会发展产生影响。因而，思想政治理论课应当建立在对个体真实生活的尊重、理解基础之上，关注学生的各种需要，把对个体的发展作为其着力点，为主体的全面发展提供各种资源，只有这样才能保证在教学互动过程中不断提升人的本质力量。

（刘小龙　广东药学院）

“概论”课教学创新的三个要素

“概论”课作为高校思想政治理论课“05方案”的核心课程，在大学生思想政治理论教育中具有非常重要的作用。如何使“概论”课成为大学生真心喜欢而又终身受益的一门课程，是广大“思政”课教师不断探索、实践和研究的重要课题。在教学中，要把握好继承与创新的关系，在继承中创新，在创新中继承，既要做到继承，更要注重创新。

一、吃透教材，做到心中有数是搞好“概论”课教学的基础

吃透教材，是一个教师上好课的前提和基础。吃透教材主要是要把握教材的整体理论框架，掌握理论的精髓，重点把握好课程的总目标和每一个子目标，并按照要求，讲清重点、讲透难点、抓住热点和学生兴奋点，只有这样才能在教学过程中做到心中有数。

“概论”课主要讲授中国共产党把马克思主义基本原理与中国实际相结合的历史进程，充分反映马克思主义中国化的两大理论成果，承担着提高大学生政治理论素养、树立马克思主义信仰、坚定社会主义信念、增强投身中国特色社会主义建设自觉性、做中国特色社会主义建设的骨干人才的任务。通过该课程的教学，学生能够正确认识马克思主义中国化的两大理论成果在指导中国革命和建设及改革中的重要历史地位和作用，掌握中国化马克思主义的基本理论和精神实质，帮助他们树立科学社会主义信仰和建设中国特色社会主义的共同理想，增强执行党的基本路线和基本纲领的自觉性和坚定性，增强学生全面建设小康社会、和谐社会及实现社会主义现代化的自觉性、主动性和创造性，学会运用中国化马克思主义的立

场、观点和方法分析问题和解决问题，通过学习促使学生成为中国特色社会主义的合格建设者和接班人。

“概论”课教材共十五章，分为马克思主义中国化概述、新民主主义革命和社会主义革命理论、中国特色社会主义建设理论三个部分。每一个部分的主要内容和目标要求都非常明确。第一部分：马克思主义中国化概述（包括第一章和第二章），通过这个部分的教学，使学生理解马克思主义中国化和中国化马克思主义的必然性、必要性及其辩证关系。第二部分：新民主主义革命和社会主义革命理论（包括第三章和第四章），通过这个部分的教学，使学生了解和掌握新民主主义革命的背景、革命的总路线、革命道路、革命的基本经验和社会主义改造与向社会主义过渡的必然性及总路线、社会主义制度确立的意义。第三部分：中国特色社会主义建设理论（包括第五章至第十五章），这部分的内容是本课程的重点和核心，通过这个部分的教学，使学生了解和理解“什么是社会主义，怎么样建设社会主义”等重大理论问题和现实问题，从而从理论上理解、信仰和坚定社会主义的信念，增强投身中国特色社会主义建设的积极性和主动性，并增强学生的民族自豪感、自尊心和坚持中国共产党领导的信念和信心。

立足教材体系，在教学过程中实现教材体系向教学体系的转化，在教学内容组织上，要遵循人类思维形成和发展规律及学生身心成长规律与特点，落实“注重理论教学效果、强化教学过程互动、立足学生能力培养、关注学生个性发展”的教学理念，紧紧抓住教学重点、教学难点、学生特点和实践教学的契合点，并着力实现这四个“点”的有机统一。

首先，突出教学重点。“概论”课的教学重点包括理论重点、讲授重点和认识重点三个层面：从理论层面来讲，重点是建设中国特色社会主义；就课堂教学层面而言，教师应讲清中国特色社会主义的基本理论；从学生的认识角度来说，通过本课程的教学，学生能够正确认识人类社会发展规律、社会主义建设规律和共产党的执政规律这“三大规律”，科学认清马克思主义中国化的理论成果对中国革命、改造、建设和改革开放的重大影响与指导意义。

其次，突破教学难点。“概论”课程具有较强的理论性和实践性，教学难点很多。比如，如何认识社会主义改造与社会主义改革之间的关系；如何正确理解社会主义民主、自由与人权；中国共产党怎样始终代表先进文化的前进方向；如何正确理解独立自主的和平外交政策的时代价值；如何理解中国特色社会主义事业依靠力量的新内涵；如何正确理解中华民族的伟大复兴与当代大学生历史使命的关系等。教师通过相互学习和交流，通过集体研讨和探究，引导学生深化对这些难点问题的理解，从而起到释疑解惑的作用。

再次，把握学生特点。现在的大学生都是“90 后”，正处于世界观、人生观、价值观逐渐定型并走向成熟的时期。面对多元化的社会，有些大学生感到困惑和迷茫，尤其是面对越来越激烈的社会竞争，使大学生的学业和就业压力不断加大。于是，不少大学生趋向于选择功利性的人生价值观，这说明大学生群体对科学理论有着客观上的需求。因此，思想政治理论课教师必须对大学生的思想和实际问题有所洞察，并在“概论”课教学中引导学生学习马克思主义理论，掌握中国化马克思主义理论的精神实质和科学内涵，从而使学生接受和认同马克思主义理论。

最后，体现实践教学契合点。从理论与实践的关系和人类思维发展规律来看，任何真理性的认识都是要经过实践—理论—再实践—再上升为理论，最后形成自觉行动的过程。因此，针对这个特点，组织好学生的实践教学活动，是理论教学不可替代的重要环节。“概论”课程开展实践教学，可以使学生看到改革开放和现代化建设的成就，增强民族自信心和自豪感，提高他们投身社会主义建设的积极性。

二、把握学生，做到有的放矢是搞好“概论”课教学的关键

如果说吃透教材是解决“教什么”的问题，那么，把握学生就是实施“怎么教”的前提。现代教育观念认为，学生是思想政治教育的主体，教学效果的好坏与学生的主体性发挥与否及发挥程度的多少有着直接的关系。

首先，教学要尊重学生。尊重学生的主体地位和个性差异，有针对性地开展教学，激发学生的主体意识，充分调动学生主动学习的积极性。现在很多高校文理科兼招，相比较而言，高中时期学文科的学生对思想政治理论课的兴趣稍大些，因为他们有一定的理论基础，对教师的理论分析和对问题的看法容易产生共鸣。但是理科类学生就明显差些（当然也有例

外）。尤其是一些特殊专业的学生，如艺术类的学生，文化课基础较弱，加上专业学科的课业紧，他们没有太多的时间来弥补人文学科的相关知识。因此，上课的时候，教师提出的各种问题，即使是一些相对简单的问题他们都可能无法回答，更谈不上理解和产生共鸣，结果导致课堂上师生互动无法顺利开展。针对这种情况，教师应该尊重学生的主体地位，在教学中应尽可能把理论教学和学生的学科背景与专业知识联系起来。对有文科背景的学生，“概论”课教学应尽量避免与中学的内容重复，要注重对各类问题的理论分析，尤其是要在理论分析的深度与广度上做文章，让学生感觉学有所获。对于理科背景的学生应该更加注重理论整体框架的把握，注重理论历史脉络的厘清与分析。而对于一些特殊专业的学生，教学中要充分发挥学生专业优势在理论教学方面的作用。例如，在教授第十章关于中国特色社会主义文化建设内容时，可以鼓励美术类专业学生用漫画的形式表现“八荣八耻”等社会主义核心价值观，然后评选出优秀作品在课堂中展示，创造条件让学生参与到课程教学中来，教学效果肯定会比教师一人唱独角戏要好得多。

其次，把握好第一节课。只有把握好第一节课才有可能把握好每一节课。由于各方面的原因，上第一节课时学生都会来得较齐，这也表明学生对“概论”课是有所期待的，因此把握好第一节课是相当重要的。在第一节课上，教师除了对整个学期的安排作好交代外，最重要的是了解学生对所开课程“先入为主”的看法以及产生这些看法的原因，尽量消除学生对“概论”课程的误解、偏见和抵触情绪，使他们转变态度开始喜欢这门课。因此，精彩的第一节课是课程教学的良好开端，也是提高学生的学习积极性和主动性的关键。

三、方法得当，做到灵活多样是搞好“概论”课教学的重要手段

教学方法就是解决“怎么教”的问题。在遵循教师主导与学生主体相统一、内容规范与方法多样相统一、理论与现实相统一的原则下，“概论”课教学要灵活采用多种教学方法，始终坚持教师引导和启发学生主体积极参与。在“概论”课的教学实践中，为了提高教学质量，应继承与创新多

种教学方法。其中，最主要的教学方法有以下几种：

第一，理论联系实际讲授法。这是“概论”课程必不可少的教学方法，也是一种传统的教学方法。在运用这种方法时，应注意对它的继承与创新。通过对教材内容的阐述和对其他相关材料的介绍，使学生了解事件发生的背景、理解政策制定的必然性、掌握理论体系的整体框架。这就要求教师要有比较深厚的理论功底和比较广的知识面，在讲课中尽量做到引经据典、理论联系实际，这样才能深受学生喜爱。为了提高教学实效，使毛泽东思想和中国特色社会主义理论真正“进入学生头脑”，在组织教学、讲授内容时，要注意调动学生的参与意识和学习的能动性、积极性，力求台上台下思维活动统一和谐，实现师生思想认识的共鸣。

第二，突出启发式和讨论式教学。对于重要人物、重大事件及学生有疑问的地方，应鼓励学生在课堂学习中及课后开展有组织的讨论，激发学生的学习兴趣，提高学生对事实和问题的分析与辨别能力，逐步培养他们理论联系实际地认识问题、分析问题和解决问题的能力。

第三，重视开展形式多样的实践教学。理论与实践相结合是“概论”课程教学的重要方法，也是明之以理、导之以行的关键。通过多种形式的实践教学，让学生看到我国改革开放和现代化建设的成就，感受到伟大祖国前进的动力，从而增强民族自信心和自豪感，并提高投身社会主义建设的积极性。因此，教师应利用各种手段、采取多种措施、创造各种条件进行课内与课外、校内与校外相结合的多种形式的实践教学。实践证明，实践教学具有其他教学方式所不具备的优越性，恰当的实践教学能够起到事半功倍的教学效果。

“概论”课教学要坚持理论联系实际，坚持贴近实际、贴近生活、贴近学生。只有这样才能使毛泽东思想和中国特色社会主义理论真正“进入学生头脑”，帮助大学生坚信马克思主义指导思想、坚定社会主义理想信念、明确自身所肩负的历史使命，实现大学生对党的理论的“真学、真懂、真信、真用”的目标。

（雷新兰　广州航海高等专科学校）

解决“纲要”课和“概论”课内容重合的教学对策

根据“05 方案”，本科院校的思想政治理论课开设了“法律基础和思想道德修养”、“中国近现代史纲要”（以下简称“纲要”课）、“毛泽东思想和中国特色社会主义理论体系概论”（以下简称“概论”课）、“马克思主义原理”等四门主干课程。这四门课程中，“纲要”课和“概论”课之间有非常多的内容是重合的。这个问题如果在教学中得不到妥善解决，必将影响教学实效性的提高。在有关“纲要”课和“概论”课教学改革的诸多研究中，有相当多的教师认识到了这两门课程之间内容重合的问题，有的也提出了一些解决的办法，但甚少有专文全面深入论述这一问题。[①] 本文在借鉴已有研究的基础上，拟专门就这一问题作更为宏观、全面、深入的探讨，以期能对提高“纲要”课和“概论”课的教学实效性有所裨益。

一、“纲要”和“概论”两门课程之间重合的内容

要解决“纲要”和“概论”两门课程之间内容重合的问题，首先就应明了二者之间究竟哪些内容是重合的。经过认真的比对，笔者找出了两门课程之间主要重合的内容。具体内容见下表。

---

① 李松林的《“纲要”“概论”两门课交叉内容的讲授法》（《思想理论教育导刊》2007 年第 7 期）即是笔者所见仅有的探讨解决“纲要”、“概论”两门课程内容重合问题的专文，该文提出了一些具体的教学方法。比如，如何讲授“纲要”课第五章“中国革命新道路”和“概论”课第三章第三节“新民主主义革命的道路和基本经验”之间重合内容的具体方法，这对于解决重合问题是有所帮助的，但从宏观上说还不够全面深入。

“纲要”和“概论”两门课程之间重合内容一览表

课程名称	中国近现代史纲要	毛泽东思想和中国特色社会主义理论体系概论
重合内容	上篇综述第二目、第三目	第三章第一节第一目
	第五章	第三章第三节第一目、第二目
	第六章第四节第六目	第二章第一节第一目、第三章第二节、第十五章第三节第一目
	第七章第三节	第九章第一节第四目
	第七章第四节第三目	第三章第三节第二目
	第八章	第四章
	第九章	第五章第一节
	第十章第一节第一目	第二章第一节第二目
	第十章第一节第三目	第一章第二节第三目
	第十章第二节、第三节	第七章第一节、第二节
	第十章第三节第一目	第五章第二节第一目
	第十章第四节第一目	第六章第三节第二目

从上表不难看出，“纲要”和“概论”两门课程之间存在大范围的内容重合：既有两门课程之间整章内容基本是重合的，也有这门课程一整章与另一门课程某一章的一些节、目之间内容基本是重合的，还有两门课程之间某些章的多个节、目之间内容基本是重合的。

除此之外，还存在着一些小范围小方面的内容重合，限于篇幅，在此不一一赘述了。

二、“纲要”和“概论”两课之间内容重合的必然性

作为独立的两门课程，“纲要”课和“概论”课之间之所以有着如此大范围的内容重合，是因为这其中存在着一种必然性。

“05 方案”规定：“纲要”课主要讲授中国近代以来抵御外来侵略、争取民族独立、推翻反动统治、实现人民解放的历史，帮助学生了解国史、国情，深刻领会历史和人民是怎样选择了马克思主义、选择了中国共

产党、选择了社会主义道路的；而“概论”课则着重讲授中国共产党把马克思主义基本原理与中国实际相结合的历史进程，充分反映马克思主义中国化的三大理论成果，帮助学生系统掌握毛泽东思想、邓小平理论和“三个代表”重要思想基本原理，坚定在党的领导下走中国特色社会主义道路的理想信念。

显然，“纲要”课所涉及的时间段是中国的近代和现代，即从1840年到现在，而中国共产党把马克思主义基本原理与中国实际相结合，产生马克思主义中国化三大理论成果的历史进程正是在这个大背景下发生的。同时，中国共产党人把马克思主义基本原理同中国实际相结合的历史活动，也正是近代以来整个中华民族为完成“争取民族独立人民解放，实现国家富强人民富裕”历史任务所进行的各种探索实践的重要组成部分。因此，“纲要”和“概论”两门课程在内容上就不可避免地会有大范围的重合。

三、解决“纲要”和“概论”两课之间部分内容重合的必要性

“纲要”和“概论”两门课程之间不可避免地会存在诸多内容重合的问题，如果不在教学中想方设法地去加以解决，教学效果将会大打折扣。

“05方案”规定，“纲要”课是2学分、32个教学课时。这门课程从时间跨度上说非常长，从1840年一直延续到了当今社会；从课程的内容上说非常广，涉及政治、经济、思想、文化、社会、军事、外交、民俗等方面。尽管学生在中学阶段都学过中国近现代史，对中国近现代历史的基本线索、基本事实，尤其是中国共产党领导中国人民进行革命、建设和改革的历史进程有基本的了解，已经大体上知其然，但是总体上说还是不知其所以然，对中国人民为什么选择马克思主义、选择中国共产党、选择社会主义的历史必然性缺乏深入的认识。由知其然上升到知其所以然，由感性上升到理性，提升对中国近现代历史的认知深度，这正是“纲要”课的追求和价值所在。但在有限的32个学时内，要很好地实现这个目标，从而完成教学任务，显然是一个相当大的挑战。而“概论”课有长达96个学时，相对来说有更充裕的教学时间。如果能在教学中正确解决两门课程之间部分内容重合的问题，将产生两个方面的积极作用：一是在先行开展的“纲要”课教学中，可以将重合内容中的一些需要进行理论阐述和分析的部分

主要放在“概论”课进行，这无疑将在很大程度上缓解“纲要”课教学时间紧的窘况，使“纲要”课能有相对多一点的时间进行历史过程的推导，并且还可以将学生探究理论的热情保持到“概论”课的学习当中；二是在随后开展的“概论”课教学中，可以略述马克思主义中国化理论成果形成发展的过程，而把教学重点放在理论的分析演绎方面，这就既能使学生持续保持理论学习的积极性，又可以避免教学中了无新意的重复教学，从而最大限度地抑制住学生学习理论的疲劳感。因此，在教学中尽量解决两门课程之间内容重合的问题对于教学实效性的提高是十分必要的。

四、“纲要”和“概论”两课之间内容重合问题的解决办法

1. 召集两门课程的任课教师集体备课

在一般高校，这两门课程的任课教师，分属于“纲要”教研室和“概论”教研室；在学科背景上，多集中在中国近代史、中共党史、马克思主义思想政治教育、政治学等专业上；在教学上，有的教师专上“纲要”课，有的教师专上“概论”课，也有的教师两门兼上。以笔者所在广东省省属的一所普通本科院校为例，在学科背景方面，教师基本都是上述专业出身；在教学方面，“纲要”教研室约有一半教师专上“纲要”课，一半的教师兼上两门课程，“概论”教研室约有三分之二的教师专上“概论”课，三分之一的教师兼上两门课程。在两门课程之间内容有相当多重合的情况下，如果不把两个教研室的教师召集起来集体备课，将会对教学产生很明显的消极影响：一是使教师对两门课程的教学内容缺乏全面了解、整体把握。两门课程兼上的教师或许还能对两门课程有一个整体的把握，而专上一门课程的教师则可能对另外一门课程了解得不是很全面。教师对两门课程之间内容存在着重合的情况肯定是知情的，但到底有哪些内容是重合的，重合的程度有多高，还是缺乏整体把握、深入了解。在这种情况下开展教学，教师就只能是简单地按照教学大纲的要求去教学，不可能做好内容方面的详略取舍，这就可能使本来时间就很紧促的“纲要”课程显得更紧张，导致教师什么都讲了但可能什么都没有时间讲透；而对于“概论”课而言，就可能更容易使学生因为重复学习而产生学习理论的疲劳感。二是任课教师会习惯性地按照自己的学科专业背景及学术兴趣开展教

学，该详不详，该简不简，不能很好地实现教学目标。这两种状况必然都会影响到教学实效性的提高。所以，召集两个教研室的任课教师集体备课是很有必要的。

在集体备课会上，主要解决三个问题：一是对教材内容的整体把握，对重合的内容了然于胸，对恰当处理两门课程之间内容重合问题的重要性要有深刻认识；二是要明确课程的各自定位及其特点；三是对两门课程之间详略取舍的原则要达成共识。

2. 明确两门课程的各自定位

只有明确了两门课程各自的定位，才能确定基本的教学原则，解决两门课程之间内容重合的问题。"05 方案"规定："纲要"课主要讲授"中国近代以来抵御外来侵略、争取民族独立、推翻反动统治、实现人民解放的历史，帮助学生了解国史、国情"，这充分表明"纲要"课具有鲜明的历史学特性，但让学生学习历史了解国史国情，并不是开设"纲要"课的主要目的，实际上开设"纲要"课的目的是让学生"深刻领会历史和人民是怎样选择了马克思主义、选择了中国共产党、选择了社会主义道路"，进而增强并确立对马克思主义、中国共产党和社会主义道路的信念，这就表明"纲要"课又是一门寓思想政治教育于历史教育之中的思想政治理论课。因此，笔者认为"纲要"课是一门兼具"历史学"和"思想政治理论课"两门课程特性的课程，具有明显的"二重性"。

而"概论"课则显然是一门比较纯粹的思想政治理论课，因为这门课程着重讲授中国共产党把马克思主义基本原理与中国实际相结合的历史进程，充分反映马克思主义中国化的两大理论成果，帮助学生系统掌握毛泽东思想和中国特色社会主义理论体系，坚定在党的领导下走中国特色社会主义道路的理想信念，尽管也涉及马克思主义中国化理论成果形成发展过程的论述，但最主要的还是对理论成果本身的分析和阐述。

3. 遵循有详有略的教学原则

根据两门课程的各自特性，可以在教学中运用有详有略的原则去解决两门课程之间内容重合的问题。

因为"纲要"课是一门兼具"历史学"和"思想政治理论课"两门课程的特性，具有"二重性"的课程，所以在教学中，讲授与"概论"课重合的内容时，重点是从史实出发，详细分析和说明历史过程、历史经验和历史规律，阐明中国近现代的基本问题和相关理论观点，而不必要作过多的理论分析，点到为止即可。

而“概论”课则是一门比较纯粹的思想政治理论课，所以在教学中，讲授与“纲要”课重合的内容时，重点是从理论上进行阐述和分析，而对于理论形成发展的过程则不必详细地分析，简略交代即可。

比如，“纲要”课第五章“中国革命新道路”整章与“概论”课第三章“新民主主义革命理论”第三节“新民主主义革命道路和基本经验”的第一目“新民主主义革命的道路”、第二目“新民主主义革命的三大法宝”之间存在较多的重合。“纲要”课的两节“对革命新道路的艰苦探索”、“中国革命在探索中曲折前进”对以毛泽东为代表的中国共产党人艰难探索中国革命新道路的历史过程作了非常详细的叙述，但对于“农村包围城市、武装夺取政权”新道路的理论则没有进行分析甚至没有谈及，所以，根据“纲要”教材本身的编写及“二重性”的课程定位，在“纲要”课教学中，对中共探索新道路的过程就应该详讲，目的是让学生认识到中国革命走“农村包围城市、武装夺取政权”新道路的历史必然性，而对中国革命新道路的理论本身不必作过多分析。

而在“概论”课第三章第三节“新民主主义革命的道路和基本经验”的教学中，尽管教材中也对中共探索革命新道路的过程进行了论述，但因为“纲要”课作了详细的讲述，学生已经了解中国革命走“农村包围城市、武装夺取政权”新道路的历史必然性，同时也因为“概论”课的课程定位，因此，在“概论”课的教学中，对革命新道路的探索过程只需简单交代即可，可把重心放在详细阐述和分析中国革命新道路理论上。

经过几年的教学实践，我们认识到虽然“纲要”和“概论”两门课程之间不可避免地会有相当多的内容重合，但是只要采取有效的应对之策，这个问题基本上是可以得到解决的，这既可以在一定程度上缓解“纲要”课教学时间紧促的状况，又可以尽可能避免学生因为重复教学而产生理论学习的疲劳感，从而更好地提高两门课程的教学实效性。

（蔡朝晖　广东技术师范学院天河学院）

史实材料在“概论”课教学设计中的选择与应用

“概论”课程内容本身体现了一个不断变化的基本思想和过程，无论是宏大的理论框架，还是具体的思想和制度延革，都体现出了理论以现实为依据、变革以理论为指导的基本思想。要把“概论”这门课讲活、讲通，就必须注意到这点，并把“历史变革”这个重要概念带入课堂。史实清楚，理论自然明了；史实混乱，甚至撇开史实进行单纯的理论灌输，只会带来枯燥、乏味的课堂效果，这与“活的灵魂”这一概念不相适应。

根据“05 方案”的规定，专科学校不开设“纲要”这门课程，这使学生的近现代史知识不足，而中学时期的历史课又不足以支撑“概论”教学所涉及的理论体系和历史背景。基于这个前提考量，笔者提出史实材料在“概论”课教学设计中选择与应用的基本问题。

一、课程设计中史实材料选择的必要性

按照“05 方案”的基本要求，“概论”课程“着重讲授中国共产党把马克思主义基本原理与中国实际相结合的历史进程”。在实际的课程设计中，应该着重突出“历史进程”这一关键点所在，我们有必要通过积累一系列历史背景材料，从而为理论的发展过程作出铺垫，体现课堂的生动性，并增强理论的现实说服力，从而把这门课程讲实、讲活。①

第一，史实材料是马克思主义中国化理论成果变化发展进程的最直观

① 顾海良：《高校思想政治理论课程体系的演化及其基本特点》，《教学与研究》2007 年第 2 期。

反映。

马克思主义中国化理论成果的内涵和外延都具有相当的深度和广度。就内涵来讲，包括三个方面：一是马克思主义中国化就是运用马克思主义解决中国革命、建设和改革的实际问题；二是马克思主义中国化就是把中国革命、建设和改革的实践经验和历史经验提升为理论；三是马克思主义中国化就是把马克思主义植根于中国的优秀文化之中。

如果仅仅从理论的角度来概括这三项内容，就会显得单调而枯燥，毛泽东曾经说过："我们要把马、恩、列、斯的方法用到中国来，在中国创造出一些新的东西，只有一般的理论，不用于中国的实际，打不得敌人。但如果把理论用到实际上去，用马克思主义的立场、方法来解决中国问题，创造些新的东西，这样就用得了。"在这里，"解决中国问题"是基本的史实知识点所在，通过对基本历史发展进程的梳理，我们可以很清晰地明了一个基本观点，那就是毛泽东思想、邓小平理论、"三个代表"重要思想和科学发展观都是与特定的历史过程相统一的，都是马克思主义基本理论与中国具体历史事实相结合的产物。①

新民主主义革命、社会主义革命和社会主义初期的建设孕育了毛泽东思想的基本理论观点，我国改革开放和现代化建设的历史实践催生了邓小平理论的基本思想，"三个代表"重要思想的产生则是当代世界和中国的发展变化对新时期理论需求的最直接体现，科学发展观更是直接地反映了我国发展的历史阶段性特征。

把史实材料纳入整个马克思主义中国化进程的课堂讲授中，可以使我们在教学过程中把抽象的理论体系变化转变为生动的、活泼的历史过程，更直观地呈现理论的历史继承性。

第二，史实材料的运用能够有效地体现理论变革的延续性。

历史的发展是有延续性的，理论体系的构建也是一脉相承的，但如何把这种延续性表现出来，却有着不同的选择。具体到"概论"课的教学中，一方面，我们可以通过对理论本身内容的阐释来表现这一过程；另一方面，我们也可以通过对史实的铺垫来展现理论内容是如何随着历史条件

① 马彦武：《教好"毛泽东思想概论"课需要三个基本功底》，《毛泽东思想研究》2004 年第 2 期。

的变化而发展变化的。[①]

邓小平在谈到社会主义社会基本矛盾理论时曾说过："指出这些矛盾，并不就完全解决了问题，还需要就此作深入的具体的研究。"在这里，"这些矛盾"就是最基本的史实材料。对于"矛盾"的理解是随着中国社会形势的发展而变化的。从社会主义制度建立初期到十一届三中全会以后，这种"矛盾"也从"以阶级斗争为纲"的极左路线思路下脱离了出来，转变为"深入的具体的研究"成果——我们党关于社会主义社会基本矛盾的理论。

史实材料运用得当，可以为理论的解析添砖加瓦；若运用不当，则可能使本就抽象的理论体系更显杂乱无章。在阐释"概论"课程中理论体系的延续性时，适当地融入史实材料并进行有效组合，将会使我们的教学工作取得事半功倍的效果。

第三，史实材料融入课堂教学可以有效地增强理论讲授的生动性。

理论化、抽象性是两课教学中永远无法回避的问题，变枯燥为生动、变乏味为活泼也是"概论"课教学设计的重点之一。

整个"概论"课程的理论体系都深深扎根于中国的历史和现实沃土之中，从其产生伊始，就契合了中国社会、政治、经济、文化等方面翻天覆地变化的要求。在逐渐地发展、完善过程中以及在指导中国革命和建设的过程中，彰显出其蓬勃的生命力。

从史实的角度讲授这一理论体系产生、形成和发展的历史过程，可以把系统的、动态的中国革命和建设的历史完整地展现在学生面前，使学生非常清晰地了解到中国的昨天，也更深刻地认识到中国的今天来之不易，从而在内心深处领会到"毛泽东思想和中国特色社会主义理论体系"对当代中国发展的意义，并从中得到人生的感悟和对未来的启示，树立正确的世界观、人生观和价值观。

在教学过程中，将史实与理论相结合，可以生动形象地说明这一系列理论体系产生的历史背景、重大进步和历史意义，使我们能在课堂上构建一个生动的理论发展框架。

---

① 冉绵惠、黄金辉：《浅谈"毛泽东思想概论"课教学中的四个结合》，《毛泽东思想研究》2001年第6期。

第四，史实材料的贯穿可以增强理论性课程的说服力。

理论的说服力来源于雄厚的历史根基，来源于与时俱进的发展脉络。“概论”课程的理论体系是关于中国革命和建设的正确的理论和经验的总结，是与中国革命的具体实践相结合而产生的。在这样一个庞大的理论体系中，贯穿了新民主主义革命、社会主义革命和社会主义建设等时期，横跨两个世纪，涵盖了经济、政治、文化、军事、外交、党的建设等领域，是中国历史上具有丰富内涵的理论宝库。

史实材料的引入使这些理论体系更丰满、更具有说服力。在课堂教学中，把重点理论问题的讲授与中国革命和建设的特殊发展规律结合起来，可以使学生更准确地理解马克思主义中国化理论成果的基本内容，坚定马克思主义的信仰。

二、课程设计中史实材料选择的基本原则

（一）坚持客观性与主观性相统一的原则

历史是客观的，但我们对于史实材料的选择却带有一定的主观性，这也是将史实材料融入到“概论”课程教学中的挑战之一。我们需要在纷繁复杂、浩如烟海的历史材料中选择对课堂教学有益的、具有说服力的、能够起到举一反三作用的例证进行运用。

一方面，史实材料的选择要有客观性，这种史实不是杜撰或者推断得来，而是以实实在在的、曾经发生过的历史事实为依据，在阐述历史变化的过程中，力求展现一个真实的社会和历史背景，为我们将要讲授的理论体系作一个坚实的铺垫。

另一方面，在具体选择哪些史实这个问题上，应该去粗取精、去伪存真。我们需要注意到，“概论”课并不要求对历史进行全面系统的阐述，而是要着重讲透、讲清这一理论体系的主要内容、发展过程、基本观点等，在某些情景下，正反两方面史实材料的选择与运用可以更有效地帮助学生掌握基本原理并运用到具体的实践中去。

（二）坚持历史脉络清晰性的基本原则

以史明理重要的一点就是要有一个清晰的历史脉络。以台湾问题为

例，如果不阐述清楚“一国两制”构想的由来及提出过程，以及与“九二共识”有关的历史过程和基本历史知识，就无法展开关于在“一个中国”前提下实现祖国统一大业的理论知识讲授。

选择脉络最清晰的史实，理顺历史发展的基本过程，有益于我们展开理论知识的学习和讨论，可以使我们在一个更大、更明确的框架下抓住问题的实质，并使学生融会贯通，把理论知识运用到具体的实践中去。

（三）坚持持续性与重点性相统一的原则

历史的发展变化总是具有持续性的，而理论体系的产生总是带有一定的重点性的。我们在把史实材料纳入到理论讲授的过程中时，要遵循注重史实的持续性与理论的重点性相结合的原则。①

以“建设有中国特色社会主义经济”这一理论体系为例，针对“建立社会主义市场经济体制”的基本问题，我们经历了从认识不明确，到提出“计划经济为主、市场调节为辅”，又经历了“在公有制的基础上有计划的商品经济”、“计划经济与市场调节相结合”、“计划与市场都是经济手段”、“建立社会主义市场经济体制”，直到最终明确提出了“完善社会主义市场经济体制”的目标和任务。

在这样一个历史过程中，与市场经济体制探索相关的是分配制度的改革过程，这些政策的变动是具有历史持续性的，我们需要理出一个头绪，抓住重点——生产资料所有制——这个基本概念，复杂的历史条件和社会变化自然就清晰。

三、实践课程中史实知识的运用——以“社会主义新农村”实践课程为例

建设社会主义新农村是在统筹城乡发展、逐步改变城乡二元结构的大背景下提出的，课本中“社会主义新农村”理论框架讲述的是我国“三农”问题发展的基本过程及未来工作的立足点和着力点，在实际教学中，

---

① 王艳：《把握史论结合的方法，搞好〈毛泽东思想概论〉教学》，《内蒙古电大学刊》2006 年第 3 期。

我们组织参观了学校附近的普宁市新坛村，通过实践方式来开展理论的学习。

自改革开放以来，党和政府特别重视“三农”工作，在各方面都取得了长足的发展，但“农业基础仍然薄弱，最需要加强；农村发展仍然滞后，最需要扶持；农民增收仍然困难，最需要加快”的基本情况还有待改善，在这种情况下，党的十六大提出了建设社会主义新农村的“生产发展、生活宽裕、乡风文明、村容整洁、管理民主”20字总要求，之后的一系列决议更为建设社会主义新农村指明了方向。

新坛村是普宁市社会主义新农村建设示范村，该村有500多年的历史，总面积2.7平方公里，人口1万多人，固定资产逾亿元，曾获“全省先进村党总支部”、“全国先进基层党组织”、“南粤尊师重教先进单位”、“广东省文明村镇”、“全国创建文明村镇工作先进单位”、“全国群众体育先进单位”等一系列荣誉称号。该村自十六大之后，豪情满怀地推进建设全面小康社会的进程，出台了“热爱家乡，美化家园，回报梓里，造福后代”的家园十年建设规划，并将体育健身硬件建设列入家园建设规划，之后几年持续投资1 000多万元，建成占地面积60亩，集观光、健身于一体的“新坛生态园”，村容村貌整洁大方，拓展了健身活动场地，优化了体育健身环境。从整体上来看，该村在发展农村集体经济、开展党员思想教育、维护社会和谐稳定、创建精神文明、推进基层党建等方面都取得了显著的成绩。

选择新坛村作为实践课程的教学基地，使我们在教学过程中能够把小范围内的村史脉络与宏观大背景下的国家历史变迁相结合，使我们的教学过程更生动、教学效果更直观，把枯燥的理论课堂变成生动的社会课堂，融思想性、历史性、知识性于一体。

（巴昭军　潮汕职业技术学院）

以学术和学科的眼光拓展和深化“概论”课教学内容

——以学习型政党和“概论”课第十五章的关系为例

事实、价值与实践是相互联系而又相互异质的三个方面。“概论”课的教材内容集中体现了中国革命、建设和改革实践中的理论成果。怎样在教学中正确处理事实、价值与实践的关系？怎样将“概论”课教材中大量存在的“官方话语”转化成学生能够接受的教学语言？怎样将人文社会科学的学术成果转化为“概论”课教学的思想资源和学科基础？解决这些问题，需要思政课教师不断紧跟学术发展步伐和提高理论修养，能够以学术和学科的眼光拓展和深化“概论”课的教学内容。本文以“概论”课第十五章“中国特色社会主义领导核心”为例，谈一谈如何运用政治学的“学习型政党”理论来拓展和深化“概论”课教学内容的设计。

一、以学术和学科的眼光在教学中引入“学习型社会”、“学习型政党”等概念

“概论”课的第十五章提出要以改革创新精神全面推进党的建设新的伟大工程，这是党在长期执政和改革开放条件下，必须着力解决的关键问题。党的十七大明确提出，要按照建设学习型政党的要求，加强党的建设，把建设马克思主义学习型政党的重大战略任务落到实处。但是，目前“概论”课还没有将“建设学习型政党”作为教材体系的内容。因此，可以将作为政治学研究内容的“学习型政党建设”及时融进第十五章“中国特色社会主义领导核心”一节之中，使课程内容能够与时俱进。

1968 年，美国学者罗伯特·哈钦斯首次提出“学习型社会”的概念。罗伯特·哈钦斯在《学习社会》一书中指出，学习型社会是以学习、成就、人格形成目的而成功地实现价值的转换，以便实现一切制度所追求的成功社会。1972 年，联合国教科文组织发表题为“学会生存”的研究报告，就曾预言，未来社会“最终将走向学习化社会”，“学习型社会”正式成为国际探讨教育和社会发展的理念。1992 年，美国学者彼得·圣吉在《第五项修炼》一书中，首先提出“学习型组织”概念，并认为未来唯一持久的优势是有能力比竞争对手学习得更快。1995 年，教科文组织的 21 世纪教育委员会在《学习——财富蕴藏其中》报告中提出“终身学习是打开21 世纪光明之门的钥匙”这一说法。2001 年 5 月，江泽民在亚太经合组织人力资源高峰会议上提出，面对 21 世纪的机遇和挑战，我们必须“构筑终身教育体系，创建学习型社会”。2002 年 8 月 14 日，《人民日报》发表题为“创建学习型政党”的评论，阐述了建设学习型政党的意义，强调“建设学习型社会，最重要的是要把我们党建设成学习型政党，充分发挥党组织在创建学习型社会中的示范作用”。2002 年 11 月党的十六大报告明确指出了全面建设小康社会的目标之一就是“形成全民学习、终身学习的学习型社会，促进人的全面发展”。2007 年 10 月，党的十七大明确提出，要按照建设学习型政党的要求，加强党的建设。学习型政党的含义是指“全体党员、各级党组织以学习作为根本态度，在学习中体验工作的意义与价值，创造性实现其政治目的或政治纲领的政党”①。通过向学生作以上介绍，使学生对学习型社会、学习型组织、学习型政党的理论来源与概念内涵有了初步的认识。

二、从时代发展与加强党的执政能力的高度引导学生理解“学习型政党”的意义

1. 时代发展客观要求建设马克思主义学习型政党

21 世纪是一个全球化、信息化、科技化的社会。倡导学习是时代发展

① 《中共中央关于加强和改进新形势下党的建设若干重大问题的决定》，《人民日报》，2009年9月28日。

的要求。世界在变化，形势在发展，中国特色社会主义实践在深入，不断学习、善于学习，努力掌握和运用一切科学的新思想、新知识、新经验，是党始终走在时代前列引领中国发展进步的决定性因素。我们正处在一个瞬息万变的时代，“变化”是当今世界唯一不变的东西。国与国之间、企业与企业之间的竞争，其本质是学习速度之争。学习的速度小于变化的速度就等于死亡。因此，只有学会学习，才能学会生存。

在21世纪，学习理念的变革源于信息社会、知识创新和知识经济的时代发展。在日益变革的人类发展潮流中，只有学习才是知识创新的源泉。此外，全球化使文化交流面临多元化的挑战，从文明的冲突到意识形态的斗争，文化激荡与文化融合同在。这给中国共产党坚持马克思主义的意识形态带来了前所未有的挑战。党在推进改革开放和社会主义现代化建设中肩负任务的艰巨性、复杂性、繁重性世所罕见。党的十七届四中全会明确提出要把建设马克思主义学习型政党，作为重大而紧迫的战略任务抓紧抓好。因此，建设学习型政党是时代性的重大课题。

2. 建设学习型政党是共产党人必须担当的时代责任

当前，党内的学习风气和学习情况总的来说是好的，多数党员干部学习自觉性比较高，各级党组织在组织党员学习方面取得了很大进步。但同时也必须清醒地看到，一些党员干部和党组织的学习状况确实不容乐观。有些党员干部不思进取、碌碌无为，不愿学；有些党员干部热衷应酬、忙于事务，不勤学；有些党员干部装点门面、走走形式，不真学；有些党员干部心浮气躁、浅尝辄止，不深学；有些党员干部食而不化、学用脱节，不善学。从组织学习方面看，有的学习制度不健全，或满足于把制度挂在墙上，却很少落实到行动上；有的开展学习思路不开阔，形式单一、方法简单，在引导党员加强日常学习、激发学习内在动力上缺乏有效措施；有的热衷形式，阵势搞得很大，但学习的针对性不强、学习效果不佳。这些问题，是与建设马克思主义学习型政党的要求相背离的，需要认真加以解决。建设学习型政党，就是为了使党能够为人民执好政、掌好权。对科学发展观的理解应该是全面的，科学发展必须包括政治的可持续发展。毛泽东同志说过：“人民要解放，就把权力委托给能够代表他们的、能够忠实地为他们办事的人，这就是我们共产党人。”① 人民之所以把权力委托给共产党人，是因为其能够代表他们的利益和要求，能够忠实地为他们办事。否则人民就会把自己的权力收回去。毛泽东在这里旗帜鲜明地回答了权力的来源，革命时期是这样，执政时期更是这样。苏联解体的深刻教训已经说明了这一点。胡锦涛同志指出，我们中国共产党之所以成为社会主义中国的执政党，是历史和人民的选择，但昨天的辉煌不是今天的“护身符”，打了天下并不意味着理所当然地永久坐天下。执政权力合法性的基础仍然来自于人民的支持。中国共产党只有紧跟世界发展潮流，成为一个充满活力的学习型政党，才能肩负起国家和民族的历史责任，完成时代赋予的崇高使命。

三、要引导学生认识学习型政党建设过程中必须要走出的几个误区

误区一：学习型组织理论是资本主义的东西，不适合用于共产党的政党建设。长期以来，党的建设比较注重经验，甚至是战争年代的经验。当前，我们需要完成从注重经验到注重科学的转变，需要积极吸收、大胆借鉴人类文明的有益成果。我们党提出“学习型社会”、“学习型政党”，的确是在借鉴政治学、社会学、管理学等学术成果，根据中国的实际需要提出来的。由于学习型组织的基础是西方文化的实证科学，其克服了随意性和“只可意会，不可言传”的神秘主义色彩，有其科学性的一面。20世纪下半叶，组织化、社会化学习逐步受到重视，引发了对于学习的科学管理的探索。学习方式与组织变革的内在契合，对中国共产党的组织现代化以及保持党的先进性，有着重要的指导意义。

误区二：只学习政治理论。党员干部学习政治理论是不断提高领导水平和强化执政能力的路径之一，重视干部政治理论学习也是我们党的事业取得成功的一条宝贵历史经验，但并不是唯一的途径。有些党员误认为自己是从事党务、行政工作的，只要政治理论功底扎实就行。政治理论学得多，科学文化知识等钻研得少，对掌握更多的知识的重要性认识不足。全

① 《毛泽东选集》（第4卷），人民出版社1991年版，第1128页。

球化、信息化和知识化，要求党员干部要实现“四化”，单纯的政治理论学习显然不能应对复杂的社会环境。面对许多新的问题，除了政治理论学习外，我们的学习应进行转型升级，同时还要学习现代化建设所需要的经济、政治、文化、科技、社会和国际等各方面知识，学习反映当代世界发展趋势的现代市场经济、现代国际关系、现代社会管理和现代信息技术等方面的知识。

误区三：为学习而学习。把学习型政党的学习仅仅当作传统学习的延续或者简单的加码，重复过去的那些运动式的学习管理方式和形式主义的做法。只注重理论上、书本上的学习，忽视学习内容在实践中的运用。毛泽东就曾经批评过有些党员干部“把兴趣放在脱离实际的空洞的‘理论’研究上”[①]。要清楚认识到，尽管建设学习型政党的前景十分美好，但如果把它视为党建目的则是十分危险的。学习型政党的缔造不是最终目的，而是要通过学习型政党建设的种种努力，引导出一种不断创新、不断进步的新观念，从而使党组织充满创新的活力，为人民执好政、掌好权。因此带领人民创造美好的未来才是缔造学习型政党的最终目的。

误区四：为“形象工程”、“政绩工程”而学。一些干部好大喜功，喜欢搞形象工程，把学习型政党建设庸俗化。盲目追求培训班的办班数量，搞形式主义，弄虚作假。为求政绩，劳民伤财，搞不切实际的“政绩工程”、“形象工程”。有些打着学习旗号，大搞跨市、跨省，甚至跨国的“学习旅游”。在学习培训过程中又像毛泽东早就批评过的那样：“缺乏调查研究客观实际状况的浓厚空气”，“闭塞眼睛捉麻雀”，“瞎子摸鱼”，“粗枝大叶，夸夸其谈，满足于一知半解”。[②] 建设学习型政党的核心要义在于寻找并提高政党不断适应变革的能力，在于形成党组织的整体思考能力。因此，学习型政党建设的目标不是学习、培训，而是通过学习、培训等手段提高政党的创造力和竞争力。建设学习型党组织，要同研究解决本地区、本部门、本单位改革发展稳定的突出矛盾和问题结合起来，提出化解矛盾、解决问题的有效措施和办法。应走出急功近利的误区，发扬持之以恒的、实事求是的学习精神。要杜绝不作深入的研究就跟着转的坏风气

① 《毛泽东选集》（第3卷），人民出版社1991年版，第802页。
② 《毛泽东选集》（第3卷），人民出版社1991年版，第802页。

以及随便开个会、办个班就认为是学习型政党建设的庸俗做法。

误区五：学习可以一蹴而就。学习本身就是一种“纠错”的活动，需要一个循序渐进的过程。所以建设学习型党组织，不仅要看到学习的意义，更要看到如何学的问题，特别是面临新的环境和新的矛盾，如何提出解决方案的问题。学习是长期的，是“实践—认识—再实践—再认识”的循序渐进的过程。学习型党组织更应视为一种引发持续性学习过程的发展性力量，对学习型政党建设应抱着持之以恒的态度。

四、要让学生了解深化学习型政党建设及高校学习型党组织建设的路径

破除功利性学习文化，建构完善自我的学习文化。学习是打开未来社会的钥匙。当代教育，功利色彩明显。最早提出学习型社会一说的学者哈钦斯认为，以经济为目的而培养人才，实乃教育的失误。学习型社会的学习虽然包含功利性成分，但其更强调学习对提高学习者的整体素质和生活质量的功能。完善自我的学习是比之于功利性学习来说属于更高层次的学习。它能激发学习者的潜能，使学习者的素质、能力得到最大限度的提高。

学习的制度化，营造良好社会风气与学习氛围。领导干部带头学习、集体学习与个人自主学习并重，学习时间常态化、学习内容动态化。注重加强制度建设，使党员干部把学习贯穿于工作和生活中，逐步形成制度化、常态化。例如党员干部坚持在职自学，做到日学一小时、周听一堂课、月读一本书，自学要有读书笔记，每年撰写体会文章2~3篇等。学习内容要与时间、时事、时空俱进。学习型政党建设需要通过学习型党组织来推动。“要大力营造和形成重视学习、崇尚学习、坚持学习的浓厚氛围，牢固确立党组织全员学习、党员终身学习的理念，建立健全管用有效的学习制度。”① 以建设学习型党组织带动各种学习型组织建设。

应该指出是，现阶段高校学习型党组织建设尤其重要。改革开放以来，我国高校坚持社会主义办学方向，为国家培养输送了大批党员的同

① 中共中央办公厅：《关于推进学习型党组织建设的意见》，《人民日报》，2010年2月9日。

时，也面临着一些亟待解决的问题。在发展党员中存在重发展、轻教育的现象，学生入党功利成分明显。因此，要不断增强高校党员学习的责任感和紧迫感，把学习作为振兴中华的时代责任、精神追求和生活方式。一是避免了传统意义上政治学习和业务学习相脱节的弊端。要充分发挥高校党员知识层次高、思想活跃等优势，加强马克思主义理论的学习和研究，把教书育人结合起来。二是建立健全保障学习的长效机制。整合教育资源，丰富教学模式，健全培训制度，建立学习考核评价制度和激励约束机制，增强教师党员和学生党员的学习动力。把创先争优与学习型党组织建设联系起来。三是开展学习经验交流，推广成功经验，但力戒形式主义。只有这样才能“使党员的学习能力不断提升、知识素养不断提高、先锋模范作用充分发挥，使党组织的创造力、凝聚力、战斗力不断增强”①。

总之，“概论”课教学中与时俱进地增加“学习型政党建设”的有关内容，既符合中共中央相关文件精神，又有效地将学术资源转化为教学资源。把学术成果与学科眼光融进“概论”课的教学内容，将极大地促进教学的学术性与政治性的合理结合，提高教学的质量与效果。

（李瑞清　胡建强　广东工贸职业技术学院）

① 中共中央办公厅：《关于推进学习型党组织建设的意见》，《人民日报》，2010年2月9日。

依托“金融危机”现实素材、增强“概论”课教学实效

——第十章第二节“建设社会主义核心价值体系”教学问题探讨

时至今日，金融危机及由此导致的经济衰退仍在困扰全球。作为人类社会发展史上的重大历史事件，金融危机充满了对西方垄断人类历史和价值观的质疑。展望未来，危机重创了全球经济体系、关闭了长期以来西方价值观一统天下的进程之门，同时，也开启了人类反思自身行为、自觉对人类思维进行纠正的一扇窗口。危机启示世界人民思考，如何将泡沫经济和过度消费转向可持续发展道路上来，如何将一些违背人性的价值观和生活方式转向真正实现人类自由和解放的可持续发展思维上来。危机启示中国人民思考，资本主义与社会主义的关系依然是当今世界的头号问题，金融危机之后在全球必然又将掀起新一轮的意识形态话语权论争，如何在多元文化中树立价值主导、在交流交融中谋求价值认同，不断巩固壮大积极健康向上的社会主义主流思想舆论。这是当前构建社会主义核心价值体系需要认真思考的问题。

基于此思考，在讲授“概论”课第十章第二节“建设社会主义核心价值体系”教学问题时，笔者尝试将“金融危机”的现实素材融入教学中，设计如下教学思路，以期与同行一同探讨。

一、将“金融危机”素材融入此节教学的合理性思考

始于2008年的金融危机对我国经济社会生活产生了深远的影响，结合

现实生动而鲜活的素材，将其运用到教学中有着理论合理性和现实需要性。

1. 金融危机反映了西方国家主流价值观的局限性

面对金融危机的冲击，各界均在反思。一些有识之士发表了基调相似的观点，认为对于金融危机的反思不应只停留在金融监管的技术层面，还应触及其制度根源和思想文化根源。这次金融危机不是历史的意外，不能仅仅归咎于华尔街的贪婪与不负责任，还应重新审视长期指导西方人社会生活的基本价值观。

自20世纪70年代以来，在美国乃至整个西方国家，新自由主义取代凯恩斯主义成为西方主流经济学，这种理论以经济人假设为前提，强调“自私自利是不变的人性”，其核心是要求私有化、市场化和自由化。这种新自由主义及其所伴生的自由市场至上主义，不过是披着经济哲学外衣的个人贪欲。随着新自由主义的广泛流行，以追求个人利益为目标的价值观被极大地激励，个人主义、消费主义、享乐主义成为美国人占主导地位的价值观念和生活方式。不可否认，以追求个人利益为目标的价值观是现代市场经济的基础，但是，这种个人利益的追逐必须是明智的、有限度的，必须是以社会利益、人类利益为基础的，而不是赤裸裸的个人利益。当这种个人利益没有被理性地约束和限制，相反却被以各种方式助长、鼓吹、倡导、纵容的时候，善良、道德、和平、和睦的本能逐渐被遮蔽，个人主义以致自私逐利、消费主义以致放纵物欲、享乐主义以致不负责任就不可避免，金融危机也就不可避免。

人类生活不是盲目的，而是有意识、有目的的，总是在某种价值观的指导下生活。金融危机的背后，是西方国家主流价值观的局限。站在价值观的高度俯视这场波及全球的金融海啸，我们不难作出这样的判断：今天的金融危机只是一个标志，是美国梦带给人类的黄金年代伤感落幕的标志，是西方经济学中的利己主义和市场自由主义原旨走到了一个极限的标志。透过金融危机，我们看到了美国经济制度的危机，也看到了西方人的生活方式和价值观念的危机。

2. 金融危机为青年大学生价值观教育提供价值认同契机

任何一个时代，都有属于自己的时代特征，任何一个时代的变化，都影响着社会机构和社会规范秩序，影响着人们的思维方式和生活方式，特别是影响着最易受这些力量冲击的青年人的生活方式和价值观。当前这场具有国际性特征的金融危机对我国青年大学生价值观教育产生了怎样的影响，其影响程度如何，又应如何把握和判断这种影响，是“危”或“机”，是“危”多于“机”或“机”多于“危”？诸如此类问题需要我们以马克思主义的立场、观点和方法来判断和回答。

以马克思主义的立场、观点和方法来观察事物，就要站在人民大众的立场，坚持全面辩证地分析问题。当前我们应该看到金融危机给青年大学生就业、经济、心理等方面带来了直接的冲击，不仅冲击着大学生的学习和生活，也必然冲击着大学生的思想和价值观念，马克思主义理论教育工作者应当有一种“危”的意识。同时，笔者以为，长期以来美国乃至整个西方国家对东方社会主义阵营实行“和平演变”策略，大肆宣扬美国模式是“人类普世价值和最终统治形式”，图谋消解马克思主义和社会主义意识形态，要社会主义国家向资本主义制度及其思想和价值观念趋同的情况下，这场金融危机无疑给了美国及西方国家当头棒喝。从某种意义上说，这更是一种“机”，一种生动的马克思主义教育之机，一种加强引导青年大学生确立正确的价值观之机。

二、将“金融危机”素材融入此节教学的具体教学环节设计

1. “导入语”设计

我们知道，由于世界历史发展的不平衡性，资本主义的西方超过了古老的东方。“西方中心论”被四处散播。西方文明随着资本主义世界市场的扩展和资产阶级世界主义的传播而逐渐被说成是“普世文明”，美国式的价值观甚至被鼓吹为“普世价值”。长期以来，美国乃至整个西方国家凭借其经济强势向全世界灌输其所奉行的生活方式和价值观，崇尚物质、超前消费、注重享受也一度成为许多中国人的追求目标，似乎外国的月亮都比中国的圆。由于美国特殊的国际地位，这种价值观一开始就具有相当的诱惑力。这场金融危机使人们的物质生活和人生轨迹发生了重大的变化，人们逐渐清醒地认识到，美国不是什么都好，资本主义世界不是人间天堂，美国式的生活方式并不“普世”，人们不得不对过往的价值体系进行重新思考。那么我们到底应该思考什么呢？

2. "问题提示"设计

大学生需要重新思考应如何看待马克思主义。随着金融危机的蔓延，西方国家的人们争相购买和阅读《资本论》，试图借助《资本论》来理解和解释眼前所发生的一切。人们发现，100多年前诞生的《资本论》为揭示资本剩余价值提供了强大的理论武器，尽管100多年来世界资本主义发展过程出现了许多新的特点，但是，其本质仍然没有逃脱马克思在《资本论》中的预测。面对这场金融危机，生活在资本主义社会中的人们，硬着头皮去向社会主义的"老祖宗"马克思求教，希望从《资本论》中找到一些答案。对比生活在社会主义社会中的人们，近年来我国的一些人包括青年大学生对于作为人类精神宝库的马克思主义却不屑一顾、疏而远之，这难道不值得反思吗？

大学生还需重新思考，应如何看待资本主义以及如何看待中国特色社会主义。人们之所以追捧马克思，是因为他们在这场金融危机中逐渐认识到，以贸易自由化、减少政府经济干预、财政紧缩、企业私有化等为核心的自由资本主义已经走入了死胡同，并不能给他们带来所谓的幸福。我们党和政府之所以在气势汹汹的全球金融危机中能站稳脚跟，不能不说与中央坚持正确的理论不动摇、坚持中国特色的社会主义不动摇有关。马克思和《资本论》重新走红的背后，是生活在资本主义社会中的人们对资本主义的怀疑。那么，生活在社会主义社会中的人们，特别是对于那些迷信资本主义、热衷资本主义的人们，又有怎样的启示呢？

大学生仍需重新思考，应如何看待中国传统美德。经过这样一场"经济危机"的洗礼，一些新的生活方式正在悄悄蔓延，很多人在思考，我们真的需要很大的房子吗？汽车在拥堵的城市里真的很实用吗？我们的手机需要不断地更换和升级吗？我们一定需要华而不实的东西来让我们的人生过得更加精彩吗？难道中国传统的勤劳节俭、艰苦奋斗、诚实守信等美德真的太土了，落后了，过时了吗？

3. "内容讲解"设计

这场金融危机的爆发，深刻地反映了资本主义内部的严重问题，反映了自由资本主义市场经济的严重缺陷，作为大学生，应增强自身的价值判断和价值选择能力，作出符合国家发展和民族利益要求的价值选择。

坚持马克思主义指导思想。由于各种原因，在某些学术圈子中，把马克思著作束之高阁已经是一种普遍现象。马克思主义真的过时了吗？马克思主义真的失去了其现实意义了吗？这场国际性金融危机无疑是一副清醒剂。事实证明，马克思主义是科学真理，是观察分析当代资本主义和指导未来社会主义发展的科学理论和方法。因此，青年大学生只有坚持马克思主义的立场、观点和方法，才能正确认识经济社会发展的规律，才能在错综复杂的社会现象中看清本质、明确方向。

树立中国特色社会主义的共同理想。在苏联解体、东欧剧变十多年之后，社会主义的进程遭受到严重挫折，所谓“社会主义失败了”、“马克思主义破产了”的鼓噪声不绝于耳，在某些学术圈子中，中国特色社会主义道路也曾使一些人产生怀疑。金融危机的爆发，促使人们对资本和资本主义有了更深入的了解和清醒的认识。资本的本性是逐利的。资本主义即把资本当作“主义”，迷信资本的逐利本能，核心就是私利，扩而大之，也不过是为一国私利服务，绝对不是为了人类共同利益和社会利益而服务。当前这场始发于美国的金融危机，给许多国家以沉重打击，而坚持走特色社会主义道路的中国却表现抢眼，信心坚定，这不仅是因为三十年的改革实践为应对危机奠定了坚实的物质基础和良好的体制环境，更因为是中国特色社会主义理论体系的建构，为我们应对危机提供了强大的思想支撑。

弘扬民族精神和时代精神。金融危机仍在蔓延和深化，我国经济和社会也将面临一些困难。越是困难时刻，越要彰显精神的力量，越要高扬爱国主义的伟大旗帜，用爱国主义的时代精神来凝聚和激励各族人民共同奋斗。在现在这样的“非常时期”，“共体国艰、共克时艰”体现的是我们对工作、对事业、对单位、对集体，进而对国家、对社会的责任和情感。

树立社会主义荣辱观。面对金融危机所带来的种种严重问题，人们越来越感到西方主流价值观的弱点和无能为力，尤其是极端个人主义、消费主义和享乐主义越来越不适应社会的发展。在危机面前，这种极端个人主义、消费主义和享乐主义遭到了反思和批判。在20世纪的“美国梦”醒了以后，我们应该从美国霸权话语误区中走出，开始重新认识中国传统文化和传统美德。尊老爱幼、勤劳节俭、艰苦奋斗、诚实守信等思想内容，是中华民族传统美德的延续和升华。这些思想内容在当代浓缩为社会主义的荣辱观。

4. “教学小结”设计

古希腊哲学家苏格拉底曾说，一种未经审视的生活是不值得过的。按照同样的逻辑，我们也可以说，一种没有经过审视的价值体系是不值得坚持的，也是不值得拿出来向别人炫耀的。曾几何时，美国为推广其政治经济模式和价值体系不遗余力，但金融危机把这种政治经济模式和价值体系的内在缺陷暴露了出来。反思金融危机，其实，只有社会主义制度代替资本主义制度，才是消除资本主义生产方式对抗性矛盾的历史出路，只有共产主义才是人类未来的理想社会。应对金融危机，需要全国人民弘扬爱国主义的时代精神，共体国艰、共克时艰，以“八荣八耻”为主要内容的社会主义荣辱观理应成为引领青年大学生精神气质和精神风尚的一面旗帜。

（谢春红　深圳信息职业技术学院）

新课改背景下德育课学生资源的开发与利用

学生资源的开发与利用，是新课程改革的一个亮点。它充实了教学内容，突显了学生在学习中的主体地位，有利于激发学生的学习兴趣，提高教学的实效性。本文着重从学生的生活体验、不同的思维方式以及学习中出现的错误认识和课堂上的偶发事件等方面，探讨新课改背景下开发、利用学生资源的途径，以使德育课堂能焕发出生机、活力。

一、何谓"学生资源"

课程资源是课程与教学信息的来源，是课程设计、编制、实施和评价等整个课程发展过程中可以利用的一切人力、物力及自然资源的总和。长期以来，教材一直是我们主要的课程资源，但它并不是唯一的课程资源。教育部印发的《普通高中思想政治课程标准（实验）》中明确指出，思想政治课课程资源应包括：文字与音像资源（其中最主要的资源是思想政治教科书，此外包括相关报刊、书籍、图片、音像影视作品等）、人力资源（包括教师、学生以及家长和其他社会各界人士）、实践活动资源（包括课堂讨论、课外参观调查等）、信息化资源等。①

在新时期德育课教学实践中，很多德育课教师都意识到了要提升德育课的育人功能，增强教学实效性，必须积极开发、利用各种课内外课程资

① 教育部：《教育部关于印发〈普通高中思想政治课程标准（实验）〉的通知》，《思想政治课教学》2004 年第 3 期。

源。然而在实际教学中，又往往有意无意地忽视对重要人力资源——学生资源的开发和利用，致使大量的学生资源流失，从而也就直接影响到教学的实际效果。那么，什么是学生资源？学生资源一般是指学生在课内外表现出来的、对教学有利的、可被教师利用的学生的知识和经验等，主要包括基础性资源和生成性资源两部分。其中基础性资源主要是指学生已有的知识、生活体验等；生成性资源则是指通过课堂教学中各种互动活动即时产生的资源，主要是学生的各种状态和表现，包括学生在课堂上出乎教师设计的问题甚至是错误的回答、课堂上的突发事件等。①

在新课改背景下，提出开发和利用学生资源这一重要概念，并不是要否定教材，削弱教材的作用。因为教材是经过专家、学者、一线名师等精心编制出来的，作为知识、情感的载体，教材仍是教学中的主要课程资源。所以我们不能抛弃教材，但是我们要摒弃以往把教材作为唯一课程资源的观念，要根据自身和学生的实际情况，创造性地使用教材，使教材的作用能得到更有效的发挥。

二、德育课教学中学生资源开发、利用的必要性

德育课教学中为什么必须重视学生资源的开发与利用？《普通高中思想政治课程标准（实验）》要求在新课改背景下的德育课教学中，必须注重学科知识与生活主题相结合，努力把基本观点、原理融入生活题材之中，教学内容应从教科书扩展到所有学生关注的、有意义的题材，使课程的实施面向学生整个生活世界，把教师主导的“目标—策略—评价”的过程与学生经历的“活动—体验—表现”的过程有机结合起来。②

我们知道，德育课教学目标不仅仅是向学生传授知识，还包括对学生道德情感的培养、意志的磨炼以及行为的养成等。这也就决定了教学过程不可能是从教材到教师再到学生的单向传递过程，它应是一个多向互动探索过程，所以我们不能局限于教材，而必须合理开发、利用学生资源，方

① 王洪胜：《浅谈思想政治课教学中学生资源的开发与利用》，《思想政治课教学》2007 年第 10 期。

② 王洪胜：《浅谈思想政治课教学中学生资源的开发与利用》，《思想政治课教学》2007 年第 10 期。

能有效地提高学生理解、认同、确信正确价值标准的能力。

学生资源的开发和利用，是新课改背景下德育课教学的重要支撑。在职校，德育课受关注、重视的程度普遍不高，有相当一部分学生认为德育课是可有可无的课程，只要专业课学好就行了，这也必然直接影响到他们学习德育课的态度。再加之德育课所教授的理论本身是比较抽象和枯燥的，如果教师照本宣科，只是空洞说教，把学生当作被动接受知识的容器，学生必然会感到乏味，学习兴趣全无，教学效果自然不理想。为了改变这种现状，客观上要求我们必须合理开发、利用学生资源，努力使教学内容贴近社会、贴近生活、贴近学生的实际，从而增强教学实效性。另外，随着新课程改革的深入，研究性学习和探究合作式学习在德育课教学中发挥着越来越重要的作用，而这些都需要有丰富的学生资源作为支撑。

德育课教材的滞后性，要求我们必须开发、利用学生资源。德育课是一门时代性较强的课程，由于时间和空间的局限，教材不可避免地在内容上存在相对滞后性。加之当今知识信息极度丰富，也使教材无法包含学科知识的全部内容，不可能面面俱到。所以我们教师必须转变以教材作为唯一教学资源的观念，建立融合、开放、发展的教材观念，结合教学和学生的实际情况，充实教学内容，以弥补教材的滞后和缺陷，保持德育课与时俱进的课程品质。

教育家苏霍姆林斯基曾反复强调：学生是教育最重要的力量，如果失去了力量，教育也就失去了根本。我们应该看到，学生作为教学中具有潜在价值的主体性因素，蕴含着丰富的资源：首先，学生作为个体，本身就是一种资源，因为每个学生都有一定的求知欲，一旦他们的学习兴趣、热情被激发，必能成为学习的动力源泉；其次，学生也是一个群体资源，在群体合作中，学生的个体资源会相互影响激发；再次，学生群体还联系着一个庞大的社会资源，学生的许多认识和经验就是来自于此，这些经验与经历都是宝贵的教学资源。但这些资源又往往是潜在的，需要教师在特定情境下给予挖掘、利用，方能发挥作用，从而充分发挥学生作为学习主体的能动性、创造性，让他们做学习和行为的主人。

三、开发、利用德育课学生资源的主要途径

华东师范大学的叶澜教授提出了“学生是教学资源，可以而且必须进行深度开发”的观点。但是我们知道课程资源是不会自动进入教学领域的，需要我们能动地去寻找、认识、选择和运用。由于教学活动是师生共同参与的过程，所以课程资源的开发、利用，要充分发挥师生的作用，鼓励他们积极参加、共同收集、有效利用。

1. 让学生在对生活情境的体验和感悟中生成课程资源

新修订的《普通高中思想政治课程标准（实验）》明确指出：“要重视从学生的生活实践经验和已有的知识中学习和理解，并运用这些知识来分析问题和解决问题。”也就是说，新课改背景下，德育课教学必须立足于学生的现实生活，注重学生的亲身体验，让学生自己谈体会、谈感悟，使教学内容更贴近学生的生活实际，这往往比教师单纯说教的效果要好得多。

例如，在讲到“树立正确消费观”时，我并没有急于向学生讲正确消费观的要求，而是先让学生分组讨论，结合自己日常生活中所见、所闻、所做，谈谈如何花手中的钱，以及学生当中存在哪些不健康、不文明、不科学的消费现象，并指出其危害性。由于所讲的是学生熟悉的人或事，所以他们参与热情都很高。在充分讨论的基础上，我再针对学生中花钱大手大脚、攀比消费的不良消费现象，并结合社会上存在的“面子式”、“超前式”、“愚昧式”、“计划式”等不同消费方式作正面引导，使学生全面理解什么是积极合理的消费观，如何树立积极合理的消费观。最后在学习相关知识的基础上，布置学生课后根据自己家庭收入情况，帮助家庭设计一份合理的投资计划。从教学反馈情况看，效果是较理想的。

2. 抓住课堂上偶发的和意外的事件，捕捉、利用生成性资源

在教学中，我们经常会看到有一些老师课前作了充分准备，撰写了详细的教案，却忽略了课堂上的生成资源。其实一节课不管你准备得多充分，设计得多严密，面对活生生的一群学生，难免有预设之外的情况发生，而许多的“意外”是可以成为课堂资源的。这就要求我们教师要有开放的心态，能及时捕捉相关信息，抓住生成资源进行再创造。

又如，有一次到汽修班上课，刚好遇到该班学生下课后要打“班际篮

球比赛”，参赛队员都已将服装穿在身上，并且颇为兴奋地大声讨论下午球赛中应如何进攻、如何防守，讨论声一浪高过一浪。该怎样才能把过度兴奋的学生引到正题上来呢？回避肯定是不行的，采取压制或训斥的做法，也是不行的，这样不仅会挫伤学生探讨问题的积极性，甚至还会影响师生的感情。刚好这一节课要讲集体主义的内容，我灵机一动，何不就从篮球比赛切入呢？于是我顺势让学生讨论下午的球赛该如何合作，胜算才能更大，并请代表发言。学生献言献策，颇为活跃，最后我总结指出：集体比赛，最重要的就是合作，体现的是集体主义，团结就是力量，只有大家团结起来，心往一块儿想，劲往一处使，成功就有希望。

课堂上的生成性资源带有偶然性，如能联系正在学习的内容，则恰好充当鲜活的情境；如与上课内容联系不大，我们也可以利用德育课的德育功能，给学生提供思维的空间，以达到德育课的教学目标。

3. 善用学生在学习过程中出现的错误认识，丰富课程资源

上海市北郊学校校长郑杰在《给教师的一百条新建议》中这样写道：“什么是真正的学习？真正的学习是一个探索的过程，这个过程中人们往往不是一下子就掌握了真理，而是从犯错误的深刻教训中，获得许许多多比知识本身更多也更精彩的体验。”①

学生在学习过程中出现的一些误解或曲解，其实正是教师引导学生深入理解教学内容的宝贵资源。当前大家正在提倡一种从“错误中学习”的教学策略，从错误中学习往往比一般性的学习更能触动学生的心弦，它不仅可以解决学生的困惑，而且也使其他学生在对这一问题的解读过程中，获得了知识，培养了情感，同时又提高了他们分析问题和解决问题的能力。

例如，在“政治常识”中讲到“中国共产党的宗旨是全心全意为人民服务”时，有的学生不以为然，脱口而出：“我看党员干部是为自己服务，而不是为人民服务。”安静的课堂上冒出这样一句话无疑像个重磅炸弹，学生把目光齐齐投向我，也有个别学生开始附和。我知道这是一个很好的教育契机，所以并没有假装听不见，而是先让这位学生起来谈谈自己的看法，这位学生一口气列了十几位贪官的名字——胡长清、成克杰、王怀忠、陈良宇……还讲到了新中国成立以来查处的最大一起经济案件——厦

① 郑杰：《给教师的一百条新建议》，华东师范大学出版社2009年版。

门特大走私案，而其中不少涉案人员都是大权在握的党员干部，然后他反问我："老师，您说这是为人民服务吗?"学生中有这样的想法，我在课前已料到，因此并没有批评这个学生，而是耐心地作了如下分析："第一，从性质上讲，中国共产党是中国工人阶级的先锋队，它的根本宗旨是全心全意为人民服务。自 1921 年建党至今，党成功地领导了中国的革命和建设，涌现了像焦裕禄、孔繁森、韩素云、郑培民等全心全意为人民服务的模范，并且在党发展壮大的历程中，我们党也一直在加强自身的建设，同腐败作斗争，尤其是这些年更是加大反腐倡廉的力度。厦门特大走私案中涉案的相关人员也已受到法律的制裁。第二，党内出现腐败现象的原因应该说是多方面的：首先，我国是脱胎于落后的半殖民地半封建的旧中国，两千多年封建社会的遗毒不可能在短期内得到肃清；其次，在全面改革开放过程中，西方腐朽的生活方式也会乘机钻进国内；再次，在建立社会主义市场经济的过程中，由于制度的不健全、不完善，难免会给腐败分子有可乘之机，但这些腐败现象都将随着反腐斗争的不断深入而得到解决。当然这是一个长期的任务，不过我们有信心。"经过这么一分析，学生都心服口服了。

可见，在教学中，对学生出现的错误认识，不应视而不见，而应该多加引导，这是一个很好的教育契机，它直接反映学生成长中的困惑与需求。另外，学生的错误认识中有时往往会包含某种合理成分，对于合理的成分，教师应及时给予肯定，并巧用学生的错误认识，去激活学生的思维，带领学生探究新知。

4. 重视学生之间的差异，引发新的课程资源

世界上没有两片完全相同的树叶。每个学生也是独一无二的，各有自己独特的风格和特点。因为每个学生生活的家庭以及周围社会环境是不同的，所以他们的思维方式、生活经验和兴趣爱好往往存在着较大的差异，而这些差异正是教学中的宝贵资源。实践证明，把差异看成资源，有利于拓展学生思维，扩大视野，增强教学的实效性，也有利于学生的全面发展。所以教师必须尊重每一个学生的个性差异，重视个性发展，因材施教，激励学生的创新精神，课堂才能焕发出勃勃生机。这就要求教师在备课时应充分考虑到学生的差异性，制定的教学目标应富有灵活性，对不同水平的学生应提出不同的学习要求；同时对学生不同的思维方式要加以引导，鼓励学生从

不同视角来研讨问题，深化认识。

例如，在讲到“构建社会主义和谐社会”时，我列举了2005年感动中国十大人物之一洪战辉的例子，然后问学生：“如果是你的话，你会怎么做?”一石激起千层浪，教室里马上热闹起来，学生的思维被激活了，他们纷纷发表自己的看法。有的学生说，洪战辉是一个让人尊敬的人；有的说他是一个有责任心的人；也有的认为通过这个例子，让我们觉得应该珍惜人间真情；有的则认为面对困难应学会自强自立，不抱怨，不放弃；也有的学生认为洪战辉其实是个傻子；还有的人说洪战辉只是为自己将来着想，他是在作秀……针对学生的不同看法，我逐步引导，经过不同思维方式的碰撞，学生认识到洪战辉是当代青年学生的榜样——一个给予、责任、孝顺和诚信的榜样，更可敬的是，面对困难，洪战辉自强不息，不怨天尤人，而是用乐观、平和的心态，积极拼搏的行动来改变命运。

5. 寓教育于活动之中，开发学生的社会实践资源

新课程实施强调德育课的实践性和开放性。俗话说，“一次体验胜过十次说教”，学生的社会实践也是重要的课程资源之一，教师应有效地加以开发、利用。例如，积极开展各种形式的社区服务、社会调查、参观访问、观看图片展览等实践活动，让德育课教学真正走进生活、走进时代，使之焕发出无穷的活力。

例如，讲到改革开放三十年的伟大成就、“三农”问题或环境保护等内容时，可以要求学生在当地做社会调查，并写出调查报告。通过社会调查，可使学生获得亲身参与实践的积极体验，大大丰富学生的感性认知，并培养学生在生活中主动发现问题并独立解决问题的能力。同时通过主题探究活动，也为教学提供了丰富的实践资源。

综上所述，在德育课教学中，学生资源生成的途径有很多。凡与学生实际、社会发展紧密相连的，能促进教学内容，并能增长学生知识、开发智力、培养能力的一切可用因素，都可以作为学生资源加以开发和利用。当然，在教学中要视具体情况灵活运用，才能使学生真正成为课堂学习的主体，从而使我们的德育课课堂焕发出生机与活力。

（黄文燕　汕头职业技术学院）

华南师范大学“概论”课教学的调查与思考

“概论”课作为高校的必修课程，它的现状怎么样？在教学过程中存在一些什么问题，需要采取一些什么方法加以纠正？怎样使“概论”课教学适应新形势发展的需要？这是“概论”课教师普遍关心的问题。我到华南师范大学担任“概论”课专任教师以来，连续几年对华南师范大学思想政治理论课开设的情况及学生的反映作了一些调查，结合自己的感受和体会，我试着对华南师范大学“概论”课教学的现状、成因及改进的方法作一点分析和思考。

一、华南师范大学“概论”课教学现状

从总的方面来看，应该说华南师范大学“概论”课教学是比较成功的，这是由华南师范大学“概论”课教学本身的质量所决定的。

从教学管理来看，华南师范大学的思想政治理论课教学有一套科学严格的管理制度。思想政治理论课所有的课程全部实行网上选课，学生可以比较自由地选择听课的时间，这种做法尽管给教学安排带来了一定的麻烦，但是因为它使学生可以很灵活地安排自己的听课时间，因此很受学生的欢迎。自“05 方案”开始实施之后，各门课程都由独立的教研室承担。教研室除了有集体备课之外，每个学期都有公开课和听课评课，这为整个课程教学质量的提高创造了良好的条件。在教学的手段运用上，华南师范大学的思想政治理论课教学全部实现了多媒体教学，学生不仅能够在课堂上听到教师图文并茂的讲解，而且课后还能在网上下载授课教师的课件。

从人才建设来看，华南师范大学的“概论”课教学任务由一支高素质的教师队伍来承担。华南师范大学“概论”课教研室有专任教师 13 人，从教师队伍的学历结构来看，拥有博士学位的教师 9 人，在读博士 1 人，两者相加已经接近教师总人数的 80%；从教师队伍的职称结构来看，拥有教授 2 人，副教授 4 人，两者相加接近教师总人数的 50%；从教师的年龄结构来看，11 人在 45 周岁以下；从科研能力来看，近年来华南师范大学“概论”课教师不仅承担了大量的各类层次的课题，而且在全国各类权威刊物上发表了大量的高水平论文。这些都从根本上保证了华南师范大学思想政治理论课高质量的教学。

从学生的反映来看也比较好。在教学的过程中，我曾经多次让不同年级和班级的学生以笔谈的形式（匿名）来谈他们对“概论”课的感受。因为是匿名，所以学生顾忌不多。在具体的评论中也有很尖锐的声音，如师生之间的互动太少、教学形式呆板、一些教师甚至还出现所讲知识欠准确等问题，但是，总的来说，学生对“概论”课的评价还是比较高的。一些教师的课堂质量评价常年保持在 90 分以上，总体平均分数一般也在 88 分左右。以下是我从中节选的几段学生对华南师范大学思想政治理论课教学的评论：

“从老师自身的形象来讲，每一位老师都那么认真、朴实、谦虚、平易近人、尊重学生。不管是年长老师还是年轻老师，每节课上课前必说‘与同学们共同学习’或‘与同学们共同探讨’，下课必说‘谢谢同学们’。老师的讲课内容涉及面非常广泛，涉及社会、书本、生活等各个方面。这样的老师不仅知识渊博，而且师德高尚，谁不尊敬?”

“教学手段先进，使用多媒体教学。不管是年长老师还是年轻老师，每一堂课，老师都精心制作了幻灯片。这样，上课时老师不仅引经据典，而且讲课内容图文并茂，极大地提高了学生的学习兴趣。老师还把课件放到网上，使学生课后能够浏览。这门课真可谓跟上了科技发展的步伐。”

“老师们的讲课水平都很高。首先让我感动的是老师在备课时认真负责的精神，不管是厚厚的讲稿还是辛辛苦苦做出来的一张张幻灯片，都充分说明了这一点。更让我佩服的是，老师的讲解都是深入浅出，细致有条的，只要认真听，理解起来都无大碍。这一点我觉得是很不容易做到的。要把那么冗繁晦涩的理论用通俗易懂的话讲出来，能让人听懂，光有很强的表达能力往往还不够，还得具体问题具体分析，具体情况具体应对，真正理解学生的接受方式，做到灵活转变，恰当地把它降低到学生能理解的程度才行。很多老师在这方面的确做到了游刃有余，非常不错。”

“老师很善于引导和启发我们。不少老师给我们提出很多值得思考的问题，注重启发大家的思考，这点难能可贵。老师对问题的独到见解也常常让我们感到很惊奇，并从中学到了不少东西。比如老师曾经在讲解‘社会主义制度的优越性’时向我们提问：‘什么是四个现代化？’……老师通过历史上‘四个现代化’内涵的变化原因的分析，很好地讲清楚了‘社会主义制度的优越性’，也让学生清楚地明白了自己的不足，从而加深了印象，提高了学习的主动性。我认为，老师兢兢业业的授课也取得了比较好的效果，在课堂上同学们确实学到了不少知识。”

仔细看来，学生的评价既涉及教师讲课的手段、水平、方式，还涉及师德问题，其实这既是对我们现有努力的肯定，也是我们以后努力的方向。事实上，处在这个年龄阶段的大学生对很多政治热点问题很感兴趣，对“概论”课教师分析问题的方法也很感兴趣。我在教学的过程中，经常有一部分学生下课后还围着我问这问那的。有的谈自己对某些问题认识的提高，有的对课堂作出点评，有的谈论通过“概论”课学习对自己的影响，还有的径直对“概论”课教学提出中肯的建议。只要引导得好，学生的这类兴趣是能够为提高“概论”课的吸引力发挥良好作用的。

当然，毋庸讳言，华南师范大学的“概论”课教学也有很多不尽如人意的地方，这主要表现在有相当一部分学生缺课（每次课的缺勤率一般都在10%左右），如果不是因为害怕考勤，缺课的人数会更多。而且，即使是来上课的学生，也有相当一部分学生是在干别的事，有的甚至在课堂上睡觉，听课率并不是很高。最让人难以容忍的是，课已经上了很久了，还有学生慢慢吞吞地走进教室来，而且即使是在上课的过程中也不时地有学生逃课。因此，怎样提高“概论”课的吸引力，已经是一个迫在眉睫的问题。

二、华南师范大学“概论”课教学现状成因分析

由于华南师范大学“概论”课教学全部实行网上选课，所以在一个课

堂往往有几个院系的学生。他们的知识结构不同，兴趣爱好也有差异。在教学过程中，通过与学生的接触和交流，我慢慢认识到：只要是听课的学生，一般来说他们对“概论”课教学的评价还是比较好的，当然这和“概论”课教师的讲课水平也有很大的关系。用学生自己的话来说，“概论”课的学习不仅让他们学到了很多知识，而且使他们学会了分析问题的方法，提高了思维能力（特别是理科的学生对此感受更深），使他们能更为全面、更为理智地解决问题。此外，在课堂上他们还领略了“概论”课教师的人格魅力，这些都让他们终身受益。在“概论”课教学中之所以出现那么多不尽如人意的地方，主要是相当一部分学生对“概论”课本身有一种成见，认为该课程往往脱离实际给共产党唱赞歌，讲大道理，进而有一种抵触心理。所以，我认为改进“概论”课教学的当务之急不是考虑怎样去提高“概论”课教学本身的质量（这当然也是十分重要的），而是怎样想办法去消除学生对“概论”课教学的成见，使他们乐于了解和接受“概论”课教学。因此，接下来我主要分析相当一部分学生对“概论”课教学抱有成见的原因。

首先，是社会大环境的影响。随着社会主义市场经济的建立，人们追求利益的心理变得越来越突出。这是正常的，也是社会进步的表现。因此，人们在作出努力的时候，对回报的期待也变得越来越突出和直接。也就是说，整个社会的功利色彩越来越浓厚。这种风气也传到了学校，并进而对学生的学习取向造成了很大的影响。在调查过程中，有相当一部分学生是这样说的：“我学好了英语，拿到四级、六级证书，学好计算机，拿到相应的等级证书，这些都可以增加我们就业时的筹码，但是思想政治理论课就算学得再好也不能达到同样的效果。我在就业的时候总不能告诉别人我的政治课考了90分吧。”是的，我们不能低估这种功利思想对学生学习的影响，否则就不能解释为什么现在有的学生会那么拼命地学习英语、计算机、法律等实用知识，而对政治、历史等不能给他们以直接回报的学科却比较冷漠。针对这种情况甚至还有学生提出这样的建议，就是要利用学生的功利心理，把思想政治理论课的学习情况与他们的评优、入党等直接联系起来。

其次，学生对“概论”课教学有成见也和“概论”课教学本身的内容有关。由于我国目前的教育体制，虽然大学“概论”课教材的内容与中学政治课教材的内容相比有比较大的深化，但是大学“概论”课的教材不管是在结构框架还是在教学内容上都与中学政治课有比较多的重复，这也使学生在听课时容易产生一种“炒剩饭”的感觉，进而对听课失去兴趣。“概论”课的教材建设明显落后于形势发展的需要。往往是形势已经向前发展了，甚至是理论界的认识已经发生了根本改变，但“概论”课的教材还在引述旧的观点，这就容易让人产生一种教材明显脱离现实的感觉，从而大大地削弱了教材的说服力。虽然“概论”课教师在上课的时候可以作一些发挥，但是学生在学习的时候主要还是以教材为基本的参考资料。何况，教师的发挥大都属于临场性质的，有的可能考虑不周，有的可能矫枉过正，过于偏激，这些都是不能完全取代教材的。同时，即使是大学的教师，也有一部分缺乏对理论前沿问题的关注，因而不能对学生的各种需要作出有说服力的解释。这样，学生便容易产生“听与不听一个样”的感觉。

再次，学生对“概论”课教学的偏见还与目前思想政治理论课程的设置有关。对学生开展思想政治理论课教学的目的本来是让学生了解和掌握马克思主义基本理论和思想品德要求，所以如果能够开设一到两门综合性比较强的马克思主义基本理论课可能效果会更好。但是，我国目前的思想政治理论课教学却是分别开设的，学生在本科期间一般都要学习“思想品德修养和法律基础”、“马克思主义基本原理概论”、“中国近现代史纲要”、“毛泽东思想和中国特色社会主义理论体系概论”等课程，学习的时间累计四到五个学期。这样开设也使得思想政治理论课教学的重点不是很突出，而且因为是分开讲述，不同课程的内容又难免会有一部分重复。特别是“纲要”和“概论”两门课程，如果处理不好的话，往往会造成许多内容重复，这就容易使学生产生一种厌烦的心理，进而对“概论”课产生偏见。很多学生在这种心理支撑下，往往是为了考试而学习，考过之后很多内容就忘得差不多了。所以，从某种意义上说，思想政治理论课程开设得过多反而达不到让学生了解和掌握马克思主义基本理论和思想品德要求的目的。

最后，学生对“概论”课教学的偏见还与目前“概论”课的教学方式有关。应该说，不管是学校领导还是承担“概论”课教学的教师都为思想政治理论课教学付出了艰辛的努力。“概论”课教师课前认真的备课、课堂上的旁征博引以及高超的讲课艺术都保证了“概论”课教学的高质量。但是，由于受教学条件的限制，我国高校目前的“概论”课教学一般都是采取大课堂的方式进行教学，而且教师一般都是上完课就走。这样，教师和学生之间就很难有时间和机会进行深入的沟通和交流，学生在听课的过程中产生的疑问也就不容易找到时间和机会向教师提出，教师也很难抽出时间来对学生的问题进行详细的解答。其实，受到教师讲课内容的启发，很多学生在听完课之后往往都会想到一些问题或者产生一些疑问，他们迫切希望能够有机会与教师进行交流和探讨，但是受教学条件的限制，他们的问题和疑问往往得不到解答。虽然有些教师在自己的教学中安排了一些自由讨论课，并取得了良好的效果，但还是远远满足不了学生的需求。这种情况持续下去也很容易使一些原本对“概论”课感兴趣的学生失去兴趣进而产生偏见。

三、关于改进华南师范大学“概论”课教学的若干思考

应该说华南师范大学承担“概论”课教学的教师为提高教学质量倾注了大量的心血，因此，目前华南师范大学“概论”课教学中存在的一些令人不满意的现象既不能够单纯从教师方面找原因，也不能够单纯从学生方面找原因，而要从“概论”课教学目标的设置、教材的改革、教学方法的改进等方面找原因。我认为，要想改进华南师范大学的“概论”课教学质量，可以从以下几个方面作出努力：

首先，要做好“概论”课教学目标的定位。应该说“概论”课教学既承担着学生传递知识的任务，也承担着培养学生公民意识的任务。因此，我们在进行“概论”课教学时，必须同时进行这两个方面的教育，不仅要向学生传递“概论”课的相关知识，教会他们分析问题的方法，而且要培养他们的公民意识，使他们认识到关心政治、提高政治素养与政治热情、培养良好的公民道德，是当代公民的义务，也是中国社会进步和发展所不可缺少的东西。事实上，当代大学生都有一种爱国忧民的时代责任感，只要多对他们进行公民意识的教育，他们是能够跳出某种学科“对我是否有用”的短视圈子而增强对思想政治理论课教学的兴趣的。应该说，现在的“概论”课教学在传递知识、培养能力方面是做得相当好的，但是在培养

学生的公民意识方面就有很大的欠缺了。不是说没有，而是说在备课和讲课的过程中没有把这一部分内容突显出来。在社会的大环境对“概论”课教学的负面影响十分严重的情况下，消除学生对“概论”课教学的偏见比努力改进教学方法更显得重要。

其次，做好对教材的取舍。毫无疑问，任何学科都有它的衔接性，大学的“概论”课内容难免会有一部分与中学政治课教学的内容重复，但是现在通用的“概论”课教材的内容却与中学教材的内容重复太多了，教材的框架几乎是相同的。虽然大学的教材在内容上已经大大深化了，但是由于教材的框架与中学的太相似了，这很容易让人产生一种似曾相识的感觉，进而丧失对该学科的学习兴趣。调查中有相当一部分学生反映，因为“概论”课的教材与中学教材的内容相似，同样的内容翻来覆去地学，很容易让人产生一种厌烦的感觉。加上“纲要”和“概论”两课之间又有很多重复的内容，这就使得“概论”课教学的吸引力更加不足。因此，教师在教学的过程中必须做好教材内容的取舍，既要照顾到与中学政治课的衔接，又要考虑当代大学生的特点，突出重点内容，增强“概论”课教学的现实感。否则就会出现学生所抱怨的情况——“我们知道的东西老师反反复复地讲，我们不知道的东西老师要么不讲，要么蜻蜓点水似的讲。”同时，对大学阶段思想政治理论课几门课中重复的内容也要进行处理，特别是“纲要”课和“概论”课中的重复内容。此外，还要密切结合党和国家现行的路线方针政策和理论研究的前沿问题，在备课的时候要对教材的相关内容作拓展。这些具有强烈时效性的内容能够极大地开阔学生的眼界，进而激发他们浓厚的学习兴趣。

再次，在“概论”课教学中加强教师与学生之间的交流。“概论”课作为理论与实际联系非常密切的课程，需要教师和学生之间有很好的沟通和交流才能达到良好的教学效果。但是，由于受到教学资源的限制，现在高校的“概论”课教学一般都采用大课堂的授课形式。这样，除了教师在课堂上传授知识和教会学生分析问题的方法外，教师和学生之间的沟通和交流往往很少，学生在听课中产生的一些疑问也不容易得到及时的解答，这样很容易使学生产生一种教师的讲述与实际生活不相符的感觉，这对学生的听课兴趣也是有很大影响的。在调查中，我发现“概论”课教学中采用期中写小论文和专门安排几节讨论课让学生点评课堂，写自己对某个问题的认识、对“概论”课教学的建议等的方式深受学生欢迎，因为他们希望与教师进行沟通和交流的心理得到了满足。此外，在课间休息的时候，教师走到学生中间与他们聊聊天也很受学生的欢迎。总而言之，如果“概论”课教学能够采用小课堂的形式授课，精讲多议，让教师和学生能够有充分的时间进行交流，相信教学效果应该要好得多。

最后，要做好“概论”课教师本身的培养。华南师范大学“概论”课教师的教学水平都是比较高的，而且教学的技能也比较过硬，敬业精神也很感人。但是，不同的教师情况是不一样的，所以还是要强调“概论”课教师的科研水平，并提倡“概论”课教师要多关注理论的前沿问题，这是保证“概论”课教学质量的基础。最重要的是要提高“概论”课教师的自尊、自爱精神。可能是受社会大环境的影响，加上理论与现实的反差，有的教师在进行“概论”课教学的时候往往显得底气不足，这并不是知识和技能上的问题，而是心理上的问题，总觉得讲授的内容与形势的要求不合拍；有的教师还因此而感到自己的形象不够好，甚至还有一些教师故意去迎合学生某些不健康的心理，有意地贬低“概论”课教学，这些做法都是非常有害的。由于这种心态的存在，即使是同样的教学内容，教学的技能也差不多，但是不同的教师上课的效果大不一样。因此，为了改进“概论”课教学，必须做好“概论”课教师本身的培养，特别是对从事“概论”课教学的青年教师，除了提高他们的教学水平和技能外，还要注意培养他们的心理素质，使他们在讲台上站得正、讲得响，增强讲课的底气，从而增强对学生的感染力。

（周连顺　华南师范大学）

高职院校思政课项目化教学设计探讨[①]

近年来，在全国高职院校中掀起了教学改革的热潮，其中以“能力本位　项目化教学改革”为主要内容的教学改革在全国不少高职院校已开始推行。笔者所在的学院也不甘落后，经过两年的尝试，项目化教改在专业课中有了一定突破，但在基础课特别是思想政治理论课教学中如何使用项目化教学成效不大。在尝试思想政治理论课的项目教学改革中我们碰到了前所未有的困难与困惑。例如，在思想政治理论课教学中能否使用项目化教学？思想政治理论课教学中的项目如何确立？思想政治理论课教学中的项目情境如何设计？本文试图从这些问题入手，探讨思政课项目化教学改革的可行性和实现路径。

一、在思想政治理论课教学中运用项目化教学的可行性

项目化教学是指教师设计一个或多个能覆盖教学内容的项目，并组织师生为实施项目目的而进行的教学活动。思想政治理论课的教学目的是为了培养中国特色社会主义事业的建设者和接班人，引导青年学生正确认识中国的历史发展与变迁，正确认识中国共产党领导的重要性，坚信党的领导和坚持社会主义道路，在中华民族的伟大复兴中起到中流砥柱的作用。因此，我们所做的一切教改，都要从学生的实际出发，从国家对人才培养的需要出发，把项目化教学改革运用于思想政治理论课堂教学中，起到提升课程的育人效果。通过一年多的项目化教改摸索，笔者感到：项目化教

① 基金项目：广东省高校思想政治教育委托课题“高职高专思想政治理论课教学改革路径研究”（编号：2010WT001）。

改完全适用于思想政治理论课教学。在以前的课堂教学中尽管也采用了启发式、讨论式、情景教学法等多种教学方法，也是用多媒体辅助教学。但由于过分注重教材的结构与框架，理论讲授多，以教师为主，学生多为被动听讲。在这种教学方法培养下，学生注重的是单纯的记忆与简单的模仿。在项目化教学中，学生成为课堂教学的真正主体，在教师的引导下学生通过自己体验、探讨，进而得出结论，从而培养自学能力、思考问题和探究问题的能力。学生探究解决问题的能力大小在一定程度上反映了教师职业教育能力。而教师职业教育能力测评，又是笔者学院引进宁波职业技术学院教改的经验，以项目化教改为切入点，为全面提高教师的职业教育能力而进行的一次大刀阔斧的改革，作为思想政治理论课教师，应该是这次改革的支持者、参与者，而不是改革的反对者。因为，我们讲解放思想、改革开放，教师本身就应该具备改革和创新素质，而且思想政治理论课本身就处在不断变革和发展中。所以，笔者认为项目化教学和思想政治理论课教学没有冲突。只是在推行的过程中不能“一刀切”，不能用专业课教改的标准硬套思想政治理论课。如一定要有企业要素、工学结合等。思想政治理论课授课的对象是全院学生，无法针对不同专业学生设定同一标准的企业要素，最大限度上也只能从学生的职业道德入手，而企业对员工的职业道德的要求是有共性的，例如，爱岗敬业、诚实守信、集体观念、团队意识、奉献精神等。这些又正是我们课程教学的目标之一。所以思想政治理论课注重的是社会要素，通过角色扮演、模拟法庭、热点问题的评析等项目使学生充分参与到教学中来，变“被动学”为“主动学”，通过学生自己的体验得出教师想让他们接受的观点，而不是由教师把这些观点强行灌输给他们。

二、思想政治理论课项目设计中需要注意的几个问题

（一）思想政治理论课教学中的项目如何找

在思想政治理论课教学中推行项目化教改，最难的是项目如何找？在教改过程中被否定得最多的就是我们找到的项目被评委们认为不是项目。通过接受相关的培训和一年多的教改摸索，笔者认为要首先认识到项目化

教学是在课堂上实施的。在课外开展的活动，如果与教改相关，最多只能算是辅线（B线）项目，如果设计了不少项目，而这些项目都要在课外完成，课堂上仍和以前授课方式一样，这不符合项目化教改的要求。例如，笔者最早设计的马、恩宣传小报和结合实事求是思想路线的学习制订的学习计划等都不是项目，只能算是课外作业和课堂教学的拓展。所以设计好项目后，先在自己脑海里推演，如果能在课堂上实施，而且是以学生为主体，那么用这种方式上课就能提升学生的能力。其次，案例教学不是项目化教学。案例是已经存在的事实，教师根据案例提出问题，学生的思路、问题的范畴已经被界定，学生仍是被动学习。项目是一件没有完成的工作，需要师生参与进去共同完成，完成项目的过程也是取得效果或成果的过程。可以把案例改造为项目，如由学生来表演案例全过程，通过学生自己的体验得出真实的感受或认知。按照传统的案例教学法，教师一般采取案例告知、案例讨论、案例点评几个步骤，学生的思维被限制在具体案例和有效时间内，学生按照教师已经设想的问题作答，教师按照早已准备好的方式进行点评。这样做，会使学生的思维受到约束，影响学生辨别问题能力的提高。再次，模块教学不是项目，不能把对应的知识模块改为项目一、二等。但为了对教材进行有效整合，可以先把教材分成几个不同模块，再针对模块设置项目。

综上所述，笔者认为模拟法庭、角色扮演、人物访谈、重大事件评析、活动方案设计等都符合思想政治理论课项目化教学的特点。

（二）如何制定思想政治理论课项目化教学的情境

按照相关教师职教能力测评的要求，教师在设计整体课程的同时，也要对每个项目情境进行设计。如何对项目情境进行设计，什么是思想政治理论课的项目情境，这成为思想政治理论课教师进行项目化教改时遇到的第二大难题。

笔者认为思想政治理论课项目的情境不可能和专业课一样是仿真的教学场景。思想政治理论课的项目情境是教师对项目操作的掌控过程。教师对自己设计的每一个项目都要在实施以前先设计好情境，要有一个推演过程，然后才能去指导学生。否则，学生在操作过程中就可能会流于形式。需要注意的是情境不是教师的教学环节展示。如“9·7”钓鱼岛海域撞船事件评析这一项目，情境设计是这样的：情境一：导入新课，引入本项目教学；情境二：告知本项目教学有关情况；情境三：撰写、修正、完善《“9·7”钓鱼岛海域撞船事件评论报告》；情境四：举行汇报会。按照这样的情境设计授课，和原来的教学方法没有什么两样，只是在授课前多了个项目名称而已。修改后把情境变为以下几点：情境一（学生甲）：介绍“9·7”钓鱼岛海域撞船事件，引出问题；情境二（学生乙）：钓鱼岛问题的由来，通过问题拓展，在扩大学生知识面的同时，激发学生的爱国主义情怀；情境三（学生丙）：《美日安保条约》——日本制造事端的幕后黑手；情境四（学生丁）：中国政府解决事件的态度和方针，分析在处理国与国争端中什么最重要？大学生应如何发扬爱国主义传统？按照后一种情境设计展开教学，既让学生充分参与到教学之中，成为教学活动的主体，又通过对问题的拓展，不但扩大学生的知识面而且教会学生从多种角度分析问题的方法。

三、“概论”课程项目设计的思路

（一）教材整合与项目设计

笔者在尊重教材，不违背思想政治理论课教学总原则的前提下，以马克思主义中国化为主线，以中国化马克思主义的理论成果为主要内容，把教材整合为三个模块（见表1）。根据不同模块的内容选择了不同的项目内容（见表2），让学生充分参与课堂教学，使学生真正成为课堂教学的主体，让学生在主动参与课堂教学的前提下，变“要我学”为“我要学”。在教师的引导下，学生通过对社会问题、社会现象的综合分析，提高对国家历史发展和中国共产党执政能力的正确认识。同时，教师还应教育学生树立社会主义核心价值观，最终把学生培养成为思想政治理论素质合格的中国特色社会主义事业的建设者和接班人。

表1　教材整合

模块名称	教材内容	学时
1. 马克思主义中国化及其精髓来源	模块1：有二讲，包括第一章的第一节和第二章	8
2. 马克思主义中国化的第一次历史性飞跃——毛泽东思想	模块2：有三讲，包括第一章的第二节、第三章和第四章。	16
3. 马克思主义中国化最新理论成果——中国特色社会主义理论体系	模块3：有十讲，包括第一章的第三、四、五节和第五章至第十五章	48

表2　能力训练项目设计

<table>
<tr><td rowspan="2">总项目</td><td colspan="2">A线：社会主义核心价值观的培养</td></tr>
<tr><td colspan="2">B线：大思政观下全方位、立体式育人活动</td></tr>
<tr><td>模块名称</td><td>项目内容（A线）</td><td>学时</td></tr>
<tr><td>1. 马克思主义中国化及其精髓来源</td><td>项目一：马克思主义主要成果展</td><td>4</td></tr>
<tr><td rowspan="2">2. 马克思主义中国化的第一次历史性飞跃——毛泽东思想</td><td>项目二：模拟“毛泽东纪念馆”讲解员工作</td><td>8</td></tr>
<tr><td>项目三：重走长征路活动方案设计</td><td>4</td></tr>
<tr><td rowspan="4">3. 马克思主义中国化最新理论成果——中国特色社会主义理论体系</td><td>项目四：乘坐改革开放的时光缆车——观光旅游</td><td>10</td></tr>
<tr><td>项目五：模拟政府各部委官员，就改革开放以来，我国在政治、经济、文化、外交等方面的变化答记者问</td><td>14</td></tr>
<tr><td>项目六：村官竞岗</td><td>6</td></tr>
<tr><td>项目七：“和谐校园”活动方案设计及实施细则</td><td>6</td></tr>
</table>

B线项目的具体做法是：把思想政治理论课教学与学生思想政治教育工作相结合，以学工处的八大工程为载体（就读就业创业工程、素质拓展工程、赛龙夺锦工程、励志助困工程、心理健康评建工程、思想政治理论课评建工程、校园文化环境建设工程、党团员先进性建设工程），把实践教学融入其中。如校园文化节组织学生开展“中华颂”歌舞比赛、党团员先进性教育、学生心理健康咨询等。配合各系部组织的“一二·九”运动、“五四”运动等纪念活动，结合课堂教学开展演讲、辩论赛等活动。

（二）“概论”课项目化教学改革尝试中的几点体会

1. 思想政治理论课项目化教学的优点

通过一年的项目化教学改革探索，笔者认为有以下优点：

（1）以教学体系为核心，使教材内容向教学内容转化。如把第十五章的教材内容整合成三个模块，把分散于各章的不同内容放在相同的模块中讲授，便于学生理解，也能体现出理论的完整性。每个模块都贯穿项目化训练，既增强了学生参与课堂教学的积极性，又培养了学生的信息收集能力及综合分析问题的能力。

（2）以提高学生能力为目标，注重项目能力训练。A 线共有七个项目训练，对培养学生分析问题、语言表达、信息处理等方面的能力起到了促进作用。

例如，在讲授“毛泽东思想”这一模块时，以模拟建立“毛泽东纪念馆”为总项目，让学生参与教学活动。具体做法是：教师的身份是馆长，所有学生是馆员，分别承担毛泽东生平、新民主主义革命时期、新中国成立初期、“文革”时期的讲解任务。按照教学进度，“馆员”要向“游客”讲解自己所负责部分的内容简介，还要回答“游客”的提问。通过角色的改变，学生会主动地查找资料、认真准备讲解稿，为了不让“游客”的提问难倒自己，各组“馆员”相互配合，从多方面查找资料，并先在“馆员”内模拟问答。这种教学模式的创新不但让课堂教学真正活了起来，而且使学生成为课堂教学的主体。学生的积极性被充分调动起来，因为每一个组都不甘服输，讲解的效果和回答问题是否正确随堂打分。展现自我、勇于争先等年轻人应有的良好品质被充分展示出来，使课堂教学达到了事半功倍的效果。

（3）把期末一次性考试评定改为过程评定，注重学生思想政治方面的整体表现，把学生平时在项目化教学中的表现以及平时作业、调查报告的得分等与期末考试综合评定，促进学生综合素质的提高。

2. 思想政治理论课项目化教学与其他教学方法的融合匹配

为了配合项目化教学改革，笔者在“概论”课教学中更加优化了以前的教学方法，新增了以下教学方法：

（1）问题探讨法：把下次课堂教学中要讲授的重点问题提前布置给学

生，让学生查找资料、进行思考，在上课时把这些问题的发言权让给学生，无论学生的回答正确与否，教师都只作引导不作评议，等本次课上完后，师生再共同探讨。

（2）视频感悟法：在学生专心思考自己的回答是否正确的同时，播放精心设计的与问题相关的视频资料，使学生能置身于当时的环境中思考问题，有身临其境之感，对问题有更全面的理解。

（3）体验教学法：课前布置好场景，让学生扮演项目或案例中的角色，由学生亲身体会助人为乐的快感，或害人损己的难堪，甚至体验农民工讨薪的艰辛等。激发学生承担起呼唤人间真情、弘扬社会正气、维护法律公平的责任。

综上所述，笔者认为，在思想政治理论课教学中可以贯穿项目化教学，但在推行项目化教学中同样要辅之以其他教学方法，项目化教学和其他教学方法不是相互排斥的，而是相互配合、相得益彰的。

（路端平　清远职业技术学院）

高职院校"概论"课教学体系建设探析

"概论"课教学改革已经成为各高校思政课的重点。无论是本科院校还是高职院校，都已经认识到"概论"课教学中所遇到的各种问题，怎样进行相应的教学改革从而提高"概论"课的教学质量，是从教者必须考虑的问题。由于各高校的层次、类别的不同，教学改革理念和实践都有所不同。对于高职院校来说，关于"概论"课教学的改革应该具有与学校性质、层次、类别、目标等相适应的改革方向。或许进行教学改革的理念、途径多种多样，但是作为一名"概论"课教学的从教者，笔者认为，建设富有高职特色的"概论"课教学体系是进行高职"概论"课教学改革的重要任务。

一、转变"概论"课理论体系为高职特色的教学体系

毫无疑问，"概论"课程在教材内容上是一个完整的理论体系，其教学也主要围绕马克思主义中国化理论而展开，理论是"概论"课教学的主要内容载体，重视和强调理论的深度、广度和逻辑性是"概论"课教学的显著特征。但是课程教学不是理论的照抄照搬，而是理论体系向教学体系的转化。所谓教学体系，就是为实现一定的教学目标对课程结构进行整合，对教学内容、教学方法、教学过程、教学效果考核进行选择、设计而形成的一个完整的教学系统。只有通过卓有成效的体系化教学才能实现理论的传播，实现思想政治理论课程的目标。因此，高职"概论"教学在实践中所面临的非常重要的任务就是实现中国化马克思主义理论体系向相应的教学体系的转化。

（一）以理论与实践一体化为核心，构建高职“概论”课教学体系

教学体系的建设应当根据课程培养目标、课程内容，结合学生的发展特点等形成一个综合教育教学体系。“概论”课程作为思想政治理论教育的核心课程，在目标上要求能够通过教学提升学生的理论水平，培养学生健康的思想观念，使学生能够以科学的理论和健康的思想观念来指导行动，增强实践能力。由此可见，“概论”课程的培养目标具有理论与实践一体化的特点，其教学体系也应当体现这一特点要求，形成完整的理论与实践一体化的教学体系。

1. 理论与实践相结合，是“概论”课教学内容的重要特点

“概论”课既是一门理论课程，又是一门实践性很强的课程，其理论主要来源于历史和现实的实践，尤其是中国特色社会主义理论和当前的社会现实具有密切联系。因此，在高职院校“概论”课教学中仅有单纯的理论教学是远远不够的，必须把理论和我国发展的历史与现实联系起来，促进理论教学与实践教学的结合，形成适用于高职特色的理论与实践一体化的教学体系。

2. 建设理论与实践一体化的教学体系，是由高职院校的培养目标和学生特点所决定的

高职院校普遍以培养能够直接参加社会主义建设的普通劳动者为目标，强调理论学习要能够指导实际运用，培养实践能力强的人才。例如，广州番禺职业技术学院把该校的培养目标直接概括为培养“一技之长＋综合素质”的人才，其校训也明确倡导“学以致用”，并形成了浓郁的“学习—实践”校园文化氛围。另外，高职院校学生对理论学习的兴趣相对较低，其理论学习能力也相对薄弱。虽然在高职院校也有对理论较感兴趣、能够积极主动学习并进行深度思考的学生，但是大部分高职院校学生对学习纯粹理论的兴趣并不强烈。由此可见，高职院校“概论”课教学也需要适应这一特点，既要重视理论教学，更要重视实践应用，进行“概论”课理论教学和实践教学的广泛探索。

（二）建设开放的高职“概论”课教学体系

开放的教学体系主要是相对于传统型教学体系而言的。与传统型教学

体系相比，开放的教学体系更加强调革新和综合。当前，开放式教学已经成为教学改革的重要方向。高职“概论”课教学体系的建设也应体现这一开放式教学的要求。所谓开放式教学，是要在传统教学基础上重视教学诸要素的动态变化并予以及时的适当调整和综合以适应现代教学的要求。在具体的教学过程中，开放式教学应当能够向教学主体、教学方式方法、教学载体甚至教学内容等实现开放。

1. 建设开放的高职“概论”课教学体系应体现教学要素的动态发展

在高职“概论”课教学体系的建设过程中，应充分考虑教学主体、教学载体、教学方式方法等多方面的状况和变化，具备动态调整的能力，尽量保持整个教学体系既具有稳定性，同时又能反映教学的革新面貌。比如，在面向教学主体开放的过程中，从教学体系的设计方面来讲，虽然教师应在教学整体和高度上起主导作用，但是也应多从学生需要、接受能力、喜闻乐见的方式、师生思想的相互碰撞和激发等角度充分考虑，尤其是充分考虑教学过程中可能出现的新情况、新问题。教学体系既应有规律性、稳定性，又应有所变化，有流动性，应当是不断更新的。只有充满新意的教学才能具有吸引力。

2. 建设开放的高职“概论”课教学体系应综合考虑

教学体系不是单独的课堂教学或者实践活动，而是对一门课程教学在目标、实施、考评等完整过程的统一，其所追求的是在教育合力下完成培养目标，因此教学体系的建设必须充分考虑影响课程教学的一切因素，比如总体培养目标和具体的课内外教学不同层次目标之间的联系，理论的深度、广度和学生的接受程度，不同教学方法之间的联系，学校设备和经费之间的联系等。

二、整合教学内容，为教学体系建设奠定基础

虽然教学体系建设覆盖教学各个要素，但是教学内容是根基，是最基本的教学载体。没有教学内容，教学就是无源之水、无根之木。因此，规划教学内容，整合相关理论，是高职“概论”课教学体系建设的基础工程。根据“05 方案”，全国各高校在“概论”课教学过程中，使用教育部统编教材，这有利于课程教学具有统一的理论基础，并在理论整合方面也

作出了表率。但是由于我国高校存在本科和高职两种不同的院校体系，并且由此存在培养目标和教学体系的分野，因此本科院校和高职院校在统一的课程理论体系下，应结合院校特点有针对性地进行教学内容的整合，以适应学生具体发展状况。

（一）交叉整合教材，使教学更加丰富、凝练

教材是按照理论既有的逻辑体系进行编写的，其所体现的也是一个完整的理论体系。但是在教学过程中，我们会发现，虽然教学要以完整的理论体系为基础，教学应当富于逻辑性，但是简单地按照教材所进行的每一课堂教学的具体安排，难免会出现内容欠缺或者重复的现象，因此，教师应当依据具体的教学需要进行适当调整，顺利实施实际教学。

1. 以史证论，丰富教学，完善理论

“概论”课作为高校思想政治教育的核心课程，其覆盖面最为广泛，既涉及中国近现代历史，又涉及思想道德和法治的发展；既涉及马克思主义基本原理的内容，又涵盖马克思主义理论在中国的发展变迁，是一门内容丰富、思维开阔、涉及面广、具有综合性的课程。在本科院校，由于思想政治教育课程的开设科目较多，包括“马克思主义基本原理”、“中国近现代史纲要”、“思想道德修养与法律基础”、“毛泽东思想和中国特色社会主义理论体系概论”等，甚至还有其他相关的丰富的选修课程，因此能够形成一个广泛联系、相互论证的完整体系。但是在高职院校，作为思想政治教育的核心课程仅有“思想道德修养与法律基础”和“概论”课，显得相对单薄，尤其是从史到实、从马克思主义基本原理到中国化发展来说，如果仅仅依靠“概论”课教材，教学内容显得不够丰满，因此在“概论”课教学过程中，一个突出的问题就是依据中国近现代历史、当前社会现实和马克思主义基本理论对本课程进行适当补充和丰富，使历史和理论基础更加明确和夯实，更好地为“概论”课程教学服务。“概论”课应以中国共产党把马克思主义基本原理与中国革命、建设和改革的实际相结合，不断进行理论创新为脉络，以党领导中国人民进行新民主主义革命、选择社会主义道路、建设中国特色社会主义为逻辑主线，突出中国化马克思主义理论成果的整体性和系统性，使中国化马克思主义的理论体系有机地转换

为教学体系。[1]

2. 精简教材内容，避免重复，教有侧重

由于教材自有其逻辑体系，因此其内容要周到全面。但对于具体的教学过程来说，在有限的学时里不可能每一门课程教学都面面俱到。首先，高校“概论”课教学应当尽量避免与中学课程在相关内容方面的重复。在教学过程中，有学生认为“概论”课程内容和中学思想政治科目的相关内容有重复现象，有似曾相识之感，认为高校思想政治教育不过是老调重弹，没有新意，极易产生厌烦、排斥心理。因此，在高职的“概论”课教学中应尽量避免同一知识的重复讲授，对于具有相通性的思想理论应在深度和广度方面加以提升，并且积极进行教学方式的创新。其次，“概论”课教学应尽量避免和高职院校同类别的其他课程内容重复。虽然高职院校开设的思想政治教育核心必修科目仅有“思想道德修养与法律基础”和“概论”两门课程，但难免会出现知识重叠的现象。因此，两门课的教学应加强联系，相互协作并进行理论整合。对于“概论”课教学来说，也应熟悉“思想道德修养与法律基础”的相关理论和教学，从而在“概论”课教学中做到有所选择、有所侧重。

（二）充实实践教学，实现教学内容理论与实践的统一

实践教学作为一种相对独立的教学内容获得大家的关注。实践性是“概论”课教学的基本属性，把理论教学与实践教学结合起来，是完善“概论”课教学体系的重要方面。

1. 实践教学的独立地位日益增强

在传统理念中，实践教学从属于理论教学，是为印证理论教学服务的，是理论教学的实践补充而已。但是随着实践教育理论的发展和实践教学的开展，实践教学所具有的独特作用已经远远超越了理论补充的作用，充分展示了其学以致用、实践育人的重要作用。因此，把实践教学作为专门的教学内容进行规划、设计、实施也成为一些高职院校进行教学体系改革的重要举措。

---

① 肖贵清：《关于讲授“毛泽东思想、邓小平理论与‘三个代表’重要思想概论”课的几点思考》，《教学与研究》2006 年第 8 期。

2. 实践教学应当实现体验和思考的结合

有一部分人认为，实践教学就是追求轻松，走走玩玩、随便看看就可以了，或者实践教学至多是让学生完成某项任务就行了。这样的理解存在着简单化的倾向。实践教学的最终目标是和理论教学相一致的，应实现理论水平和思想素质的提升，能更好地指导行动和实践。因此，实践教学应当在具体操作中不断激发学生的思考，教师发挥其引导作用，扩展学生的视野，提升其思想理论水平，实现“概论”课教学的培养目标。

（袁勇睢　广州番禺职业技术学院）

基于校企合作的高职院校“概论”课实践教学探索

高校思想政治理论课实践教学的形式应该是丰富多彩的，不应局限于某一种固定的思维或某一种孤立的形式，而应立足于课程的不同性质和学生的特点。当前，校企合作、工学结合的人才培养模式为高职院校加强和改进思政课实践教学提供了良好的契机和特有的条件。笔者认为，在高职院校“概论”课的实践教学过程中，依托校企合作平台，将“概论”课的实践教学与学生的专业教育和专业实践相结合，有计划、有目的地让学生在教师和专业实习实训基地相关人员的共同引导下感知社会现实、提高理论与实践相统一的能力、结合企业实践提高自身综合素质等，更有利于充分发挥教育资源的整体效能，突破资金、学生安全、学生全员参与以及社会实践教学指导教师不足等难题，应是突破高职思政课实践教学现有困境的有益尝试。

一、基于校企合作开展高职“概论”课实践教学探索的适切性

（一）基于校企合作，与专业相结合开展“概论”课实践教学，体现了高等职业教育的特点及其发展趋势

提高人才培养质量是社会经济发展对高等职业教育的根本要求。当前，以增强学生职业能力为目标，将职业岗位所需的关键能力培养融入专业教学体系之中，已经成为高职院校课程建设的总体发展趋势。这一课程改革势必要求要以实践和能力为本位来创新高职思政课教学模式，尤其要

加强与专业教育、专业实践相结合的实践型教学，建立与专业相结合的实践教学模式。以我院的实践教学模式为例，目前“概论”课是在大学二年级开设。相对于大学一年级阶段而言，大学二年级的课时安排中专业实践课时一般都占到了总课时的40%以上，实践形式多（有专项技能实训、顶岗实习、校内劳动实践等），而且实践时间跨度大、要求层次分明。基于这样的办学特点，“概论”课的教学环节、教学组织形式如果不能与之相适应，就很可能会因为专业实践阶段性的出现而导致自身教学阶段性的中断，从而影响教学的连贯性和教学的效果。因此，加强“概论”课的实践教学模式创新，既是高等职业教育本身特点及发展的必然要求，同时也是思政课融入整个高职教育实践教学体系的有机组成部分的体现。

（二）基于校企合作、加强与专业相结合的实践教学，是提高高职“概论”课教学实效的现实需要及基本要求

思政课是一门培育人的内心灵魂的课程，对大学生的世界观、人生观和价值观的正确形成具有不可替代的作用。相对于思政课其他课程而言，“概论”课内容丰富、逻辑性强、基本概念多、思辨性突出，带有明显的理论性和抽象性等特点。而高职学生较多的是具有较强的形象思维能力，对涉及经验、策略方面的过程性知识具有较强的掌握能力，对专业实践比较感兴趣，而对概念、原理方面的陈述性知识和纯理论的课程内容兴趣不大。并且，从我们对用人单位的多次调研来看，现在绝大多数企业对人才的第一要求并非知识和技能，而是人品、敬业、责任感，职业道德素质已经成为高等职业教育人才培养的第一要素。因此，在高职“概论”课的教学过程中，树立实践教学与专业教育相结合的观点，依托校企合作平台，把职业环境中思想政治教育资源充分挖掘出来，按照学生成长中出现现实问题的过程和规律，引导学生将政治理论知识学习、马克思主义实践应用能力培养和综合素质的提高三者紧密结合起来，有针对性地进行思想政治教育，既是适应高职人才类型、层次的因材施教的基本要求，也是满足高职“概论”课教学实效的现实需要。

二、基于校企合作、与专业实践相结合的高职“概论”课实践教学体系探究

“概论”课是一门意识形态和科学性很强的课程，其实践教学毕竟不同于一般的专业课实习实训。专业实习实训建立在学生体验和动手的基础上，通过特定的专业实践，侧重培养学生“如何做事”。“概论”课实践教学则具有鲜明的思想性和意识形态性，侧重培养学生“如何做人”。但是，两者又是紧密联系、相辅相成的。培养学生“如何做人”这一教育目标的实现只有与专业课实践教学培养学生技能的过程相结合才能落到实处，否则就只能是一种空想；培养学生“如何做事”这一目标的实现也要依靠思想政治教育的正确引导，否则就不可能使学生成为社会主义合格人才。①因此，在构建基于校企合作、与专业实践相结合的“概论”课实践教学模式过程中，我们注意做到组织形式要务实、要符合高职院校学生的特点；在教学内容的设置上根据高职院校学生的需要，联系现实生活和社会中各种背景，教育学生在“做中学、学中做”，初步形成了一个课内、课外、校内、校外的全方位实践育人体系。

（一）引入企业精神，设计与专业教育相结合的课堂实践教学

企业将政治、经济、科技、文化、爱国主义和集体主义等教育因素融为一体，是一个良好的、难得的教育基地。任何优秀企业都有自己独特的传统与文化，企业精神、企业核心价值观等文化内容就是企业发展之魂，具有强大的导向、凝聚、激励和约束作用。因此，我们在“概论”课的课堂实践教学活动中，会结合教材主要内容，针对不同的专业特点，尽量选用贴近学生所学专业的教学素材组织教学，将更多更新的职业道德、企业文化纳入教学过程中，使我们的课内实践与企业精神紧密结合起来。以我院公路运输管理专业学生为例，我们在设计第十一章“建设中国特色社会主义文化”的课堂实践教学中，就融入了该专业的实习实训基地——广东

① 黄振宣：《工学结合下高职院校思想政治理论课实践教学体系的构建》，《广西教育》2011年第21期。

晶通公路工程集团有限公司的企业精神，把该公司注重文明诚信的优良传统、富有特色的企业文化作为一个鲜活的案例材料组织课堂专题讨论。让学生在课堂中就能直接感受到强烈的企业文化氛围，受到企业优秀文化的熏陶，有效地强化了该专业学生应具备的“铺路石精神”以及吃苦耐劳、坚韧不拔的良好品质，更增强了“概论”课教学的现实感、鲜活感、针对性和吸引力。

（二）坚持思想性与专业性的统一，开展与专业结合紧密的校园实践教学

校园实践教学是指在学校范围内除课堂实践教学活动以外所开展的实践教学活动，主要包括由教师有计划地指导学生开展的校园公益活动、社团活动、科技发明和校园文化建设等第二课堂活动，将课程中的思想政治教育在更广泛的空间和层面上展开，让学生在切身体验和感受中提高实践能力，培养学生的创新精神。思政课的校园实践教学活动的开展必须紧密结合学生的专业特点，体现思想性与专业性的统一，才能取得良好的效果。以我院的校园实践教学活动为例，我院“概论”课是面向全体二年级学生开设的，跨度为一学年。在二年级的第一学期，因学生已经接触了一些专业课，有一定的专业知识基础和分析问题、解决问题的能力。因此，我们主要根据学生的专业背景，组织他们开展一些社会调查、短期挂职锻炼和部分科技文化活动，初步将专业性与思想性结合起来；而在第二学期，学生一般都已经较为深入、系统地学习了专业课程。那么，我们就主要组织他们依托专业知识广泛开展科技文化服务活动，如科技咨询、科技扶贫、法律咨询、理论宣传和创业实践等，把实践教学与专业实习相结合，专业性与思想性相交融，从而更好地促进学生的全面发展。

（三）以企业为基点，组织与专业实践环节相结合的社会实践教学

社会实践教学的设计与组织需要依据知行统一和针对性原则，深化运用性环节和强化感受验证性环节。在以企业为基点组织的社会实践教学活动环节，我们尤其要注意抓好两个重点：一是依据学生专业和教学内容需要，选择稳定的实践基地，把课堂设在该企业里，让优秀企业家、先进生产工作者或普通员工现身说法、典型激励；二是建立稳定的专业实习实训

与思政课实践教学相结合的“双基地”，结合学生的专业实践，在专业实习实训中渗透思想政治教育。在这个相互渗透的过程中，“概论”课的任课教师要主动了解各专业实践教学的计划和安排，以便能及时地根据专业实践的内容和要求，事先确定课程实践教学主题。这样，在专业实践任务布置的同时，我们也能及时布置课程实践教育的任务，从而把思想政治教育融入相对独立的专业实践过程之中，实现思政课实践教学与专业实践教学的有机结合，让学生更容易将课堂理论教学活动中获得的“教化”内化为自己的人生体验，实现“知”与“行”的合一，更好地提高思想政治教育的针对性和实效性。

三、完善基于校企合作的高职“概论”课实践教学运行机制

（一）制定完善的实践教学管理制度，建立有效的组织领导体制和工作运行机制

要基于校企合作，开展与专业相结合的“概论”课实践教学活动，涉及学校的教学管理、学生管理、学生思想政治教育以及经费保障等。因此，要想取得预期的效果，就必须要有制度上的保障，构建一套有效机制来保证其良性运转。例如，成立思政课实践教学的领导机构，将思政课实践教学纳入学院思想政治教育工作体系，从教学管理制度上来保障系列实践教学活动的开展。依据我们的实践经验，在思政课实践教学组织领导架构中，应由校级领导担任组长，成员可包括教务处、学生处、团委、思政部、各专业院系校企合作部等部门的负责人。领导机构主要是对全校思政课的实践教学进行宏观调控，对实践教学中所需要的资金、人员、时间、实践基地进行内外协调、资源整合，落实政策性保障。只有形成了各部门各司其职、齐抓共管的态势，才能为构建与专业实践相结合的思政课实践教学模式提供强有力的组织保障。①

---

① 莫华伟：《关于与专业结合的思想政治理论课实践教学研究》，《辽宁医学院学报》（社会科学版）2011 年第 1 期。

（二）改革实践教学考评机制，保障实践教学质量

考评体系是实践教学的重要环节。建立一个合理、客观、规范的实践教学考核评价机制是提升思政课实践教学质量和实效性的关键。尤其是与专业实践相结合的“概论”课实践教学的考核，必须改变过去只注重考查学生对理论的掌握情况，而忽视对学生运用所学知识分析和解决实际问题能力的考核。因此，我们认为要做到以下三点：一是加大实践教学在课程总评成绩中的比重。实践教学考核内容要包括学生是否积极参加实践活动以及在实践过程中的作用，所提交的调查报告、总结或心得体会的水平状况等，并组织专门的时间让学生进行汇报，在考核环节适当加上学生的互评环节，有效调动学生参与的积极性。二是将一定比重的实践教学成绩交由专业实践教学教师来考核，考核学生在专业实践中的出勤情况、实习态度、团队精神、敬业精神等，真正实现思政课实践教学考核与专业实践的结合。三是将“双基地”指导教师的评价纳入思政课实践教学中，作为考核指标，因为指导教师在日常生活中与学生接触较多，容易了解学生参加各种实践的表现和思想道德状况，能更全面地考核学生的实践教学。

（三）建立科学的实践教学激励体系，推动实践教学活动的良性发展

实践证明，缺乏助长型激励机制，个人或组织就会缺乏从事某一项活动的内在动力，就难以推进这一活动的良性发展。因此，要推进基于校企合作的高职“概论”课实践教学模式的良性运作，必须建立一个相应完备的激励机制：一是要建立一套自上而下的激励学校与企业之间共建互赢实施的思政课实践教学的机制；二是要建立针对教师实施实践教学行为的激励机制，调动教师落实实践教学的积极性；三是要建立针对学生参加实践教学活动的评价激励机制，把他们的实践教学成绩与学业挂钩、与评先评优挂钩，从而提高学生对思政课实践教学活动的重视度，真正实现思政课实践教学育人的目标。

（陈伟平　广东交通职业技术学院）

理论探讨篇

论社会主义核心价值体系在高校校园文化建设中的主导作用①

党的十六届六中全会明确提出了建设社会主义核心价值体系的根本要求和战略任务。在经济全球化和社会转型的新时期，高校校园文化建设作为社会主义先进文化的重要组成部分，必须坚持社会主义核心价值体系的主导作用，把握校园文化的发展方向，切实把社会主义核心价值体系融入校园文化建设的全过程。

一、坚持社会主义核心价值体系在高校校园文化建设主导作用的必要性

1. 坚持社会主义核心价值体系在高校校园文化建设的主导作用是体现大学社会主义性质的本质要求

“一个国家、一个民族、一个社会在长期共同的认识和实践活动中，必然要形成一定的价值观念体系，在这个体系中居核心地位，起主导和统领作用的就是其核心价值体系，这是社会历史发展的必然和客观规律。”②在当代中国，社会主义核心价值体系是我国社会主义发展史上关于价值观方面的科学总结，是马克思主义中国化的重大理论创新成果，在我国整个社会价值体系中居于主导地位，具有明显的价值导向作用，并在所有的社

① 基金项目：2009 年度广东省高校思想政治教育课题“社会主义核心价值体系在高校校园文化建设中的主导作用与实现机制研究——以广东省高职医学院校为例”（编号：2009CY065）。

② 张正武：《唱响主旋律——以社会主义核心价值体系引领高校校园文化建设》，《长春理工大学学报》（高教版）2009 年第 8 期。

会主义价值体系中起着统摄作用。社会主义核心价值体系是社会主义制度的内在精神之魂，它既集中体现了社会主义制度的本质属性，同时也为维持社会主义制度的稳定和发展提供了基本的精神依托。

"学校应该永远把坚定正确的政治方向放在第一位。"① 我国社会主义国家的政治性质，决定了我国高等教育的社会主义性质。校园文化作为学校的核心竞争力之一，如何确保其正确的发展方向，是高校建设发展过程中必须高度重视的大问题。在高校校园文化建设中确立社会主义核心价值体系的主导地位，是党和国家对高校建设提出的政治要求。只有坚持以社会主义核心价值体系主导高校校园文化建设，才能确保高校校园文化坚持社会主义性质，为社会主义服务的正确方向。

2. 坚持社会主义核心价值体系在高校校园文化建设的主导作用是现代化与全球化的现实需要

随着我国社会主义市场经济的快速发展和改革开放向纵深发展，我国社会正经历着深刻的转型和变革，经济体制深刻变革，社会结构深刻变动，利益格局深刻调整，思想观念深刻变化，这一切在给人们的思想观念和价值体系带来巨大生机和活力的同时，也带来前所未有的冲击。在这样的冲击之下，整个社会没有正确的主导性价值观的引导，人们在思想上难免会产生疑惑、误解，甚至会迷失方向。高校作为思想文化的生产、传播、集散场所，是各种意识形态交汇和碰撞的最前沿、最敏感的地方。在大学校园中不同程度地存在着政治信仰迷茫、理想信念模糊、价值取向扭曲、社会责任感不强、诚信意识淡薄、心理素质脆弱等问题。在这种情况下，我们以社会主义核心价值体系主导校园文化建设，用马克思主义中国化的最新成果武装头脑，有助于广大师生在各种纷繁复杂的社会思潮中明辨是非，统一思想，使马克思主义真正成为广大师生的主导意识和精神支柱。因此，在这样一个社会转型的关键时期，坚持社会主义核心价值体系在高校校园文化建设的主导作用具有重大的时代价值。

从国际形势上看，当今世界经济格局最显著的特点是经济全球化。自20世纪80年代以来，经济全球化已经成为一个不可逆转的客观事实和发展趋势。经济全球化既给发展中国家带来了很多的发展机会，也使发展中

---

① 《邓小平文选》（第2卷），人民出版社1994年版，第104页。

国家面临更加严峻的挑战。特别是以美国为首的西方资本主义国家鼓吹经济全球化就是西方化，把经济全球化看作是一次向发展中国家推销普适价值、推行西方政治制度的机遇。在这种背景下，传统的国家主权观念受到强烈的冲击，民族意识日益弱化。我国传统的价值观念正日益被消解，人们失去对民族传统的认同感，导致当前我国文化领域内出现严重的崇洋媚外思想，很多高校学生持民族文化虚无主义思想，对属于民族文化的东西表现出不屑一顾的态度。因此，作为民族教育重要基地的高校校园应加强社会主义核心价值体系教育，以社会主义核心价值体系主导高校校园文化建设，是在经济全球化的背景之下，增强民族文化认同感，实现中华民族伟大复兴的客观需要。

二、社会主义核心价值体系主导高校校园文化建设的主要内容

《中共中央关于构建社会主义和谐社会若干重大问题的决定》明确指出："马克思主义指导思想，中国特色社会主义共同理想，以爱国主义为核心的民族精神和以改革创新为核心的时代精神，社会主义荣辱观，构成社会主义核心价值体系的基本内容。"① 这四个方面的基本内容囊括了从最高层面作为党的指导思想的马克思主义到具体每个人的行为选择标准的社会主义荣辱观，集中体现了社会主义意识形态的本质属性，深刻揭示了社会主义核心价值体系的科学内涵，也使得高校校园文化建设的主要内容更为明确、具体和完整。

1. 马克思主义是高校校园文化建设的指导思想

随着经济全球化的深入发展，各国在综合国力激烈竞争的同时，在意识形态领域也是风云激荡，各种思想文化相互碰撞，加上我国社会正经历着深刻的社会转型和变革，意识形态领域更是异常活跃，高校更是如此。因此，以社会主义核心价值体系主导高校校园文化建设，第一要务是坚持和巩固马克思主义在高校校园文化建设中的指导地位。高校应着力研究和寻求马克思主义与校园文化相结合的途径，系统地运用校园文化的多种载

① 《中共中央关于构建社会主义和谐社会若干重大问题的决定》，《人民日报》，2006 年 10 月 19 日。

体来做好马克思主义的宣传教育工作，把马克思主义核心价值有机地渗透到高校校园文化建设的全过程。同时，对于校园内其他的社会思潮，我们要贯彻“尊重差异，包容多样”的方针加以引导。我们要运用马克思主义的基本立场、观点和方法，深入研究和分析高校校园各种社会思潮的思想内容，因势利导，对那些不利于社会主义的错误思潮进行积极的思想斗争，同时也要有效地吸取其有益于社会主义的成分，以促进马克思主义指导地位的巩固与发展。

2. 中国特色社会主义共同理想是高校校园文化建设的政治前提

中国特色社会主义共同理想是社会主义核心价值体系的主题，是广大人民群众的主要精神支柱和精神动力。这种精神支柱和精神动力对于社会主义建设事业的顺利发展具有极端的重要性。邓小平同志说过，“光靠物质条件，我们的革命和建设都不可能胜利。过去我们党无论怎样弱小，无论遇到什么困难，一直有强大的战斗力，因为我们有马克思主义和共产主义的信念。有了共同理想，也就有了铁的纪律。无论过去、现在和将来，这都是我们的真正优势”①，“没有这样的信念，就没有一切”②。由此可见，在改革开放的新时期，能否在广大人民群众中，尤其是在大学生中确立中国特色社会主义共同理想，是建设社会主义核心价值体系的关键问题和核心问题，它直接决定着我国全面建设社会主义和谐社会的宏伟目标能否实现，制约着社会主义事业能否顺利向前发展。

现阶段我国各族人民的共同理想是在中国共产党的领导下，走中国特色社会主义道路，实现中华民族的伟大复兴。坚持以社会主义核心价值体系主导校园文化建设，根本前提就是在校园文化建设中牢固确立中国特色社会主义共同理想。具体来说，我们首先要加强宣传教育、加强理想信念教育，使大学生充分认识到中国特色社会主义共同理想的科学性，从而理性地接受和认同中国特色社会主义的价值目标；其次，要引导大学生处理好个人理想与共同理想的关系，引导大学生将个人理想上升为社会理想，将社会理想内化为个人理想。“青年只有顺应社会发展的潮流，把个人的前途命运与国家、民族的前途命运紧紧联系在一起，并为之奋斗不息，才

---

① 《邓小平文选》（第3卷），人民出版社1993年版，第144页。

② 《邓小平文选》（第3卷），人民出版社1993年版，第190页。

能创造无悔的青春和取得毕生的成功。”①

3. 以爱国主义为核心的民族精神和以改革创新为核心的时代精神是高校校园文化建设的现实要求

以爱国主义为核心的民族精神和以改革创新为核心的时代精神是社会主义核心价值体系的精髓，它是符合我国发展所面临的经济全球化的世界背景和社会经济体制转型的现代化现实的。我国高校校园文化建设作为面向现代化、面向世界、面向未来的社会主义和谐文化的重要组成部分，必须既保持中华民族的民族性，也体现社会发展的时代性。因此，我国的校园文化建设必须把以爱国主义为核心的民族精神和以改革创新为核心的时代精神作为高校校园文化建设的重点，这是民族发展和时代进步的客观要求。

“一个民族、一个国家，如果没有自己的精神支柱，就等于没有灵魂，就会失去凝聚力和生命力。有没有高昂的民族精神，是衡量一个国家综合国力强弱的一个重要尺度。”② 民族精神是一个民族赖以生存和发展的精神支柱，是一个民族生命力、凝聚力和创造力的不竭源泉。中华民族是富有爱国主义光荣传统的伟大民族，弘扬以爱国主义为核心的民族精神是社会主义核心价值体系建设的重要内容。高校校园是继承和弘扬民族优秀文化的重要场所，是倡导和主导民族精神的前沿阵地。因此，要把以爱国主义为核心的民族精神作为高校校园文化建设的主要内容，切实将民族精神的培育融入到校园文化活动中去，不断增强对国家和民族的认同感、归属感，增强全体师生的爱国意识。

4. 社会主义荣辱观是高校校园文化建设的道德基础

社会主义荣辱观阐明了一个社会主义合格公民所应具备的基本道德标准，反映了社会主义道德的基本要求，给市场经济条件下的人们在面临人生历程的十字路口时判断行为得失、确定价值取向、作出道德选择提供了基本准则。高等学校承担着人才培养、知识创新和传承文明的重要任务，在提高全体社会成员的思想道德素质方面，发挥着主导、示范和辐射作用。作为社会主义事业未来建设者的大学生正处于世界观、人生观、价值

① 《江泽民文选》(第3卷)，人民出版社2006年版，第486页。
② 《江泽民文选》(第2卷)，人民出版社2006年版，第231页。

观形成的关键时期，而社会主义荣辱观作为对社会主义合格公民应该具有的行为价值取向、应该遵守的基本行为规范和应该养成的健康文明的生活方式的高度概括，是大学生树立正确世界观、人生观、价值观的基础，也是高校校园行为文化的内核。高校在努力提高学生科学素养和业务能力的同时，要重视提高学生的政治素质和思想道德素质，鼓励学生在社会生活中自觉践行社会主义荣辱观，为建设积极健康的校园文化，形成良好社会风气，为实现社会和谐奠定坚实的道德基础。

三、实现社会主义核心价值体系在高校校园文化建设主导作用的基本思路

"校园文化是在社会人文环境和大文化背景下，在学校这一特定社会空间内，师生依据学校的特殊条件，在从事课内外的各项活动中所创造的精神财富以及承载这些精神财富的规章制度、组织活动和物质形态。"[①] 它既包含和反映着师生员工对高校本身的总体认知、理想追求和实践探索，又是凝聚师生员工的精神纽带。校园文化其基本结构大致可以分为物质文化、精神文化、制度文化和行为文化等四个层面。

1. 以社会主义核心价值体系主导高校校园物质文化建设

校园物质文化是高校校园文化直观显现的层面，是校园文化其他层面存在的物质基础，是校园文化的物质形态和综合实力的重要标志。校园物质文化内涵十分丰富，其存在形式包括高校校园的地理位置和地形风貌等自然环境，高校校园的各种建筑、教学科研设备、文化设施和生活设施以及布局合理的大小园林草地、山川湖泊、道路交通等各种人文景观等。联合国教科文组织指出："除了正规的课程以外，学生置身于其中的环境也是一种教育因素或反教育因素，一个肮脏的环境培育不出环保意识和美学意识……"[②] 以社会主义核心价值体系主导高校校园物质文化建设，就要在社会主义核心价值体系的指导下，把高校校园人文环境和自然环境建设

---

① 陈秉公：《21世纪思想政治教育工作创新理论体系》，吉林教育出版社2000年版，第504页。

② 联合国教科文组织：《面向21世纪高等教育宣言：观念和行动》，巴黎高等教育会议文件，1998年10月9日。

有机结合，将精神文化建设与物质文化建设结合起来，尤其要注重做好校园人文环境、校内文化设施、校园景观等的建设与规划，着重建设精神内涵丰富的物质文化环境。

2. *以社会主义核心价值体系主导高校校园精神文化建设*

校园精神文化是高校校园文化的核心和灵魂，是校园文化的最高表现形式。2007 年 5 月 14 日，温家宝总理在同济大学考察时曾经说过，“一所好的大学，不在高楼大厦，不在权威的讲坛，也不在那些张扬的东西，而在有自己独特的灵魂”，“这就是大学的精神”。这种精神是高校在长期的发展过程中形成的独特气质和价值规范体系，具体表现为高校在办学过程中所尊崇的办学理念和校园人共同的价值追求等。因此，我们坚持以社会主义核心价值体系主导高校校园精神文化建设，首先应该体现在办学方向上。“高等学校校园文化是社会主义先进文化的重要组成部分”①，必须始终坚持先进文化的根本方向，把正确的政治方向放在首位。把牢固树立社会主义核心价值体系作为校园文化建设的核心和根本价值取向。同时，我们也要将社会主义核心价值体系渗透和贯穿于高校教育、科研、管理和服务的全过程，将以理想信念为核心的社会主义教育、以爱国主义为核心的民族精神教育、以基本道德规范为基础的公民道德教育和以全面发展为目标的基本素质教育有机地结合起来，培育高校师生员工共同的思想理念、道德情操、思维方式和人生态度。

3. *以社会主义核心价值体系主导高校校园制度文化建设*

校园制度文化是“一种以校园制度体系为依托而形成的反映高校组织形式、管理模式以及校园人追求理念等深层内容的文化”②，它是校园文化的重要积淀和传承，对校园文化起到重要的约束和保障作用。任何高校为了实现其办学目标都会制定出一套完善的制度和条例来规范和约束高校主体的行为，它主要包括各种规章制度、管理机制、行为规范以及约定俗成的习俗等。校园文化的生成离不开制度的保障，应该做到校园文化“有法可依、有章可循”，但制度文化不应成为机械冷冰的条例组合，而应该被赋予活的灵魂，应该让学校管理制度的影响深入到师生员工的心里并发挥

---

① 《教育部、共青团中央关于加强和改进高等学校校园文化建设的意见》（教社政〔2004〕16 号），《中华人民共和国教育部公报》2005 年第 3 期。

② 刘德宇：《高校校园文化发展论》，中国海洋大学出版社 2004 年版，第 197 页。

作用，从而转化成师生自觉遵守的行为规范和习惯。

4. 以社会主义核心价值体系主导高校校园行为文化建设

校园行为文化是高校“师生员工在教育教学、科研研究、学术交流、学习生活和文化生活中所表现出的精神状态、行为操守和文化品位”①。它和物质文化一样，是校园文化结构中的表层形态，是校园文化的行为载体和动态表现。校园文化就是通过校园师生日常的学习、工作和生活中的这些行为表现出来的。当代高校中丰富的校园文化活动，既是校园日常生活的重要内容，也是校园文化的主要表现形式，还是校园文化建设的重要载体。以社会主义核心价值体系主导高校校园行为文化建设，就是要将社会主义核心价值体系融入校园文化活动建设当中，寓教育于文化活动之中，通过多种形式组织广大师生员工开展体现时代精神和校园特色的文化艺术活动。在不断满足广大师生员工日益增长的文化需求的同时，培养学生正确的社会主义荣辱观、政治态度和政治理想与对中国特色社会主义的价值认同。同时应建立行之有效的实践教育机制，积极引导学生走出校园，深入社会，投身于中国特色社会主义建设的伟大实践中，这不仅有利于学生认识社会和获取知识，而且也有利于深化学生对社会主义核心价值体系的认识，明确其肩负的社会责任和历史使命。

（何　振　周宏菊　肇庆医学高等专科学校）

① 蔡劲松等：《大学文化：理论构建与系统设计》，文化艺术出版社2009年版，第32页。

高校“概论”课中的研究性学习机制探讨

一、研究性学习的内涵及特点

（一）研究性学习的内涵

研究性学习与接受性学习是高校课程教学中两种相对的学习方式。研究性学习在教师教的方式和学生学的方式上都不同于接受性学习。教师的教，主要是为学生的自主学习活动提供服务、指导和帮助。学生学的方式是通过自主探究的实践活动去获取知识、发展能力、获得体验。通过两种学习方式的比较，笔者认为，高校课程中的研究性学习，是指大学生在教师的指导下，从自然、社会和生活中选择和确定专题，以类似科学研究的方式，去主动获取课程知识、课程体验、解决问题、自我教育的一种学习方式。这是一种以课程内容为核心、以问题为基础、以体验为本位、以探索活动为过程的探究式学习方式。它的实质是学习者通过对科学研究的思维方式和研究方法的学习运用，培养自己的探究精神和实践能力。

（二）研究性学习的特点

第一，突出研究性，调动学生学习的积极性。学生是研究对象的发现者、选择者和确定者。学生是研究者，对问题自主进行研究，或自己独立完成，或与他人合作研究。学生是研究结果的所有者，无论研究成败与否，学生都会从研究的过程中有所得，成功了，是研究的经验；失败了，是研究的教训。同时，学生在亲自动手实践探究的过程中学到了研究问题的方法。

第二，突出自主性。把学生真正置于主体地位，强调以学生的自主性为基础，是研究性学习的显著特征。学生在整个研究过程中都处于一种紧张、积极、活跃、兴奋、自主的状态之中。学生可以自主选择和确立研究专题、自主策划和开展研究活动、自主表达和交流研究成果、自主评价和反思研究过程。可以说，从确定选题到制订计划，从搜集资料到呈现成果，再到研究过程的评价，都渗透着学生的辛勤劳动和积极思考。在这一过程中，教师只是指导者、帮助者，而不能代替学生去研究。

第三，突出过程性。传统的接受式学习比较重视学生的学习结果，而研究性学习则比较重视学生的学习过程，注重学习过程中学生的思维方式、个人体验以及对信息资料的整理与运用，强调学生在“做中学”、在“学中用”，其结果必然是促使学生积极主动地去关注国内外的时事政治，满腔热情地去关心和接触社会，并能够从一些新的角度来思考和对待国家与社会的各种问题。

二、研究性学习对高校“概论”课学习的意义

“就人的发展而言，研究性学习与接受性学习都是必要的，两者是相辅相成，缺一不可的。”① 但传统“概论”课教学过多偏向接受性学习，忽视研究性学习，难以实现教学目的。改革“概论”课教学方式就是要重视研究性学习，通过教师教授方式的改变，促进学生学习方式的转变，从而实现以培养学生的创新精神和实践能力为核心的素质教育。研究性学习对高校“概论”课教学具有重要意义，体现在以下四个方面：

1. 有利于中学政治课教学改革与大学“概论”课教学改革的衔接

研究性学习是教育部2000年1月颁布的《全日制普通高级中学课程计划（试验修订稿）》中综合实践活动板块的一项内容。它是指学生在教师指导下，从学习生活和社会生活中选择和确定研究专题，主动地获取知识、应用知识、解决问题的活动。在我国基础教育改革过程中，全国许多地方开展研究性学习实验，并在取得成效的基础上，将研究性学习列入课程计划，作为普通高中学生的必修课，并且还将逐步在初中和小学开设同

① 张庆林、杨东：《高效率教学》，人民教育出版社2002年版，第274页。

样的必修课。中学政治课教学以研究性学习为取向的改革探索正在进行之中，教学内容不局限于教材，与实际生活密切结合，学生对学习内容拥有了一定的选择权。高校应具备研究性学习的软件和硬件设施，应该顺应教学改革的趋势，实现与中学政治课教学改革的衔接。

2. 有利于促进高校“概论”课教学改革，增强教学实效性

当前高校“概论”课教学的实效性不容乐观。影响教学质量和效果的因素很多，受社会环境等外部因素的影响，更受教学的内部因素的制约，起决定作用的是教学内容和教学方法。研究性学习理论和实践在我国教育界的蓬勃发展，为高校“概论”课在教学方法和教学内容方面的改革找到了切入点。

2005 年初，中宣部、教育部发出的《关于进一步加强和改进高等学校思想政治理论课的意见》指出：“加强和改进高等学校思想政治理论课的总体要求是：坚持用发展着的马克思主义武装大学生，始终保持教育教学的正确方向；坚持理论联系实际，贴近实际、贴近生活、贴近学生；坚持开拓创新，不断改进教育教学的内容、形式和方法。”研究性学习就是培养大学生发现问题、解决问题、创新思维、批判精神和实践的能力，探索“概论”课教学实效的一种新的教学方式方法，即探索把大学生对“概论”课的理论知识通过“内化”和“外展”两个转换过程来培养、锻炼和发展大学生的实践能力和创新精神。“概论”课研究性学习方式的运用，顺应了课程改革的趋势，对打破思想政治课“满堂灌”的教学现状，提高思想政治课教学的实效性，推动学生素质全面发展具有积极意义。

3. 有利于提升大学生素质，培养创新精神和实践能力

素质教育的重点是培养学生的创新精神和实践能力。研究性学习具有创新性的特点。学生在某个问题上要有所创新，对这个问题必定要有大量的、充分的研究。所以，研究与创新密切相关，没有研究就不可能有创新，研究是创新的基础。要想培养学生的创新精神和创造能力，就必须先培养学生的研究意识和研究能力。在“概论”课研究性学习的过程中，“通过由学生自主发现问题，主动探索解决问题，让学生大胆地想象，激发创造灵感，创造性地学习知识，训练创造性思维，使学生的创造性潜能

得到充分发展”[①]。研究性学习的另一个突出特征是实践性。研究性学习过程就是学生通过自主实践活动探求“概论”课理论知识、发展能力和个性的过程，学生的实践能力只有在实践活动中才能得到培养和提高。

4. 有利于促进高校“概论”课教师转变教育观念，提高教学能力

研究性学习以一种崭新的教学模式将从根本上改变“概论”课教师的教育观念和教育行为。研究性学习确立的是“以学生为本”的理念，“概论”课教师的教学活动要围绕学生的学习活动，为其提供帮助和指导。“学生通过亲身的探索实践焕发出来的创造力和取得的巨大进步，会深深触动教师，促使‘概论’课教师的教育观念发生巨大变化。”[②] 教育观念的变化终将带来教育行为的变化。教师由原来的知识传授者转变为学生学习的组织者、指导者、促进者和参与者，真正把学生当作学习的主体。“概论”课教师最主要的任务不是在课堂上传授知识给学生，而是在如何对学生进行思想观念的引导和进行思维方法的指导上下工夫，以自己良好的思想道德素质、深厚的知识和理论素养、人格魅力去影响与引导学生，教导学生如何思考，如何做人。

三、高校“概论”课中研究性学习的目标定位和实现条件

（一）高校“概论”课中研究性学习的目标定位

高校“概论”课中的研究性学习也要拓宽学生的知识面，培养其创新能力，提高其政治素质和磨炼其意志品质，这是高校“概论”课中的最基本的和常规的教学目标。但它所关注的重点和价值取向与接受式学习有所不同。它的目标定位主要体现在以下几个方面：

1. 培养学生的创新能力

培养学生的创新能力，是研究性学习的一个总目标。高校“概论”课中研究性学习所强调的能力，不只是学生对书本知识的记忆、理解、掌握、复述及运用等能力，它更重视在基于提高学生发展性学习理念的指导

---

① 邹尚智：《研究性学习指南》，中国人事出版社2002年版，第9页。

② 张庆林、杨东：《高效率教学》，人民教育出版社2002年版，第275页。

下，在确保学生基础性学习能力的基础上，进一步发展其创造性学习能力。这些能力包括：学生从多种渠道去寻找自己所需要的信息资料的能力，以及在研究中重新建构知识的能力，最后促进其综合素质的提高。

2. 培养学生的问题意识

问题意识是一种探索意识，它是创造的起点，没有问题意识就没有创造性。高校“概论”课中的研究性学习，是以“问题”为中心的主题式学习方式，它从一开始就把目标指向学生问题意识的培养上。高校“概论”课中所要研究的理论问题、现实问题、理论与实际相结合等问题是很多的，在研究活动中，让学生学会发现问题、分析问题、解决问题是极为重要的。

3. 培养学生的情感品质

高校“概论”课最基本的教学任务是对学生进行思想政治教育和道德品质培养，在这一方面，研究性学习也有自己的着重点，它不是一味地要求学生被动地接受教师所传授的“概论”课理论及其道德思想，而是强调学生的自主意识，激发学生的探索热情和科学精神，使学生积极参与研究活动，并在活动中获得积极的情感体验。高校“概论”课中研究性学习的过程，处处有情感活动，可以说，学生的研究过程也就是情感体验过程，在这一过程中，学生会切实地感受到什么是真、善、美。

（二）高校“概论”课中研究性学习的实现条件

高校“概论”课中的研究性学习要想顺利进行，必须依赖一定的条件，只有条件具备，研究性学习才能进入高校“概论”课的课堂。

1. 学习主体必须具有较强的求知欲、好奇心和学习兴趣

这是学生的内在学习动机，这些学习动机是研究性学习的基本前提。研究性学习与传统的接受式学习不同，它是一种自觉主动地发现问题和解决问题的过程，是“动作、习惯、主动的机能、行为和遭遇等适应途径、感官运动的相互协调”[①]。它的学习动力由学习内容或学习活动本身所引起，它指向的是探究未知的知识领域，并在探究中解答自己的疑问。如果学生缺乏求知欲和好奇心，对学习和探究毫无兴趣，就不会主动寻求问

① ［美］杜威著，许崇清译：《哲学的改造》，商务印书馆1958年版，第48页。

题，也就不会进行研究性学习。

2. 教学过程必须是开放性的

高校“概论”课的传统教学方式大都是封闭性的，而研究性学习则是开放性的。这种开放性主要表现为：一是研究问题的开放，即研究问题不只是来自书本，更多的应来自学生的生活世界和社会现实世界；二是教学时空的开放，即对学生传授马克思主义基本理论知识与进行思想品德和政治教育，不仅可以在课堂上进行，还可以在课外、校外进行；三是教学手段和设施与资源，即把学生置于动态、主动、多元、开放性的学习环境中，这是进行研究性学习关键性的一环；四是研究形式的开放，即研究过程可以以小组为单位，也可以以个人为单位，还可以以集体的形式研究同一个课题，成员的分工可以随着研究阶段的不同而有所变化。

3. 研究过程必须有教师的指导和帮助

在研究性学习过程中，虽然学生是学习的主体，是研究活动的中心，但学生的主体性研究活动不可能完全游离于教师的指导之外。事实上，无论是课题的选择、活动的开展，还是问题的解答，都离不开教师的指导和帮助。教师是研究性学习的组织者、参与者和指导者。作为组织者，教师要站在课程实施者的角度，帮助学生树立“必修课”意识，想方设法最大限度地激发学生的兴趣，培养学生探索新知识、解决问题的欲望，组织和动员学生投身到研究活动之中。作为参与者，教师是学生研究性学习的参谋、顾问和合作伙伴，教师既要给学生提供资料和信息、方式和方法等方面的帮助，又要建立起平等的师生关系，共同研究、共同探讨。作为指导者，教师要始终遵循研究性学习的自主性和探索性原则，把自己的一切教育行为定位于支持、帮助和维护学生的自主学习上，在学生遇到困难或无法解决的问题时给予适度的引导和点拨。

总之，高校“概论”课开展研究性学习，可以实现教学相长，形成全方位、立体的教学模式，有利于充分调动学生的学习主动性和积极性，提高“概论”课的针对性和实效性。当前，“概论”课研究性教学还处在探索阶段，还存在诸多亟待建立和完善的环节，需要在今后的教学和管理实践中不断摸索和总结，使之发挥更好的教学效果。

（张会军　佛山职业技术学院）

高校“概论”课教学中若干问题的思考①

“概论”课是高校思想政治理论课“05 方案”设置的四门必修课之一，它是以中国化马克思主义理论为主题，以马克思主义中国化为主线，以中国特色社会主义理论体系为重点，以帮助学生坚定走中国特色社会主义道路为目标的大学生思想政治教育的关键课程。因而，如何提高“概论”课中学生的到课率、抬头率和点头率，增强教学的实效性，成为高校“概论”课广大教师必须面对和解决的实际问题。根据“概论”课的教学实践，就课程教学中教学内容、教学方式、教学效果以及学生学习兴趣等方面存在的相关问题提出自己的思考。

一、“吃透”教材体系，丰富教学内容

目前，“概论”课教材从字面上难以找到鲜活、具体、典型的史实情节，在内容设置上缺乏丰富的案例，缺乏吸引力。同时，许多内容与高中思想政治课内容重复。此外，“概论”课教材没有对马克思主义的传播史、发展史有一个概述性的交代，如马克思主义在苏联、东欧、朝鲜、越南等社会主义国家和地区的发展，以及在美国、法国、德国、英国、日本等发达资本主义国家的发展情况。因而无法让学生通过比较来了解马克思主义中国化的民族性与特殊性。这需要教师具有专业的马克思主义理论的深厚功底，要对西方马克思主义、东欧马克思主义、日本的马克思主义研究以及文化研究等学术研究前沿有基本的掌握。

① 基金项目：2010 年度广东省高校思想政治教育课题（编号：2010ZY014）。

"概论"课教材记述了党在不同时期的路线方针政策，并多以党的文件、领导人的经典论断来表述，这与学生所期待的生动语言有较大距离。如"概论"课教材第三章"新民主主义理论"，着重介绍了新民主主义革命理论，缺少历史事实和生动鲜活的人物与事迹。事实上，新民主主义革命时期，涌现过大量生动鲜活的先进事迹、典型案例、英雄人物，这些都是"隐藏"在"教材体系"背后的教学资源，也是吸引和引导学生的重要范例。实现从"教材体系"向"教学体系"的转换，需要教师在吃透"概论"教材的同时，及时、有效地补充相关史实与案例，重新进行教学设计。因此，在教学中，教师在吃透教材体系的观点、逻辑、框架和精神实质的基础上，按照"深入浅出"和"浅入深出"的原则进行教学体系的重建，使之既有理论分析，又有大量实例，达到理论与实践的统一。

与此同时，"概论"课教学应与时事政治紧密结合，具有现实针对性。通过对时事的分析，启发和引导学生对"概论"理论体系的理解和运用。借助时事政治拓展学生知识面，让"概论"课成为学生获取各类知识的渠道。如关于利比亚战事，教师就可通过我国对外政策理论来分析我国对利比亚战事的态度和立场，西方国家的霸权主义和强权政治以及我国维护和平的决心和加快发展的重要现实意义。同时，借助利比亚战事来说明利比亚与美国关系的历史变迁，拓展学生的知识面。应该根据情况的变化，及时增加具有现实意义的内容，及时删除已经失去时效的内容，使"概论"课教材的内容更好地体现与时俱进的特征。①

"概论"课教师的社会实践是"吃透"教材内容，实现从"教材体系"向"教学体系"转换的重要形式。例如，通过赴江苏省华西村，河南省南街村、刘庄村等新农村参观，可以亲身感受到广大农村走共同富裕的道路所取得的成果；通过赴深圳、珠海等地参观，可亲身感受改革开放的重要成就；通过重走长征路，可亲身体验红军长征的艰辛和革命成果的来之不易等。广大教师只有通过亲身体验，才能更深刻、更生动地建构独具个人风格的教学体系。

---

① 顾钰民：《关于〈毛泽东思想和中国特色社会主义理论体系概论〉教材建设的思考》，《思想理论教育》2010年第19期。

二、优化教学方法，创新教学方式

专题教学、案例教学、社会实践教学以及现代多媒体教学等教学方式在我省高校中已经展开，对提高“概论”课教学的质量，起到了很大的促进作用。

专题教学打破了由一名教师全程负责一个班级教学的传统模式，不仅可以在理论深度、现实关注度和学生喜爱度方面取得实效，而且有利于培养教师的不同教学风格，让学生“耳目一新”。专题教学能克服学生内在学习动力不足的问题，有效提高学生学习的兴趣。这一教学方法能够充分发挥教师的专业所长，有效提高教学质量和科研水平。[①] 在专题教学上，应以教材为基础，以实现教材体系向教学体系转化为中心，以探寻科学性和艺术性相统一的教学形式为途径，以提高教学实效性为目的，作为构建“概论”课专题教学体系应遵循的原则。[②] 此外，专题教学很适合“概论”课大班教学的现实需要。

案例教学是教学过程中普遍使用的一种重要教学方法。案例教学通过对案例的讲解，让学生有更直观的感受和更直接的认识。案例教学为抽象的理论原则提供感性经验和理解基础，符合学生认识从感性上升到理性、从具体上升到抽象、从事实上升到概念的认知规律。因此，运用案例教学方法时，选择的“案例”要能够包含或说明“概论”课程所涉及的理论、原理、观点以及制度、方针、政策，即选择那些具有典型示范意义、能够结合理论与实际的范例，在加深学生对教材内容理解的同时，促进学生形成一定的理论思维能力和正确的政治理解能力。[③] 有效的案例教学设计能够进一步促进“教学体系”向“学生能力素质体系”的转换。

社会实践教学是思想政治理论课教学不可或缺的有机组成部分，也是“概论”课教学的一个要求。目前，社会实践课已经从“概论”课中分离

---

① 阮晓莺：《专题式教学在“概论”课教学中的运用及思考》，《思想理论教育导刊》2010年第2期。

② 齐晓安：《对“毛泽东思想和中国特色社会主义理论体系概论”专题教学体系的探讨》，《思想理论教育导刊》2010年第12期。

③ 姚洪越：《关于“毛泽东思想和中国特色社会主义理论体系概论”课教学案例定义的争论与思考》，《思想政治教育研究》2010年第6期。

出来成为高校思想政治理论课中的一个独立课程，主要教学形式是让学生去参加各类社会实践，写一篇社会实践报告，作为课程考查标准。由于高校思想政治理论课教师精力有限，加上学生人数庞大、教学经费严重不足等因素的制约。目前，社会实践课的教学效果还不是很理想，有的只是停留于表面，草草应付。因而，需要不断推进社会实践教学，探索与完善社会实践课教学的新形式。

现代多媒体技术和网络技术的普及与应用，给“概论”课教学方式带来了变革。目前，高校“概论”课教学基本实现了现代多媒体教学。当然，有些“概论”课件很多时候就是教材“搬家”，教材内容的电子化，远远没有达到多媒体教学的要求。加大高校思政课教师现代教育技术培训力度，特别是掌握一些“很小很强大”的编辑软件，如掌握“格式工厂”这种能够对视频、音频、图片等多种媒体同时进行不同格式转换的软件，能够帮助广大思政课教师有效地把“网络资源”转换为“教学资源”，从而提高多媒体教学的能力和创造性。

三、深化教学改革，提高教学效果

针对如何提高教学效果，很多思政课教师更多地从“概论”课教学目的、形式和内容上寻求解决问题的答案。有人认为，“概论”课教学中要突出问题意识，坚持理论联系实际，在对比分析中把握教学重点，以多媒体教学来丰富教学手段，使“概论”课成为大学生真心喜爱、终身受益的一门课程。[①] 除课堂教学自身原因之外，“概论”课教学效果还受到大班制教学、考试方式等现实原因的限制。改变大班制教学和实现考核方式多元化是提高教学效果的一个重要环节。高校“概论”课教学普遍存在着大班制教学，学生的课堂学习跟听学术报告无异。由于“概论”课的小班制教学难以贯彻落实，师生难以形成互动，课堂气氛难以调动，加上考试形式古板，教学效果难以测定，大大影响到“概论”课的教学质量与教学效果。如何从制度上保障和落实“小班制”，是高校思政课改革的难题。

高校根据自己的教学实践，采取开卷考试、闭卷考试以及撰写论文等

① 卢少求：《提高“概论”课教学效果的几点思考》，《思想理论教育导刊》2010 年第 10 期。

作为期末考查的形式来衡量学生学习的效果。开卷和闭卷考试一般采用结构化试题，其中开卷试题的综合性较高，学生自由发挥多，而闭卷则注重知识点的考查。撰写论文的形式更为自由，但难以对学生学习效果进行全面考查。无论是开卷考试，还是闭卷考试，对于试题设计应严谨科学地对待，在试题中注重学生对材料的把握和对案例的解析，让学生学会运用课本所学的理论知识来认识问题、分析问题和解决问题。期末考试虽然是“概论”课教学效果的主要测评方式，但绝不是唯一的方式。课堂讨论、课后作业等也是教学效果测评的重要方式。课堂讨论是“概论”课教学中不可缺少的一个环节，是学生独立思考的过程，也是教师引导的重要前提。课堂讨论中学生的积极发言也是记录平时成绩的重要方式，为期末综合测评提供依据。课堂讨论绝非几个学生的发言，须精心准备安排，做到主题鲜明，现场活跃，秩序井然，效果显著，达到教育引导之目的。

四、“透视”社会生活，激发学生兴趣

提高“概论”课教学的效果，必须激发学生的学习兴趣，提高学生听课的“抬头率”。因此，“透视”社会生活，回归现实，提出问题，注重“引导”、“结合”和“融入”等教学设计环节，才能“化理论为智慧”、“化理论为德性”，才能真正地提高教学实效。

“引导”就是教师要激发学生学习的积极性、主动性和创造性，要做学生的学习伙伴，而非高高在上，夸夸其谈。例如，布置作业，写一篇与“概论”课相关的论文。通过指导学生谈论读书期间如何写作、如何投稿、如何获得稿酬等，让他们去尝试写作、发表文章、申报课外题、写调查报告等。再如，指导学生进行课内社会实践，寻找影视、戏剧中的“中国共产党”、“领袖人物”等，欣赏和评析革命歌曲、红色文学等，都需要教师通过有效的“引导”，才能收到较好的教学效果。

“结合”是联系学生实际，把思想政治理论课与学生不同的专业背景结合起来。“备学生”是备课的重要内容。不同专业的学生，有不同的特点，对“概论”课有不同的态度和认知，要依据学生的不同专业背景来进行教学设计。例如，针对美术学院的学生，可以结合旗帜、邮票、徽章、货币等演变的过程，从图片入手讲述党的发展历程及不同时期党的政策演

变，可有效激发同学们的学习兴趣，使“概论”课成为一门既“好玩”、“好听”又“好看”的课；对于音乐专业的学生，可以让其从不同时代的红色歌谣中领悟党的历史；对于经济学专业的学生则可以从不同时期党发行的货币、粮票、有价证券等经济符号来解读党的历史；对于文学专业的学生则从革命领袖、革命英雄的文学作品及不同时代红色文学入手解读党的路线方针政策等。党的路线方针政策都会在每个学科的发展史上留下重重的一笔，要从这些学科符号的历史中寻找不同专业学生认同的标记，寻找“概论”课与不同学科发展的契合之处，以此激发学生的学习兴趣和热情。

“融入”就是结合不同学生的实际，使“概论”课教学内容贴近学生，融入其学习生活之中。“概论”课很多内容都是关系社会现实的重大理论问题。例如，讲改革开放，可以从服饰、生活用品、语言、时尚、影视、明星、婚姻、校园生活等生活细微处的变迁，让学生感受到改革开放以来人们生活之巨变，进而对改革开放的历史有一个感性而深刻的理解。再如，讲军队建设内容，可以从现今世界军事力量的对比来看当前我国军队建设，主要从如今流行的一些先进武器入手，如无人机“捕食者”、“全球鹰”，战斗机 F－22、苏 30、幻影，运输机“大力神”，各国航母军舰，各种洲际导弹等，解答学生的现实困惑。在“概论”课教学中，要注重从社会生活中去寻找课堂教学素材，挖掘每个概念、符号、理论背后鲜活丰富的教育资源，进而激发学生的兴趣，引发学生的思考。

总之，“概论”课要想提高学生的学习兴趣，必须用心备课；必须结合学生实际，正确引导；必须使“概论”课教学内容融入到学生的学习生活中去，进而摆脱“说教”，提升“概论”课的教学水平，赢得学生的理论认同与政治认同。

（胡国胜　华南师范大学）

思政课改革与高职生职业核心能力培养

与普通高等教育相比，高职教育具有突出的职业导向特性。可以说，职业导向性是高职教育的本质属性。当前势在必行的高职思想政治理论课（简称思政课）教学改革，应遵循高职教育的这一本质属性，把培养职业核心能力作为引导改革的基本指向和突破口，立足于学生思想政治素质与职业核心能力的全面提高，整合拓展教学内容，不断创新教学方法和评价体系，逐步形成以职业核心能力培养为导向的思政课教育教学特色，是高职思政课与时俱进的必然选择，也是发挥自身优势和实效性的必然要求。

一、高职生职业核心能力不足的主要表现及原因分析

职业核心能力是指人们职业生涯中除岗位专业能力之外的基本能力，它适用于各种职业，适应岗位的不断变换，是伴随人一生可持续发展能力。1998 年，我国劳动和社会保障部在《国家技能振兴战略》中把职业核心能力分为八项，称为“八项核心能力”，包括与人交流、数字应用、信息处理、与人合作、解决问题、自我学习、创新革新、外语应用。

1. 高职生职业核心能力不足的主要表现

目前，多数高职院校都特别强调学生的实践能力、动手能力，虽然学生的职业技能不同程度地有所提高，但深入观察发现，学生能力水平的单一和职业核心能力的低下令人担忧。现在多数“90 后”高职生都是独生子女，由于他们从小在家中地位的唯一性，导致很多学生以自我为中心，缺乏团队协作意识和能力。而学生的人生经历较单一，社会交往经验往往不足，在与人交流和沟通方面也暴露出较多弱点。高职生还有一个普遍的弱

点，就是没有养成良好的学习习惯与自我学习能力。相比中学而言，他们处于新的学习环境之中，面对相对自由的师生关系，很多学生能完成课程作业已属庆幸，自我学习能力很少得到锻炼和提高。高职生其他几项职业核心能力，如解决问题、信息处理和创新能力等，更不尽如人意。对学生需手把手地进行指导，方能解决课堂内的部分问题。而对于课堂外的问题，很多学生往往一筹莫展，不能很好地解决。面对各类纷繁芜杂的信息，很多学生不懂如何进行辨别、搜集、整理、分析与应用。

2. 高职生职业核心能力不足的原因分析

造成高职生职业核心能力不足的原因是多方面的，既有社会原因，也有学校、家庭及个人原因。单从学校教育层面分析，根本的原因在于教育管理的制度设计、人才培养方案设计与实施力度、教师的课程设计与组织等方面存在缺失。再单从教师教育教学上分析，主要归咎于长期以来应试教育中教师教、学生学的单向灌输方式，师生互动较少，不能充分调动学生学习的自主性，学生很少有表达和表现的机会，学生间讨论和交流的机会较少，更缺少甚至没有参加训练职业核心能力的机会。单一、陈旧的教学内容和方法，加上实践教学活动特别少，直接影响了学生职业核心能力的培养。当前，即使有些高职院校对培养学生职业核心能力有一定的认识，但并没有把职业核心能力的培养摆到应有的位置。高职教育、教学改革的重心始终围绕着学生专业知识的掌握和专业技能的训练，对学生职业核心能力的培养教育明显重视不够，对职业核心能力的培养目标、内容及方法等问题还有许多模糊认识，造成了高职生职业核心能力普遍较差。很多高职院校教师工作量趋于饱和，相当一部分教师没有时间对高职教育作为我国教育领域一种新的教育类型的教学展开研究，仍处在从“知识本位”向“能力本位”、“学科体系”向“行动体系”转型的阵痛中，不能根据不同类型、不同专业的培养规格，进行知识、能力、素质三位一体的教学设计。①

① 张涛：《高职人才的职业核心能力构建探析》，《黑龙江高教研究》2010 年第 5 期。

二、职业核心能力培养视阈下高职思政课存在的主要问题

面对激烈、严峻的就业形势，适应人才的可持续发展需要，高职思政课不仅应培养学生具有良好的思想政治素质和职业道德操守，也应培养学生良好的职业核心能力。但客观地说，目前很多高职院校思政课对于学生职业核心能力的培养是不平衡的，总体还处于比较薄弱的状态。从高职生职业核心能力培养视角看，高职思政课主要存在以下问题：

1. 教学目标定位存在偏差

高职思政课是对学生进行思想政治教育的主渠道和主阵地，在培养学生思想政治素质中所起到的作用是无可替代的，所以，坚持思想政治导向毋庸置疑。但当前高职思政课的目标定位，只偏重于思想政治导向，而忽视职业导向。这主要是沿习原有普通高校思政课的教学目标，忽视高职教育的特点和规律，没看到思政课在学生职业能力培养中的重要作用，由此导致思政课在教学模式、教学目标、内容、方法、途径等各个方面不能适应高职教育快速发展的形势和高职办学特点的要求。① 要清醒地看到，高职教育的职业教育特点和高技能应用型人才培养目标，必然要求高职思政课坚持职业导向，即坚持以形成学生职业核心能力为目标，服务于高技能应用型人才的培养。这在客观上要求高职思政课的教学目标必须坚持思想政治导向与职业导向的统一。如果只倾向于思想政治目标，忽视职业核心能力目标，就会严重影响思政课教学改革的深化和学生的可持续发展。

2. 教学内容缺乏针对性、时效性

坚持思想政治导向与职业导向的统一，以提高学生思想政治素质与职业核心能力为教学目标，现有高职思政课教学内容特别是教材体系因缺乏针对性和时效性与教学目标有一定的脱节。根据高职教育的性质、特点和发展要求，适应新的教学目标定位，整合教学内容，完善思政课教材体系，这是思政课教学改革的基本要求。但目前高职思政课教材是与本科院校一样的统编教材，缺少高职特色。现教材具有权威性、严肃性和极强的

① 占建青：《论以职业为导向的高职思想政治理论课教学改革》，《金华职业技术学院学报》2010 年第 4 期。

政治性，内容上注重理论性、逻辑性、完整性，表现为明显的学科式特征。对于高职教育来说，这一教材过于强调统一性，忽视高职教育的特殊性。主要是偏离高职生的实际能力培养目标，这些高度概括化、理论化、抽象化的内容对于思想务实、长于实际操作、轻于抽象思维的高职生来说，接受起来比较困难。更为严重的是，这些内容偏离地方和学生实际。如果教师照本宣科教授这些内容，会因教学内容缺乏针对性和实效性，使学生的思想政治素质与职业核心能力都难以得到提高。

3. 教学方式方法滞后

多数高职思政课教师因课时少、内容多，仍主要采用传统灌输式教学方式。这种教学方式仍以传统的标准去要求、衡量学生，过多注重教学过程模式的规范。一般通过教师讲授知识来展开，以教师讲学生听来传授新知识，以纪律检查来维持教学秩序，以作业、考试来检查学习效果。这样的教学方式很难激发学生学习的自主性，禁锢了生动有趣的教学内容，最终会使思政课失去吸引力和感染力，更不能培养学生与人交流、与人合作、解决问题、自我学习等职业核心能力。灌输式的教学方式，体现了以知识传授为核心的传统教学理念，实际上是把学生看成了接受知识的容器，忽略了知识并不等于能力的基本常识，这大大降低了思政课在培养学生职业核心能力中的重要作用。

4. 评价体系相对单一

多数高职思政课考核主要是通过成绩考核的形式进行，通过量化的考试成绩对学生进行评价。这种考核在内容上重视学生对知识的记忆，忽视学生运用这些知识分析问题、解决问题的能力，很难考查学生解决问题、信息处理和创新等职业核心能力；在考核方法上重视期末测试，忽视平时学习和实践表现，很难考查学生与人交流、与人合作和自我学习等职业核心能力；在评价主体上只注重任课教师的评价，忽视辅导员和学生自我的评价，同样很难考查学生职业核心能力是否得到提高。这种重视知识记忆、方法单一的考核，显然没有充分体现高职思政课新的课程目标，不能对学生的学习和成长起到应有的引导和激励作用。

三、高职思政课渗透职业核心能力培养的改革策略

当前，高职思政课教育教学的环境、任务、内容、渠道和对象等方面

都发生了很大变化。传统乃至目前思政课的教学观念、教学内容、教学方法、考核方式等越来越难以为继，把职业核心能力培养渗透到思政课的日常教学，必须从教学师资、教学目标、教学内容、教学方式方法和评价体系等方面进行全方位革新，实现由传统教学模式向新型教学模式的转变。

1. 培训思政教师，提高职业核心能力资质

教师是推动教学改革的主体和关键，优良的师资是教学改革成功的重要保障。所以，学生职业核心能力的培养关键在于教师，只有教师掌握什么是职业核心能力以及如何以此为导向组织教学，才能身体力行培养学生的职业核心能力。因此，推进以职业为导向的高职思政课改革，首先要对思政课教师进行职业核心能力培训。通过接受职业核心能力培训，教师的角色定位、教学理念和教学方式才会有所改变和提升。在教学活动中，教师引导学生参与是关键，其角色定位是教学活动的设计者、组织者、指导者和合作者，其责任是精心设计项目、案例、课题或模拟训练，组织和控制教学的进度和方向，使学生通过课前小组研讨、分工合作、教师点拨引导，课中互动交流、质疑、教师总结点评，课后自我评价、师生评价等学习过程来强化行为、习惯和能力的养成直至影响到内在精神世界的变化，实现将知识把握、能力锻炼、思想素质提升融为一体的教学目标。

2. 明确教学目标，体现职业核心能力精髓

职业核心能力的培养不同于一般的知识或理论系统的教学，其教学目标不在于掌握核心能力的知识和理论系统，而在于培养具备核心能力的人，是全面发展的人。① 要充分认识到思政课教学在培养高职生职业核心能力中的重要地位，在具体的教学目的上，针对一直以来存在的重思想政治导向轻职业导向的偏差，调整为思想政治导向和职业导向并重，使高职思政课既“务虚”又“务实”。以职业为导向推进高职思政课改革不是要偏离或放弃思想政治导向，而是要在坚持思想政治导向的同时，为适应高职教育特点和高技能应用型人才培养目标，必然要求高职思政课坚持职业导向。也就是说，高职思政课改革在坚持思想政治导向的基础上，还要突出职业导向。具体地说，高职思政课改革要坚持培养学生所必需的思想政治素质，同时也要坚持以有利于职业核心能力的培养为目标，着重培养学

① 夏一蓁：《“思政”教学与大学生职业核心能力的培养》，《管理观察》2010 年第 33 期。

生分析问题、解决问题的能力，适应社会的能力和创新思维的能力等，增强学生的综合素质和职业可持续发展能力。

3. 整合教学内容，渗透职业核心能力培养

思政课与专业课相比，具有理论性强、可操作性弱的特点。根据高职教育的性质、特点和发展要求，整合教学内容，把理论与学生的需要、社会实际结合起来，把知识与职业核心能力结合起来，增设贴近学生思想和生活实际的教学案例、讨（辩）论话题和团队任务（项目）等，构建起针对性和时效性较强的新的教学内容体系。比如在“基础”课程教学中，要特别突出职业道德教育，并把与人交流、与人合作等职业核心能力通过讲授新鲜案例、讨（辩）论等形式渗透其中。在“概论”课、“形势与政策”课等教学中，把与课程内容紧密相关的社会热点、难点问题引入课堂，培养学生独立分析问题、解决问题的能力和创新意识。或让学生分团队调查某一社会现象，不仅能丰富学生社会调查的经验，还能提高他们与人合作、与人交流、信息处理和创新等多项职业核心能力。

4. 改革教学方式，适用于职业核心能力训练

在教学模式建构上，要彻底改变以教师的“教”为中心的传统教学模式，建立起适应学生学习特点、以学生的“学”为中心的新型教学模式。按照职业岗位的要求，这种教学模式把培养学生职业核心能力作为增强教学实效性的重要手段，在教学内容和方法上贴近社会和学生实际、知识与技能并重、以能力开发为主。在进行课程体系设计与内容组织时，体现“以学生为中心”的理念，这个“中心”不仅仅是教师与学生的角色转换，还应体现在为学生“量身订制”教学内容、教学模式和教学方法上。一方面，鼓励学生自主学习和师生互动。现代教学理论认为，“学习的过程不仅是一个认识过程，而且是一个交流和合作的过程”。通过项目教学、任务驱动、案例分析、专题研讨、热点调查、角色扮演等形式设计教学载体，以学生的具体学习要求和学习经验设计学习进程，通过讨论式、互动式、参与式及探究式等教学模式，培养学生自主学习和合作学习的习惯，训练学生自主探究、分析推理、交流表达、解决问题的能力，为学生终身学习奠定坚实的基础。另一方面，鼓励学生参与课外实践。如鼓励并组织学生参加各类比赛、社团活动、文化艺术节、运动会、勤工助学、社会调查、参观访问、志愿服务等，使学生在切身体验中获得感悟，加强团结互

助的团队协作精神，提高自我管理和自我服务的能力。采用新型教学方式，既可以增强思政课教学的吸引力，又可以使学生更加深入地了解社会现实，锻炼学生分析问题、解决问题的能力，提高综合素质和职业核心能力。

5. 健全评价体系，激励职业核心能力养成

改变传统的以一张考卷决定学生学习成绩的评价方式，在评价体系中融入职业核心能力考核内容，以促进学生的职业核心能力提高为考核评价的指导思想，并从评价理念、主体、内容、方式等方面创新评价体系。一是树立服务于职业核心能力发展的评价理念。考核评价目的不仅是考查知识水平，更重要的是考查能力与素质。二是评价主体多元化。评价主体从思政课教师、辅导员拓展到班主任和学生本人等。三是评价内容立体化。考核的内容应重在考查学生参与教学中的思想政治素养、道德素养、职业素养的培养情况和社会适应能力等，尽可能把成绩考评和能力培养融为一体。四是评价方式多样化。大致可分为过程性考核和总结性考核两部分。过程性考核侧重于实践能力的考核，可采用课堂讨论、情景模拟、角色扮演、作业、小论文、社会实践等形式。总结性考核可采取口试、笔试、开卷与闭卷考核等形式，适当增加综合应用内容，重在考查学生运用所学知识综合分析问题与解决问题的能力。特别值得一提的是，以团队成果评定个人成绩效果甚佳，这种评价方式用团队集体意识激励他们，以成果展示及团队合作经验交流作为评定结果，容易促使学生充分融入团队并且发挥其作用。

总之，高职思政课渗透职业核心能力的改革方向，是对传统教学模式的颠覆，打开了思政课教学改革一直以来存在的死结，激活了高职思政课的课堂。实践证明，这项改革能够有效地强化思政课教学的吸引力与实效性，使学生学习的积极性、主动性明显提高，不但在解决实际问题的过程中学到了知识，而且提高了学生自我学习、与人交流、与人合作等职业核心能力，为学生的可持续发展奠定了基础。

（朱振玉　广东食品药品职业学院）

论高校思想政治理论课转型的几个问题

——以广东海洋大学人才培养为例

高校的重要职责是培养人才，特别是培养适应社会需要的特色人才越来越成为高校科学发展的生命线。高校培养人才的教育教学在课程构成大类上可分专业课（包括相关专业基础课）和公共课两部分。对于隶属于公共课领域的思想政治理论课及其作用，以往的教育教学改革总是局限于课程（体系）自身的边际，始终强调课程（体系）自身的系统性、理论性、思想性。即：总括为普遍性的总结与概括，一定程度上忽视了与高校人才培养目标和特色相结合，结果势必造成其特色不鲜明、实效性不强的缺陷。究其根本原因，是没有明确高校思想政治理论课在培养人才上的准确定位造成的。因此，树立人才培养的新理念，去重新审视高校思想政治理论课的教育教学及其功能和定位，在教育教学理念及其实施过程中，实现思想政治理论课教育教学的一体化实践转型，对于提高高校思想政治理论课教育教学质量具有一定的现实意义。

一、教学理念转型：思政课的教学要与具体学校人才培养的特色相融合

高校作为我国教育体系的重要组成部分，与社会实践需要相联系，总是居于教育体系的高端地位。从社会生产力发展的要求看，高校被赋予了为社会培养人才的重要职责，正如邓小平指出：高校“是为社会主义培养

人才的地方”①。但是，社会分工的多样性，中国革命、建设和改革及其事业的丰富多彩，决定了社会实践对人才的需求也应当是多种多样的，高校只有培养出适合社会需要的各级各类专门人才，才能满足社会分工和社会发展的需要，并随着国际社会分工的日益精细化、我国改革开放的深入发展和高校培养人才面临日趋激烈的就业竞争，高校人才培养目标的特色性与社会分工需求的对应性合拍显得越来越重要。事实上，培养适合社会需要的高质量特色人才，是当今时代与当代中国人才培养的高标准、大趋势。因此，高校培养人才必须树立科学发展观，顺应时代人才发展潮流，统筹兼顾，大力培养专门人才、特色人才，满足社会发展对人才的多方面需求，从而实现自身的全面协调可持续发展。

笔者所在的广东海洋大学不仅具有社会主义高校办学和人才培养的共性，而且凸显自身办学和人才培养的特色个性。70 多年来的办学实践经验、学科凝练和文化积淀，造就了我校在办学类型上的海洋特色明显。在人才培养目标上，形成了“能安心、能吃苦、能创业”（简称“三能”）的人才培养特色，长期以来为国家培养了大批优秀特色人才。正如学校《关于进一步加强“三能”人才培养的决定》指出：“三能”人才培养工作是一个系统工程。从学校到各单位（部门），从领导到教职员工，都肩负着“三能”人才培养的神圣职责。各单位要解放思想，开拓思路，结合自身的学科专业特点，结合本单位的职能，将“三能”人才培养体现在专业培养目标上、体现在课程教学上、体现在技能训练上、体现在各项业务工作中，创造性地形成本单位（部门）培养特色。只有各单位（部门）积极主动探索、教职工全员参与，全校形成合力，才能切实做好我校“三能”人才培养工作，为社会培养更多高素质的“三能”人才。

思想政治理论课作为我国社会主义意识形态在高校的重要具体展现，其内在本质要求是为培养中国特色社会主义事业的接班人服务。也就是说，通过思想政治理论课教育教学，使高校培养的人才树立马克思主义的世界观、人生观和价值观，在思想上确立中国特色社会主义的核心价值体系，自觉成为中国特色社会主义事业的接班人、劳动者和建设者。但要提高思想政治理论课为培养专业人才服务的效果，就必须使思想政治理论课

① 《邓小平文选》（第 2 卷），人民出版社 1994 年版，第 103 页。

的教育教学与具体学校人才培养的特色相融合。就我校而言，我们在探索的过程中，发现仅仅从思想政治理论课程体系出发是不够的，优化课程结构，完善教学内容，转化“教材体系”为“教学体系”，掌握教育教学的话语权，教师讲得头头是道，精神饱满，但学生总是感到茫然，教学内容脱离学生实际，成效不大，实效性不强。后来，我们在总结经验教训的基础上，树立为培养人才服务新教学理念，努力把课程教学与学校人才培养目标和特色结合起来，并自觉主动融入其中发挥作用，贯彻“三能”人才教育，呈现“三能”培养特色，为培养“三能”特色人才服务，从而使我校思想政治理论课教育教学前景更开阔。事实上，把思想政治理论课教育教学转变到与高校人才培养目标特色相结合上，不仅是思想政治理论课教育教学落到实处的内在需求，而且拓展了思想政治理论课教育教学的视野，因校制宜、因地制宜、因材施教，使思想政治理论课教育教学具有更加丰富的素材和鲜活的内容，才能使思想政治理论课教育教学更具有特色性、现实性和针对性。这是思想政治理论课提高质量与水平，增强特色性和实效性的原创性价值所在。

二、教育理念转型：思政课要为学校培养特色专门人才提供价值引导

所谓人才，“是指那些在各种社会实践活动中，具有一定的专门知识、较高的技术和能力，能够以自己创造性劳动，对认识、改造自然和社会，对人类进步作出了某种较大贡献的人”①，根据我国人才学的这一研究界定，人要成为人才，必须具有较高专门知识、技术和创造性社会贡献的能力，而这些知识、技术和能力，显然不是人与生俱来的，也不是指人的自然而然的一般简单的劳动能力，而是经过社会中等或高等教育培养锻炼并逐渐养成的，这种情况在实践上也得到我国社会的认可和相应制度的确认。比如，国家人事部自1982年起就把具有中专以上学历或初级以上专业技术职称者，作为人才统计的口径。

所以，高校的重要职责就是为社会发展培养人才，“我们的大学应该

① 叶忠海：《人才学基本原理》，蓝天出版社2005年版，第230页。

成为科教兴国的强大生力军。教育与经济社会发展紧密结合，为现代化建设提供各类人才支持和知识贡献”①。那么，如何培养人才？高校通常的做法是，根据社会分工和国家发展的客观需要，在培养人才的教育、教学上采取设置专业的形式与之相适应。尽管专业的形式是绝对的，但专业的教育并不是绝对的，贯穿高校特色人才培养的能力教育才是高校专业教育的核心，专业教育只是实现能力具体的形式和有效途径。如果把专业教育与能力教育对比起来看，专业教育只是能力教育的形式，能力教育才是专业教育的内容，是专业教育的落脚点，它们的统一表现就是专业能力。然而，专业能力是以专业的能力为支撑的，没有能力，专业再好也只是一个空架子。只有具有了能力，无论是体现为专业能力，还是非专业能力，都会有用武之地，而人的高素质技术能力是人称之为人才的硬件显性标志。需要指出的是，专业能力有时表现为专业能力，有时又表现为非专业能力，但都是能力的具体表现，呈现着专业与能力的对应性和非对应性、绝对性和相对性，彰显了能力教育的重要性。我校培养的人才是“三能”人才，是具有“能安心、能吃苦、能创业”综合能力的特色人才，不仅符合人才学的理论要求，而且符合高等教育的发展规律，因而具有远大的发展前途。

根据这样的人才培养逻辑判断，隶属于公共课领域的思想政治理论课作为我国高校教育教学不可分割的组成部分，它所面对的教育对象是没有专业划分的，或者说是面对高校所有专业的学生的，因而造就了它在人才培养方面的作用是独到的。高校思想政治理论课教育教学是在培养人才，这种观点在本质上有科学合理的因素，但过于模糊。事实上，思想政治理论课教育教学，不是在培养人的专业技能，而是在塑造人的精神灵魂。也就是说，思想政治理论课在很大程度上不是在培养人才的“才”，而是在用马克思主义理论及其中国化最新理论成果培育人才的“人”，是为我国高校培养人才发挥独到的（画龙）“点睛”作用——帮助大学生树立马克思主义的世界观、人生观和价值观。

正确理解人才的“才”和人才的“人”的有机统一和分离，对于培养特色人才，特别是我校的“三能”人才具有相当重要的意义。我国需要的

---

① 《江泽民文选》（第2卷），人民出版社2006年版，第123页。

是德才兼备的人才，是具有马克思主义的“德”和建设中国特色社会主义的“才”的人，邓小平把二者概括为红和专，并指出：“专并不等于红，但红一定要专。不管你搞哪一行，你不专，你不懂，你去瞎指挥，损害了人民的利益。耽误了生产建设的发展，就谈不上红。”① 高校作为培养人才的场所，它所培养的人才必须具有又红又专的素质。对于高校思想政治理论课教育教学，它的作用不是在培养人才的专业能力，即做事能力；而是在培养人才的灵魂，即做人道德，做一个具有马克思主义思想政治理论修养的人，“一个高尚的人，一个纯粹的人，一个有道德的人，一个脱离了低级趣味的人，一个有益于人民的人”②。

那么，如何正确理解思想政治理论课教育教学在培养人才目标下准确的科学定位，即不是在培养人才的“才”，而是在培养人才的“人”。一方面，高校在其内部的人才培养个体——学生都是以专业划分而存在的。学生通过专业学习的最终目的是要达到相应的专业能力，这是学生能够成为人才的根本前提和基础。而思想政治理论课的教育教学对象是没有专业划分的，事实上它适应于一切专业的学生。从这里可以看出，思想政治理论课不是培养学生的专业能力，而是培养学生发挥专业能力的正确价值取向。另一方面，高校思想政治理论课作为高校的公共必修课程，是社会意识形态呈现统治阶级阶级性的反映，它的价值取向是培养统治阶级及其所开创的事业的接班人。胡锦涛同志在党的十七大报告中指出：“要全面贯彻党的教育方针，坚持育人为本、德育为先，实施素质教育，提高教育现代化水平，培养德智体美全面发展的社会主义建设者和接班人。”③ 需要指出的是，目前高校思想政治理论课教育教学实施的新课程体系所开设的几门课程，在其依托的学科领域中也是有所体现的，但各自的课程性质不同，分属在一定学科专业的相应课程，是属于专业教育，是培养人才的专业能力，是培养人才的“才”。而思想政治理论课既不分专业，更不是专业教育，因而不是培养人才的“才”，这是有本质区别的。事实上，思想政治理论课教育教学，不是在培养人才的“才”的能力，而是在塑造人才

① 《邓小平文选》（第2卷），人民出版社1994年版，第262页。

② 《毛泽东选集》（第2卷），人民出版社1991年版，第660页。

③ 胡锦涛：《高举中国特色社会主义伟大旗帜，为夺取全面建设小康社会新胜利而奋斗》，《光明日报》，2007年10月16日。

的“人”的灵魂；不是在教学生的专业能力，而是在教学生的思想政治素质；不是在教学生做事，而是在教学生做人。

三、教学过程转型：思想政治理论课要实施三阶段教育教学方式

我们把思想政治理论课教育教学与我校人才培养目标特色相结合，分析思想政治理论课不同课程的内容和特点，并有机地适当适时渗透人才培养特色的教学内容，在教育过程和方式上，促使我们形成思想政治理论课实施三阶段教育教学方式的转变。就“05 方案”新课程体系来讲，其创设的各门课程具有不同的特点。“基础”课具有规范性、“纲要”课维系于历史性、“原理”课呈现理论性，“概论”课突出政治性。由于各门课程的内容和特点不同，这就决定了展现不同课程内容所使用的教学方式方法也不尽相同，尽管有些方法在多个课程的使用上具有一致性。然而，“能安心、能吃苦、能创业”的“三能”人才内容特点更具有实践性，无论是扎根边远地区、艰苦行业和农村基层的“能安心”，经受艰苦环境与艰苦岗位和各种困难磨炼的“能吃苦”，还是将所学知识与技能灵活运用并善于开拓的“能创业”，“三能”精神和能力都是在社会实践过程中展开的。那么，如何将思想政治理论课与人才培养特色结合起来，贯彻落实人才培养特色，培养特色人才，就应当是用思想政治理论课教育的宏观理论性指导“三能”人才教育的实践性，用实践性丰富和验证理论性，从而实现二者的有机结合。为此，反思以往思想政治理论课的教育系统、教学过程和教学方式方法，明显存在着缺陷和不足。有机融入实践性较强、技能性突出的“三能”人才教育内容，不仅遵循着思想政治理论课教育教学规律，而且能实施好思想政治理论课新课程体系，特别是对于思想政治理论课课程教育教学的系统化、教学过程的递进化、教学方法的特色化将具有极大的促进作用。

因此，从我校培养“三能”人才的总要求出发，在教育教学实施过程中，思想政治理论课教育教学应当形成包括课堂教学、课后校内“第二课堂”和校外社会实践教学三阶段的一体化发展方式，才是完整和切实有效的教育教学方式。这也与思想政治理论课内在教育教学规律相一致。从认

识与实践的逻辑关系上讲，要运用马克思主义方法论首先要掌握马克思主义方法论，要掌握马克思主义方法论就必须先认识马克思主义方法论，要认识马克思主义方法论，在起点就得从渗透着马克思主义方法论灵魂的具体理论内容着手，而要做到这一点无疑要靠新课程设置的理论教学来完成。在教育教学过程的实施上，第一阶段的课堂教学有其本身的特点，是重理论教育，体现科学性，第二阶段的课后校内“第二课堂”是重能力培养，增强实效性，在第三阶段的校外社会实践教学是重素质养成，树立发展性；与此三阶段教育教学方式相适应，在教学方式方法的运用上依次是案例教学法、主题式讨论法和调查研究分析与统计法。用这样的方法论思想指导和深化课程教学改革，不仅可以使理论性强的思想政治理论课教育教学具有鲜活的内容，而且使“三能”人才培养目标更具有正确的思想道德素质、政治理论素质，树立科学发展观，更好地适应时代和社会发展的人才需要，才能最终提高思想政治理论课教育教学的质量，增强教育教学的实效性。

总之，提高高校思想政治理论课的质量和水平，增强时代性、特色性和实效性，开拓教育教学新局面，是加强思想政治理论课建设的永恒课题。为此，树立思想政治理论课与培养人才相结合的新视角，把思想政治理论课教育教学与具体高校的人才培养目标特色结合起来，以前者引领后者，以后者促进前者，充分发挥思想政治理论课培养人才的独到“点睛”作用，才能为我国社会主义现代化建设培养出量多质优的特色人才。

（宋玉忠　广东海洋大学）

抵制—接受—提升：思想政治教育的现实冲突和控制

人们接受教育、吸收知识越来越以“自我”为中心，体现个人社会价值，提高个人的基本素质和生活质量。在这种背景下，思想政治教育目标与个人发展目标和需求产生冲突，对思想政治教育的改革提出了新的要求。如何克服抵制—接受冲突，疏导人们心理症结，消除不满情绪，实现心理和谐；如何进行无意识教育，贴近文化活动，融入日常生活；如何加强情感和教育的受控力，改善施教者和受教育者的关系，使教育更加人性化、生活化和社会化，这些已成为提升思想政治教育实效性的关键所在。

一、抵制—接受冲突概述

“冲突”是一个行为主体为谋求自身利益而与其他行为主体之间发生的对立、对抗和斗争。它普遍存在于社会关系的各个领域，是人类社会关系的一个组成部分。思想政治教育过程中，抵制—接受冲突是不同特质的观念、意识、行为相互接触、交流时产生的撞击、对抗难以调和而产生的一种角色和心理冲突。它包括以下五种具体的冲突形式：

1. 基于反思性的抵制—接受冲突

这是指受教育者通过对接受内容反思，在了解意识形态作为一个系统或制度如何运行之后，对蕴含于思想政治教育中的理想、信念失去兴趣而对其中被编码的意义发起的挑战。一般有三种反思性抵制行为：①把知识和批评作为武器，揭示知识传递者在信息交流方面的武断、任意和扭曲，从而转向信仰宗教、封建迷信、伪科学等。②以自己的价值标准和取向评判、吸收知识，而不屈从于传递者所规定的原则、意义。2011 年我国新增网民 5 580 万人，网民规模已是世界第一。我国微博用户数达到 2.5 亿，较上一年增长了 296%，网民使用率为 48.7%。他们自由发表评论、意见，凝聚共识，诱发行动①。③拒绝任何非功能价值的宣传、说教，人生观、价值观只为功能目的而接受，如推崇拜金主义，实用主义，追求实惠、捞取好处、逃避社会责任等。

2. 基于认知性的抵制—接受冲突

心理学家勒温认为，对于一项复杂的社会变革而言，社会及组织中始终存在着两种力量：一种是推动力量；另一种是阻碍力量，阻止或降低推动力的力量②。这两种力量促成社会变革形成吸引和排斥两种趋势，最终演化变革中的利益冲突。社会阶层分化、贫富差距悬殊、全球金融危机冲击、一部分人因利益格局调整“身份消失”，使其与社会分工之间原有的“心理契约”失衡，工作稳定感消失，从而引起这部分人对未来预期不确定，失落感、社会不信任感增强，产生许多认知误区。思想政治教育先进性与这部分弱势群体现实落差形成沟通差异、文化差异，必然难以形成心理上的吸引性和可接受性。

3. 基于文化性的抵制—接受冲突

文化性抵制是通过个性化的生活方式和自我生产观念、准则的生活实践来对抗教育权威的一种抵制行为。受教育者寻求的是能够生产属于自己的社会空间，这个空间能接纳他们的价值观，如物质主义、享乐主义、奢侈消费、炫耀消费等。通过创造“符号消费”、“快餐文化”、“低俗文化”、“网络文化”等，他们实际上变成了崇尚个人自由、物质和精神享乐低俗文化产品的生产者和消费者。这些群体为了进行自我文化生产和个性价值表达，从市场教育、网络资源中选择、利用他们感兴趣的知识，宣泄欲望、表达感官刺激，而与他们自我概念无关联的知识则被排除在外。

4. 基于信任性的抵制—接受冲突

社会信任往往体现在人类共识及默认的制度中，并受社会因素的影响，社会信任是一种社会资本。社会因素包括制度、法规、文化、道德

---

① 周瑞金：《“新意见阶层”在网上崛起》，《文摘报》，2009 年 3 月 15 日。

② 车文博：《当代西方心理学新词典》，吉林人民出版社 2001 年版，第 187～188 页。

等。它们不仅制约个体的选择行为，而且影响个体形成个人动机和信念。《人民日报》和人民网对7 111人的调查显示，96.8%的网民认为政府社情民意通道不畅，反馈不及时，形同虚设。① 社会财富失衡、就业压力增大、社会风气恶化，政府、意识形态部门与受教育者之间的沟通隔阂，信息不透明等也影响受教育者的社会信任，进而大大降低了政治教育及其政治过程的公正性和信息可靠性的感知。

5. 基于家庭、工作的抵制—接受冲突

社会竞争和社会节奏的加快，人们把大部分时间都投入到家庭、工作领域，而没有时间关注、接受有关道德及思想政治教育信息。由于工作、家庭角色要求的行为与政治教育的目标所要求的行为不一致（收入、住房、教育、医疗、工作等），当因工作、家庭领域的角色失调而产生的紧张、焦虑、疲劳、郁闷、易怒、冷漠等精神状态得不到缓解时，就会产生心理失衡和精神空虚，对思想政治教育容易产生情绪化、抵制情绪。

二、抵制—接受冲突产生的原因

哈贝马斯认为，理想的谈话情景“应是一种互动，其中任何一方都有未制于权威的同等机会发言，理解、真实、合法和诚实则是应恪守的准则”②。然而，在传统思想政治教育范式下，知识传送者控制着交换的信息，组织着对教育信息的编码，没有给知识接收者任何的参与空间。而对于日益具有自由平等、民主法制意识和足够阅读、判断能力的受教育者来说，这种交流形式难免越来越遭到他们的抵制。

从根本上说，抵制—接受冲突源于思想政治教育范式和当今中国环境深刻变化之间的深层冲突。传统教育有两大支柱：抽象和灌输。它假设知识传递者是教育的主体，担当着教育工程师的角色，他们通过编码化的知识对受教育者的思维和认知进行组织，受教育者则被看作是被动、顺从和以知识传递方为导向的。因此，这种文化教育氛围是围绕着知识传递方的文化权威而构建起来的。在这种观念指导下，宣传教育都采取了一种居高

① 陈英凤：《政府网站高普及率背后的隐忧》，《半月谈》2009年第3期。

② ［德］哈贝马斯著，张博树译：《交往与社会进化》，重庆出版社1989年版，第116页。

临下的家长式的姿态，具体指导受教育者应该接受什么样的价值观、人生观，接受什么样的主流意识形态，这种说教方式在一定的时代背景下曾获得成功，受教育者对当时的价值诉求不仅被动接受，而且还主动搜寻教育知识。

从心理学方面来看，受教育者抵制源于心理状态和认知水平，这种心理状态和认知水平存在于受教育者在接触外部信息的情况下对信息重要性和信息与自己的关系所作的评价。不同抵制—接受程度下，受教育者会有不同的行为表现，例如，在自我接受较低的情况下，接受教育内容的程度在很大因素上取决于教育信息来源的可信度，信息来源可信度越高，就越容易接受信息的内容；反之亦然。[①] 互联网时代，网民的地位是平等的，数以万计的受众可以直接反馈信息、发表不同意见，对思想政治教育信息的评价、采纳已成为一种自主选择。

三、消除冲突——意识形态教育与非意识形态教育的控制和整合

人们对教育的心理认知、接受程度不仅取决于自身主观因素，也是与客观环境因素相互作用的结果。主观因素包括个人体力、智力、情绪、心智模式、自我效能感等个性特征；客观因素包括家庭、学校、社会方面的支持、理解、认同、信任、鼓励、工作绩效、生活质量等因素。思想政治教育的目标是在经济社会发展的基础上，不断提高受教育者的素质和能力，而受教育者素质和能力不断提高，又促进社会和谐发展。尊重人的尊严、实现人的价值是思想政治教育的出发点和归宿。思想政治教育无论对施教者还是受教育者，既是一个学习过程，同时也是一个学习的结果，双方通过融合思想政治教育内外部知识，并进行比较、综合、推理等，最终找出个体、团体、组织和社会疑难问题所在，从可能解决问题的方案中，选择出被系统化的最终解决方案。消除抵制—接受障碍，一方面要解决当前公众关注的焦点问题，如就业、住房、医疗等；另一方面也要看到思想

---

① 侯波：《神经科学行为过程论在高校思想政治教育中的应用和思考》，《教育与现代化》2008 年第 3 期。

政治教育是一个民众意识启蒙、集体学习的过程。社会主义民主政治不断完善，思想政治教育将会迈向更深层次，社会民众将以一种更为自发、自觉、自愿的方式实践政治教育提倡的行为规范、价值观和政治知觉。

因此，增强思想政治教育的吸引力，促进受教育者积极接受，关键是思想政治教育以问题为导向，尊重受教育者的自我认同、构建与表达，促进意识形态教育与非意识形态教育的整合和统一，借助社会文化资源，创造真实性的心理环境感受，推动受教育者作出自主选择。

1. 重视受教育者的受控过程，运用情感控制力促进受教育者接受

受控过程是指受教育者保持乐观、积极情绪，对待知识主动学习、积极思考的过程，是接受“内化”教育的关键。掌握受控过程，离不开对情绪的控制和心理目标的引导。心理目标包括个体的幻想、愿景、理想自我、对他人的期望等。心理目标是动机产生的基础。如果个体目标趋向实现，就会产生积极的情绪、情感（希望、乐观、幸福感、成就感）；反之，就会产生消极的情绪、情感（厌倦、逃避、角色失调、政治冷漠）。心理目标的宣传和实现依赖于个体从环境中获取的有关信息能否激活并成为优势目标，进而转化为主导动机。思想政治教育应提供给受教育者大量减少和消除其心理系统自身不断产生的心理不确定性、模糊性和心理障碍、心理危机方面的信息，以进一步完善受教育者的心智模式。

（1）树立积极的人生目标，培养和谐心理。

（2）培养积极情绪和注重体验教育。在这种体验教育中，受教育者寻求的是一种即时的体验、欲望的表达和自由的情感宣泄。①

（3）提升自我效能感。自我效能感是指个体认为自己能够完成任务的信念和胜任力。自我效能感直接影响完成任务的信念和胜任力。

（4）营造尊重差异、相互包容的环境。思想政治教育实质上是思想沟通和情感交流。思想政治教育应该促进不同社会阶层、利益群体、文化背景下人们的相互沟通理解与信任，通过主流意识形态及其文化势能的传导作用来化解抵制—接受冲突的影响因素。

2. 提升情绪表达技巧，增强意识形态教育感染力，推动受教育者接受

思想政治教育者是情绪劳动者。情绪劳动是指职业工作者（教师、警

---

① ［美］费雷德里克·詹姆逊著，王逢振等译：《快感：文化与政治》，中国社会科学出版社1998年版，第179页。

察、部分公务员、医护人员、收银员等）在人际交往中，按照计划、控制、组织的要求表现出情绪的活动。情绪的活动遵循一定的行为规范和情绪表达规则。如有些情绪在某种条件下表达是合适的，而有些则是不应当公开表达的。

运用好情绪表达规则，思想政治教育者就要做好深层扮演的角色。所谓深层扮演就是指为了达到教育目的，按要求进入角色，尽量去体验为达到教育效果必须产生的情绪。在这种情况下，包括面部表情、语音和姿势的表情行为是发自内心的，而不是表面的（内心感受不发生变化并与外部表情是分离的）。做好深层扮演角色，要求思想政治教育者研究受教育者的心理状况和需求，精心调控情绪，做到表里如一，率先垂范。深层扮演是一个积极主动的过程，要求尽可能激活受教育者那些能够引起某种情绪、情感的思想、观念、想象和记忆等心理活动，与教学内容产生共鸣，贴近文化活动和融入日常社会思想政治教育的创新范式。

（1）贴近文化活动。在当代社会中，教育凸显文化，文化也浸润教育。作为个体的人首先是一个文化的人，他自然将文化的影响带入他的精神及其生活领域。“只有人，并且通过人，才能合理地使用其他资源。所以，至上的努力必须集中在发展人的能力，发展控制自己及其世界的意愿上。”①

（2）融入日常生活。现代的受教育者不再是顺从和缺乏接受能力的被动者，思想政治教育对教育内容的单纯说教、操纵容易产生逆反情绪，对政治活动及价值观念的接受失去兴趣。因此，从日常生活领域，包括衣食住行、娱乐和消费等方面入手，贴近受教育者的需要，帮助他们解决在工作、家庭、生活和学习等方面遇到的一些疑难问题。

3. *控制无意识教育的过程，强化非意识形态渗透力拉动受教育者接受*

无意识通常是指不知不觉、没有意识到的心理活动。② 心理学的理论说明，采用劝导性教育时，如果劝导性太显眼或强度太大，人们就会意识到自己选择自由的空间受到限制，于是就会激起对这种外来信息的抵抗和

① ［意］奥雷利奥·佩西著，邵晓光等译：《人的素质》，辽宁大学出版社1998年版，第103页。

② 车文博：《当代西方心理学新词典》，吉林人民出版社2001年版，第381～382页。

逆反心理。[①] 无意识过程教育强调教育者和受教育者之间地位平等，人人都是教育者，人人都是受教育者，每个人既可以充分发表自己的意见，又可以自由地接受别人的观点，在无意识之间自己和别人都同时受到教育，从而增强情感沟通和主动参与意识。

基于思想政治教育存在知识转移障碍、抵制—接受环境的现状，除了加强社会综合环境治理外，关键还要注重思想政治教育软环境的培育。施教者和受教育者要以平等、信任为基础，以互动和知识整合为核心，采取问题为导向的说服劝导、无意识过程教育、心智模式改善、自我效能感提升等形式，来进一步推动思想政治教育的改革和教育社会化。

（侯　波　湛江师范学院）

① ［英］M. 艾森克著，阎巩固译：《心理学——一条整合的途径》，华东师范大学出版社2001年版，第193页。

理想信念教育的针对性理念及其实践

一、理想信念教育要有针对性理念

理想信念教育的针对性理念，从根本上说，就是由教育结果的有效性与实效性决定教育内容的针对性和教育对象，即受教育者主体的针对性的理念。

教育内容的针对性要求抓住特定社会历史境遇条件下关系社会历史发展进程和共产主义理想实现的重大问题进行理想信念教育。在我国目前多元复合的社会转型期，在全球化和全方位对外开放、多元文化和价值观念相互激烈冲突、碰撞的特殊历史条件下，必须抓住关系到中国特色社会主义建设和现代化进程的重大问题。集中来看，就是李长春同志在纪念十一届三中全会召开30周年理论研讨会上，代表中央提出的“六个为什么”重大问题，即在当代中国为什么要坚持马克思主义在意识形态领域的指导地位而不能搞指导思想的多元化，为什么要坚持中国特色社会主义而不能搞资本主义，为什么要坚持公有制为主体、多种所有制经济共同发展的基本经济制度而不能搞私有化或“纯而又纯”的公有制，为什么要坚持人民代表大会制度而不能搞“三权分立”，为什么要坚持中国共产党领导的多党合作和政治协商制度而不能搞西方的多党制，为什么要坚持改革开放不动摇而不能走回头路。“六个为什么”从理论高度系统地概括出了党和国家在指导思想、发展道路、政治制度、政党制度、经济制度、发展动力六个方面的重大政治问题“是什么”，每个问题上面“要坚持”的基本思想观点“是什么”，“为什么要坚持”，“不能怎么样”，“为什么不能”的问题。在这些问题中，包含着经过30年改革开放实践探索，我们在弄清楚问题前提下形成新的更加确定的内容。问题的科学提出，实际上点明了理想信念教育的针对性问题的内容。抓住这些重大问题上相互矛盾和冲突的思想观点进行分析研究，解疑释惑，消除人们认识上的误区、模糊区或空白区，对问题作出符合历史发展规律性的科学回答，就能很好地解决理想信念教育内容的针对性问题。教育内容真正为大学生所接受，就能在引领人们沿着中国特色社会主义道路，朝着共产主义理想信念所要求的方向前进的过程中转化为巨大的物质力量。

从教育对象即受教育者主体的针对性看，针对当代特殊的社会环境和时代环境所造成的“90 后”大学生在思想、心理、价值取向、道德状况、认知能力等方面所特有的不利于理想信念实现的存在问题进行理想信念教育，在结果上比那种无视针对性理念，不问不同时代受教育者的主体差别，只知按照固定模式进行同一教育的做法更具有实效性。“90 后”刚走进大学校园即成为思想敏锐者讨论和争议的话题。为了让青年学生能在目前各种各样思想、道德、文化竞相影响的复杂环境中健康成长，这里根据理想信念教育的针对性理念，着眼于学生作为发展主体的素质提升，抽象出基于一定的家庭环境、社会发展背景、以往受教育状况和基于一定成长需求、社会认知水平、心理发展状况、个人发展潜能形成的普遍性问题进行阐明。

二、务实、功利，追求物质享受成为理想信念教育新的切入点

务实、功利，追求物质享受是否意味着理想信念的缺失？这种倾向必将导致理想信念缺失吗？问题蕴含着对理想与现实、物质生活与精神生活价值关系的辩证理解。以往在进行理想信念教育时，以为崇尚物质追求必然会失去远大理想，因而反对将物质追求作为目标，只肯定精神上的理想信念。理想信念与现实基础割裂，也就使其失去现实基础进而失去生命力。其实，新时期崇尚物质消费、追求物质享受，已成为一种经常性、普遍性的社会现象，以至于当代社会可被称为消费社会。从理论上说，物质生产是人类社会存在和发展的基础，鼓励、尊重和保护人们用诚实劳动去追求美好的物质生活，最终实现共同富裕，是社会主义应有之义。与计划

经济相比，市场经济本质上是一种彰显主体求利特性的经济，它在物质刺激、物质消费和人们的享受追求、利益追求中推动社会经济发展。但问题是，道德沉沦、精神滑坡、文明倒退，成了社会主义市场经济的价值负效应。因为从个人看，在市场逻辑推动下，专注于物质消费、物质价值追求趋势的无限度发展，必然导致打破物质追求和精神追求之间的平衡统一，出现精神价值追求淡化和精神生活贫困化的状况。从社会现状看，追求利益最大化、利润最大化这仅属于经济生活的市场逻辑，而后在发展中不断越过界限，蔓延到社会生活其他领域。在物质的巨大诱惑和市场逻辑的无穷魅力面前，一切皆黯然失色。现实生活其他领域的价值标准和观念，在功利主义基础上完全被取舍、接受或拒绝，因而唯利是图、金钱至上、享乐主义、个人主义等大行其道，社会生活的一切都被淹没在利己打算的冰水中。没有了是非美丑，人格道德缺失、理想信念模糊、价值取向扭曲、精神支柱倾斜等，表明我们的社会正受着过度的现实主义之害和理想主义的贫困之害。物质文明一手硬，精神文明一手软；经济建设一条腿长，社会发展一条腿短，是对这一现象的最好诠释。

自20世纪90年代始中国步入社会主义市场经济新时代，塑造了“90后”一代的务实特征。“一些社会现实让他们很早就明白应该把价值取向关注于具体的事情，而不是抽象的东西。社会要求他们成为更加工具的人、更加务实的人。”① 这也许是符合“90后”认识水平、思维和行事逻辑的判断。与以往大学生相比，他们在生活态度上表现出了看重物质生活和明显的拜金倾向，在学业追求中注重提高自己的专业技能而非扎实的基础知识，在他们“既现实又幻想”的未来规划中，人们读出的更多的是对具体物质利益的关注，对生活认识的更加现实。对未来职业理想的典型回答是：找到报酬理想的工作，成为有名气、赚钱多的自由工作者。与以往对精神追求强调过多，而对物质追求强调过少，甚至反对以物质追求为目标；对远大崇高理想强调过多，而对与个人成长、发展密切相关，表现生活追求的职业理想等泛泛而谈或不视其为理想的传统理想信念教育观相比较，变革时代在年青一代身上留下的这种功利化、工具化理性痕迹，被认为可能导致崇高理想信念缺失，道德观念、是非界限模糊，因而成为理想

① 《90后驾到》，《南都周刊》，2009年6月24日。

信念教育之新切入点。

当代大学生的这种追求是社会生活的折射。一些大学生贪图物质享受、没有精神支柱、只图安逸和享乐、不思进取和奋斗的精神状态，是必须反对的。但对当代大学生的务实功利追求、正当利益观念的现实合理性应有科学理解，才能找到理想与现实的结合点。改变以往欠缺的理想信念教育观，就会看到，就“90后”大学生整体而言，较少关注远大理想，学业上着力提高专业技能，以期找到报酬理想的工作，使自己和家人过上更加幸福的生活，不是目光短浅、只关注物质生活、缺乏精神追求、丧失崇高理想信念的表现，而是一种包含着职业理想和生活理想的理性务实的价值追求，表明的是他们对社会生活认识和人生规划的更加现实。因为职业是人在社会上生存、谋生的重要手段，从事一定职业也是人在社会中获得一定地位和发挥、发展个人潜能，奉献社会以实现人生价值的重要途径。因而职业理想是个人理想的重要组成部分，也是促使人们在现实生活中努力奋斗的重要精神动力。从特殊历史际遇看，在社会转型中长大的“90后”大学生，承受着在市场竞争大潮中谋生、就业的风险和压力。学业取向上重视专业技能发展，是在巨大竞争压力下就业至上、务实取向和学业目标明确的体现，建立在重视职业待遇及追求自己与家人幸福生活基础上的一定职业理想，表现出了对未来职业和美好生活的向往，这更能激励其将职业当作自我实现的舞台而发挥积极的创造创新、开拓探索精神，从而也成为远大理想崇高信念的现实支撑点和出发点。这种基于一定个人理想表现出的积极进取和奋斗理念与许多从计划体制过来因不能适应市场竞争而表现茫然，不能很好地实现自我、发展自我、奉献社会的人相比，无疑是一种进步。而远大理想目标是由一个个具体近期目标构成，与社会理想和个人理想紧密联系。

三、关注个人发展、个人理想的实现并不意味着对社会发展、社会共同理想的漠视和社会责任感的缺乏

有调查发现“90后”大学生“在诸如个人利益与个人主义、个性发展与个性放纵、自我意识与自我中心、享受与享乐等问题上认识模糊”，

担心这会“使他们的理想信念发生动摇”。① 我们不能断然否认有这方面问题的存在因而否认对形式上进行社会责任感和历史使命感教育的必要性，但更为重要的是必须科学地理解个人与社会、个人发展与社会发展之间的价值关系问题。

传统上讲人的价值包括两方面内容：个人对社会的责任和贡献，这是个人的社会价值；社会对个人的尊重和满足，这是个人的自我内容。这种似乎很有道理的思想观点从价值理论的观点看，却包含着思维逻辑上的欠缺及因这种欠缺导致的认识偏向。按照价值论的观点，价值是客体对主体的有用性关系。人的价值是指作为客体的人对作为主体的人和社会的有用性。上述思想观点实际上涉及个人价值和社会价值两个方面的内容。由于个人和社会既是价值主体，又是价值客体，是价值主体和价值客体的统一，因而在个人与社会的价值关系中，既存在着个人作为价值客体，在满足作为价值主体的社会和个人自身需要时，同社会和自身形成的价值关系，即个人的社会价值和个人的自我价值；也存在着社会作为价值客体，在满足作为价值主体的个人的需要和社会自身需要时，同个人和社会自身形成的价值关系，即社会的个人价值和社会的自我价值。从这样的理论认识来看，“社会对个人的尊重和满足”实际上是作为价值客体的社会对作为价值主体的个人的有用性，即社会的个人价值。作为价值客体的个人对作为价值主体的自身需要的满足才是个人的自我价值。令人费解的是，把“社会对个人的尊重和满足”这一社会的个人价值解释为个人的自我价值，导致个人与社会双重价值关系中“社会的个人价值”和实际存在的个人自我价值即个人作为价值客体，在满足作为价值主体的自身需要时同自身形成的价值关系两个维度的缺失，因而给予人们的是让人难得其解的不完整的思想认识。完整把握个人与社会价值关系，四种关系维度都有着独立的、不可或缺的意义和作用。

个人的社会价值是一种社会对个人的肯定关系，即作为客体的个人通过创造活动对作为主体的社会物质和精神等各种需要的满足，亦即个人对社会的责任和贡献。这是个人与社会价值关系最重要的方面。个人的创造活动越能满足社会需要，其社会价值就越大。全体社会成员在生产和各种

① 《90后大学新生调查：叛逆只是表面现象》，大河网，2009年9月16日。

社会活动中发挥才能、创造价值和对社会各个领域、各个方面需要的满足，才能有社会各个方面的存在、繁荣和发展。社会需要得不到满足，物质和精神财富匮乏，个人需要的满足只能是一句空话。

个人的自我价值是一种个人对自身的肯定关系，即作为客体的个人通过创造价值对作为主体的自我物质和精神需要的满足。满足自我需要是人活动的目的和价值设定的根本尺度。个人通过劳动创造满足自身需要的程度越高，其自我价值就越大，就越能够得到享受和更充分的个人发展。确立个人自我价值观念，就是确立个人依靠自己的创造活动生存，自我发展、自我完善、自我提高。个人不能通过劳动创造满足自身生存、享受和发展的需要，是没有个人自我价值意识的表现；不劳而获，靠剥夺他人享受社会发展的文明成果，寄生社会，没有个人的自我价值，也就没有个人的社会价值；相反，只一味追求个人自我价值，斤斤计较个人得失而没有贡献社会的意识，尽管也可以创造出一定价值，却陷入可怜的个人主义泥潭。

社会的个人价值即作为客体的社会对作为主体的个人生存需要、享受和发展需要的满足，是一种个人对社会的肯定关系。社会的个人价值体现的是社会对其成员的人性关怀。越是深刻地认识到这一点，就越有利于构建适合于个体生存发展的人性化社会。忽视社会的个人价值，只强调社会的自我价值，把集体、社会和国家利益置于绝对目的地位，把个人只当作实现社会利益的工具，就会出现长期无视个人发展和正当的个人利益，个人创造潜能和积极性受到压抑的状况，其结果必将导致社会自身的难以为继和停滞不前。另外，社会无视自我价值，标榜个人至上，允许为了个人或小团体的私利而损害社会存在、延续、繁荣和可持续发展利益的思想泛滥，必将导致社会共同体自身的分崩离析。

社会的自我价值即作为客体的社会对作为主体的社会的延续、繁荣和可持续发展需要的满足，是一种社会对自身的肯定关系。社会通过从经济、政治、文化、制度和各个方面加强建设、自我评价和价值把握，使自身能够持续发展，这体现的是社会的自我价值。社会的个人价值也是社会自我价值的一个重要组成部分。忽视社会的个人价值和忽视社会自我价值一样，终将从社会与个人、社会与自身关系遭破坏角度殊途同归，导致社会自身的不复存在。相反，社会使个人需要尽可能得到满足，个人的积极性、创造性就能充分发挥，社会也就有活力，也就有社会自身的持续发展和繁荣。

四、生活一帆风顺，未经历大的挫折，是否意味着必然缺乏艰苦奋斗精神、缺乏实现崇高理想所必需的坚强意志和坚定信念

对于“90后”大学生来说，物质生活相对富足似乎是与生俱来的。没有生活在艰苦的环境中，必然缺乏艰苦奋斗精神、缺乏实现崇高理想所必需的坚强意志和信念。这样的逻辑与论调，“90后”大学生不会认同。他们可能认为：“顺境使我们抗挫折能力差，容易脆弱，但我们心理疏导、自我安慰能力强，所以也容易坚强；没有吃苦的环境，但我们有吃苦的勇气。”

作为历史观，艰苦奋斗揭示了尊重劳动、热爱劳动的哲理。世界历史是人通过人的劳动而诞生的过程。尽管在直到目前的历史形势下，劳动还没有成为吸引人的劳动，依然是外在的强制劳动，因而甚至有一些人把不劳动、贪图安逸看作是人类生活的适当状态。但实际上，人也有停止安逸，从事一份正常的甚至非常严肃、紧张的劳动的内在需求和愿望。必须由劳动来克服人类生存和发展的障碍表明了劳动的艰苦性，但是如果克服这种障碍被看作是个人提出的目的时，外在目的就失去了单纯外在必然性的外观，将被看作是自我实现，追求自由和幸福的事情。

作为人生观，艰苦奋斗体现了尊重知识、热爱科学、奋发向上、积极进取的人生态度。学习知识、追求真理是一件极为艰苦的事情。青年学生必须成为学习专家，确立终身学习的志向，才能深刻领悟“艰难困苦，玉汝于成”的人生哲理，在努力拼搏的过程中实现人生理想。

作为价值观，艰苦奋斗提出了在谋求个人发展、实现人生价值的过程中，正确对待苦与乐、劳动与享受问题上的价值取向。由于分工造成了享受和劳动、生产和消费由不同的个人来分担的事实，当代青年学生不需要经历在物质匮乏、生活贫穷条件下的艰苦奋斗就享受到了相对富足的物质条件。在这种情况下，他们对于物质生产劳动和人类其他一切活动过程的艰苦性，对于我国社会体制改革的艰巨性，对确立坚定理想信念的重要性缺乏深刻的体会和理解，因而就可能在惰性支配下，只追求享受，不思进

取。而深刻理解基础上的价值观必然以艰苦奋斗作为价值取向。

大学生处于价值观、世界观形成的关键期，可塑性强。他们已具有一定的抽象思维活动能力。当其将自身活动变成自己意志和意识的对象时，就会在意识的分析、归纳、抽象、概括活动中形成关于自己活动的自觉意识，进而在自觉把握个体人与社会人辩证统一关系的基础上，学会从在与他人、社会、民族、国家的关系中思考自己的个人生存与发展等人生问题，树立起科学的世界观、人生观和价值观。

（贾孟喜　广东女子职业技术学院）

高校思政系列青年教师职业意识问题简论

高校思想政治教育（简称思政）系列青年教师是指高校思想政治教育三支队伍中的青年教师，包括青年党政干部和共青团干部、思想政治理论课和哲学社会科学课青年教师、青年学生辅导员和班主任。目前，青年教师在高校思政教师队伍中所占比重不断增加，他们是当前高校思政工作的主力军，也是高校思政工作未来发展的生力军，其职业发展问题关系到国家主流意识形态的前途和命运。本文认为，思政青年教师要担当起时代赋予的重任，就必须从青年教师发挥主观能动性、依靠自身努力探求可持续职业发展道路、养成从爱岗敬业精神的角度出发，强化四种意识，即使命意识、团队意识、究问意识和人本意识。

一、使命意识

高校思政教师是共产主义远大理想的实践者，其职责是在作为国家精英群体的大学生中传播马克思主义信仰。在发展市场经济的背景下，这是一项极具艰巨性和挑战性的工作。要迎接挑战，胜任工作，每一位思政教师，尤其是青年教师首先要有对马克思主义的坚定信仰，将传播马克思主义作为自己奋斗终生的伟大事业和神圣使命。信仰和使命的力量会帮助我们克服工作中的种种困难，使我们早日成为合格的思政工作者。

1. 坚定信仰，培养使命感

信仰是人最基本、最深刻的精神活动，体现着人对价值理想的建构或对最高价值的确认与信奉，融系着人对精神家园和终极关怀的寻觅。① 青年教师在信仰问题上要与彷徨和困惑作斗争，要通过马克思主义经典的长期学习和中国特色社会主义事业的切实参与和体察，通过长期的马克思主义理论传播的实务工作，通过与各种非马克思主义和反马克思主义思潮的争论，有意识地培养和坚定自己的信仰，从信仰中找到为人师表的动力和底气。青年教师还应展示信仰，用坚定的信仰来引导学生，用逻辑和思辨来吸引学生，而不是屈从于学生评课的压力，为了活跃课堂氛围，转而在信仰之外纵横捭阖，担当娱乐节目主持人的角色。②

2. 端正认识，培养光荣感

一方面，青年教师应明确摒弃思政工作万能论，不要为自己加重道义负担，在务实和理性的基础上重新审视思政工作的作用。另一方面，思政工作不是无用的工作，大学生日常思想政治工作直接关系到广大青年学生的心灵成长和人格塑造，是真正育人的工作；思想政治理论课上好了，可以是最受大学生欢迎的课程，也可以是影响学生一生的课程。此外，大学生思想政治教育工作是社会主义高校的优良传统，青年教师应该坚信，有广大思政教师持之以恒的工作，有广大青年大学生的积极认同与主动配合，大学生思想政治教育工作将会是青年教师必将有所作为的一项事业。

3. 直面压力，培养超越感

思政系列青年教师常常面临多重压力，其中既有来自学生、学校和社会对思想政治教育教学效果的负面反馈构成的工作压力，也有由于教师自身职业期盼和职业现实之间的落差构成的心理压力，还有因为住房、收入、情感和其他生活问题所引发的生活压力。青年教师工作经历少，生活经历单纯，遇到上述压力时往往过于纠结，不能接受日常工作和生活的多向度和多层面的复杂本质。为此，青年教师需积极培养超越意识，不将工作和生活中的各种负面因素过度放大，而是应克服目前困难和压力，在理想和信仰的指引下不断进取。

---

① 魏长领：《人生信仰与道德信仰》，《吉首大学学报》（社会科学版）2009 年第 5 期。

② 刘国习：《论高校思想政治理论课青年教师敬业精神的培养》，《思想教育研究》2009 年第 6 期。

二、团队意识

当代大学生思想政治教育工作具体事务日渐繁杂，工作对象日渐复杂多变，工作环境也日渐具有挑战性，无论是思想政治教育理论工作还是实务工作方面，思政系列教师个体的力量均拙于应对。青年教师通过参与团队合作，形成合力，有助于更好地完成工作，提升自我。

1. 情感归属

随着思想文化领域多元性、多样化、多变化的发展，马克思主义主流意识形态的传统地位受到冲击，思政教师作为马克思主义主流意识形态的传播者和捍卫者，孤独感逐渐上升。在此情况下，青年教师参与团队合作和交流，可培养一种圈内人的亲近感，一定程度上可以消解思政教师的边缘感和压力感。

2. 业务合作

思政系列青年教师培养团队意识和合作精神，有助于更好地完成工作。其一，青年教师在教学工作中进行团队合作，如参加听课评课、教学竞赛、集体备课、教学交流等，可有效地促进青年教师掌握和运用多样化的教学手段，充分利用和共享教学资源，提高其对理论热点和难点问题的把握能力以及对课堂的驾驭能力。其二，青年教师在科研工作中进行团队合作，可以为其提供更多参与科研课题研究的机会，积累独立申报科研课题所需的前期科研成果和相关的知识、经验与技巧，并逐步加强与学术界的沟通和联系，扩大学术交流，拓宽学术视野。其三，青年教师在管理工作中进行团队合作，如合作进行日常学生管理工作，合作进行心理健康教育和咨询、职业生涯规划等专业化工作，合作进行学生社会实践管理工作等，可充分发挥教师个人专长、促进信息交流和知识经验共享、发挥集体思维的创造性、提高管理工作的实效性。

3. 个人发展

和谐的思政教师团队对青年教师有多种帮助作用。团队的示范作用，可为青年教师提供学习的榜样；团队的支撑作用，可为青年教师提供职业发展的平台；团队的领导者，可为青年教师指明长期和短期的工作目标；团队中的合作者，可为青年教师提供实现目标的各种支持；团队的约束作用，可为青年教师提供警示，使其保持头脑清醒，防止青年教师在政治方向上出现偏差；团队的提升作用，可激发青年教师的潜能，为实现团队目标而努力的过程，不仅可以锻炼年轻教师各方面的工作能力，还可充分激发青年教师的创造性和能动性，实现思想的升华，促进个人发展。

三、究问意识

思政工作者面对不同来源、不同地域、不同性格、不同文化背景以及不同价值取向的学生要打开其心灵之门，引导其追问宇宙、社会、生命和自身价值，从而对学生心灵世界的建构和人生可持续发展有所助益，并促进自身职业生涯的可持续发展。因此，必须不断提高自身素质，了解工作对象，研究具体问题，具备不断学习、调查、研究和反思的究问意识。

1. 理论修养意识

思政教师尤其是辅导员应当摆脱事务工作者的思维模式，不断提升理论水平。首先，思政教师须持之以恒地学习马列主义、毛泽东思想和中国特色社会主义理论体系，并不断学习党的路线、方针和政策，在思想上和党保持高度一致；其次，思政教师还须不断学习教育学、心理学理论等，研究思想政治教育工作的规律和大学生思想与心理发展规律；再次，思政教师须积极关注国内外理论热点问题，关注社会思潮，增强与时代前沿对话的能力。

2. 技术、手段与方法意识

思政教师要调动多方面的技术、手段与方法，为大学生思想政治教育工作服务。个人形象方面，思政教师需要培养亲切的气质、运用凝练亲和的语言、塑造清新的形象；人际沟通方面，思政教师除了掌握一般人际沟通的方法外，还须熟练掌握网络交流所需要的技术，用大学生所熟悉和习惯的方式与青年学生沟通；教育技术方面，除了“三笔一话”等传统教育技术外，思政教师要熟练掌握多媒体教学技术，熟练运用文字、图像、语音、视频及网页制作和处理的相关技术与设备；传播技术方面，思政教师要掌握和了解现代传播学的基本原理、方法和途径，并在大学生思想政治教育工作中加以合理运用。

3. 调查意识

思政教师须具备强烈的调查意识，掌握科学的调查方法。这种调查可以是就某种普遍性问题以调查问卷的形式对全体大学生进行大规模的全面调查，为有针对性地做好全体大学生的思想政治教育工作服务；也可以是就特定群体的特定问题进行适当规模的专项调查，为解决部分特定学生的思想政治教育问题提供参考；还可以是就个别学生的个别问题进行点对点的调查。无论是什么问题，对哪些学生采取何种调查形式，都强调没有调查就没有发言权，也就没有真正“三贴近”的大学生思想政治教育工作。

4. 学科与科研意识

思政教师需要具备学科与科研意识，这是由大学生思想政治教育工作的客观现实所决定的。首先，高校思想政治教育的某些特定现象、规律需要从经验上升为理论，某些特定问题需要理论上的阐述和解释，为此需要加强思想政治教育学科建设并开展相应的科学研究；其次，青年教师要提升理论素养，培养逻辑思辨能力，更好地为思政实际事务工作和理论宣传工作服务，必须树立学科意识，扎实开展科研工作；再次，在我国高校目前的管理体制下，思政系列青年教师应积极做好科研工作，这是青年教师考核的关键指标，也和青年教师的职称、收入甚至职业前途密切相关。

5. 内省意识

内省即自我的内心省察。中国古代思想家强调内省是提高道德修养的根本途径，内省不疚，夫何忧何惧。思政教师承担道德教化和主流意识形态传播的重任，正人必先正己，要通过持之以恒的内省活动，克服自身灵魂和思想中的消极、负面因素，使邪气不侵，正气生长，这不仅是思政教师个人人格完善的需要，也是其自身职业发展的需要。

四、人本意识

大学生思想政治教育工作是关于“人”的工作，在大学生思想政治工作领域贯彻人本意识，是落实科学发展观的直接体现。

1. 尊重人

思政教师尊重学生，即尊重学生的人格、尊严，正视学生作为独立个体的存在，平等相待，以理服人，以情感人。思政教师还须注重受教育者的自我教育，施教者要依据受教育者多样化的心理和思想需求，创设富有启发性和塑造性的思想政治教育环境，以最大程度地激发学生自我教育的积极性。

2. 理解人

思政教师须了解当代大学生群体的普遍性特征，须对所在学校的学生结合地域文化特点进行分析，进而努力了解和把握每个学生的具体情况，关注学生个体在情感、心理、兴趣和志向等方面的差异，使思想政治教育工作增强针对性。思政教师须习惯于设身处地地从学生角度思考问题，要与学生同心同德而非离心离德，切忌隔膜和淡漠；要善于抓住学生的关注点和兴奋点，掌握与学生交流的主动权，保持与学生交流渠道的畅通；要使学生保持对教师的亲切感和信任感，消除距离感，使思想政治教育工作能够真正触动和滋润学生心灵。

3. 关心人

思政教师要真正了解学生所思所想，要切实关心学生，从思想、精神和物质等方面为学生排忧解难。思政教师要习惯于倾听学生的心声，只有耐心倾听，才能真正了解学生的想法，理解学生的兴趣、需要、经验以及个体差异等；思政教师要善于对话，通过横向、双向乃至多向的交流和对话来理解学生生活、学习和心理现状；思政教师必须为学生办实事，只有将讲道理与办实事相结合，把思想教育与解决实际问题相结合，才能保证思想政治教育工作真正深入人心。

4. 发展人

心理学家马斯洛认为："教育的功能、教育的目的，在根本上就是人的自我实现，是丰满人性的形成，是个性能达到的或个人能够达到的最高程度的发展。"大学生思想政治教育对人的发展体现在四个方面：一是政治上更坚定，更加增强对马克思主义信仰科学性的认识以及对主流意识形态的认同，更加坚定走中国特色社会主义道路的信心，更加拥护中国共产党的领导；二是思想上更成熟，理论思维和逻辑思维更发达，对社会热点问题的观察力更敏锐，独立思考意识和主体人格意识更强烈；三是道德上更完善，个体道德进一步发展，社会公德、职业道德、家庭美德进一步强化；四是心理上更稳健，主要表现在面对困难、压力和挫折时更加坚韧，对各种负面心理情绪的把握更加稳固，由人来掌控情绪而不是由情绪来掌控人。

（刘国习　陈丽华　韩山师范学院）

中国传统文化中和谐思想的资源意义及其局限性

"和"在中国传统文化中有着"天道"之尊，占据着非常突出的地位，也具有相当丰富的思想内涵。这种"和"的理念也在日后广泛渗透于中华文化的各个方面，使得整个中华民族精神因此弥漫着和谐之气。今天，我们在构建社会主义和谐社会的过程中，认真领会和梳理传统文化中这一思想资源，取其精华，去其糟粕，进而给"和谐"赋予新的内涵和特征，可使我们这一悠久的文化传统发扬光大，重放异彩。

一、传统和谐思想的基本内涵

"和"与"谐"在中国古代的典籍中是分开来使用的。《尚书·舜典》中有"诗言志，歌咏言，声依咏，律和声。八音克谐，无相夺伦，神人以和"的话。在这里，"和"与"谐"字义同。在古文献中，由于"和"字的使用频率远高于"谐"字，且意义相通，故本文中的"和"与"谐"以及"和"与"和谐"是在相同的意义上使用的。一般而言，"和"主要有如下几方面的基本内涵：

第一，"和"是一种多样性的统一和协调。"和"字从构造上看属形声字，甲骨文从"龠"，形口吹排箫，声禾。"谐"也是个形声字，形也从"龠"，声"皆"（谐转）。所以，"和"与"谐"从本义上都指的是声音相同，和谐地唱或伴奏之意。由于"和"与"谐"最早是从礼乐文化中来，而"乐"要达到悦耳的功效，客观要求多样统一，协调有序，这样才能赏心悦耳，实现其审美功效。故《说文》上解释说："和，相譬也，又和调也。”正如国学大师张岱年先生所说：“不同事物聚和而得其平衡，故能产生新事物，故云‘和实生物’，如果只是相同事物重复相加，那就还是原来事物，不可能产生新事物，故云，‘同则不继’。”① 可见，“和”就是使不同的事物相互结合、补充、配合、协调、平衡，是相分异、相冲突的事物取得一种和谐、融合。

第二，“和”也是一种适度和适中。由于“和”最早是从礼乐文化中来，声音之美要求适度，既要满足人的感官生理要求，又不能给生理感官造成过度的、有害的刺激，故强调适度和适中，也就是“和”。所谓“声出于和，和出于适”，“刚柔得适谓之和”（《吕氏春秋·仲夏纪·大乐》）。“欲之者，耳目鼻口也；乐之弗乐者，心也。心必和平然后乐，心必乐然后耳目鼻有以欲之，故乐之务在于和心，和心在于行适。”《（吕氏春秋·仲夏纪·适音》）只有以适度的心情去体味平和的音乐，才能赏心悦耳，达至和谐。“和”同“中”也是含义相通的。《说文》里有言：“中，和也。”作为与“和”相联系的概念，“中”具有不偏不倚，兼容两端的意思，即中道或中庸。

第三，“和”表现为一种处理人事之间关系的原则、方法和境界，也是行德政的治国方略。在传统文化中，不乏对人与人之间理想状态的描述和憧憬。《尚书》中涉及“和”字者，凡四十三处，除其中十三处为姓或名外，其余分别涉及治理国家、行德政而使各民族、国家之间和睦、上下协调、民俗平和淳朴、人民和平富足的话题。如：“王惟德用，和怿先后迷民，用怿先王受命。”（《尚书·梓材》）“奉答天命，和恒四方民，居师。”（《尚书·洛诰》）“庶政惟和，万国咸宁。……宗伯掌邦礼，治神人，和上下。”（《尚书·周官》）“自作不和，尔惟和哉！尔室不睦，尔惟和哉！尔邑克明，尔惟克勤乃事。”（《尚书·多方》）讲的都是家庭、社会间的和睦和谐生活，需要统治者的勤劳励治，强调的是一种“王道”、“德政”，实际上也是一种治民之术。

第四，“和”是一种理想的精神、心理状态。“和”既是一种处理人与人之间关系的行为准则，又关涉自我的精神世界。古人云：“性情之德，中和之妙。”当然，相对于儒家主张的“发而中节”，道家似乎更多地崇尚

① 张岱年：《中国古典哲学概念范畴要论》，中国社会科学出版社1989年版。

一种摆脱外在干扰的平和之境。庄子以水为喻，“平者，水停之盛也，其可以为法也，内保之而外不荡也。德者，成和之修也”（《庄子·德充符》）。在这里，理想的精神形状被看作是宁静如不流动的水，而精神的这种宁静，同时也体现了“和”的德性品格。对这种理想的精神、心理状态的追寻，在庄子那里表现为“游心乎德之和”。

第五，“和”是天人合一的本体性存在。中国的古代思想家们常常赋予“和”很高的哲学定位，甚至把它作为本体性的存在来加以规定。《周易·乾卦·彖传》言：“乾道变化，各正性命，保合大和，乃利贞。”所谓“乾道”，即天道；所谓“大和”即“太和”，即最高的和谐，也就是本体论中的“和”。《淮南子·氾论训》中说：“天地之气，莫大于和，和者，阴阳调，日夜分而生物。”《中庸》则把“和”确立为天道，所谓“中也者，天下之大本也。和也者，天下之达道也。致中和，天地位焉，万物育焉”。正是本着这样一种天道观，中国古代思想家们推崇一种“天人合一”的宇宙观和世界观。强调“天人之际，合而为一”（《春秋繁露·深察名号》）这种世界观，明确肯定人是自然界的产物。人的生命与万物的生命是统一的，而不是对立的，人与天地万物和谐交融，“并育而不相害”，它所宣示的是，“天人和谐”是人际和谐、社会有序的生态环境基础。

二、传统和谐思想的资源意义

中国传统文化中有着丰富的和谐思想资源，只要我们能做到取其精华，去其糟粕，剔除其阶级时代的局限，仍可为构建社会主义和谐社会借鉴和利用。

(一)“同”与“和”

如前所述，在中国古代思想家那里，“和”是多样性的统一，“同”则是指单纯量的积累。“和与同在这里的重要区别，在于原则性。承认原则性，就是承认差异，有差异性的统一才是‘和’。”[①] 用今天的话来说就是“和而不同”。和而不同以承认人们生活方式歧异化、价值追求多样化、文

---

① 陈望衡：《“论和而不同”》，《新华文摘》2003年第7期。

化形态多样化、政治理念平等化为前提，倡导一种尊重、理解和包容的道德精神，不强求一致，不搞话语霸权，不以一方消灭另一方为目的，主张人与人之间相互尊重、相互信任、相互帮助，反对相互敌视、相互欺诈、相互对抗。“和而不同”反对在国际社会搞“同而不和”，搞霸权主义、单边主义、强权政治，也反对结党营私，制造多国之间的冲突和恐怖主义，破坏世界安宁、和平的国际环境，其国际政治意蕴无疑是深刻而独到的。

（二）“乐”与“和”

在中国传统文化中，音乐与教化被提到了相当的高度。康有为就曾指出：“古人以乐教人，所以导和。乐德、乐言、乐语，乐之精如此。”[①] 我国古代的音乐理论专著《乐论》与《乐记》就深刻认识到音乐之于人心的感化作用，并充分论述了谐和之音之于身心修养的重要意义。古人强调“乐之务在于和心”（《吕氏春秋·仲夏纪·适音》），“圣人感人心，而天下和平”（《周易·咸卦·彖传》）。“和心”即心灵间的共鸣与融合，这也是构建和谐社会的重要条件和实际内涵。它告诉我们，一个和谐社会的建设，物质生活的合理与和谐固不可少，其中音乐在内的精神生活的重要功用也不可忽视。事实上，和谐社会的一个重要方面也是身心和谐，此乃社会和谐的基本条件。因此，运用“乐”的手段，进行道德情操的陶冶和培育，进而自我完善，养成良好的道德良心和道德人格，此乃音乐对于和谐社会建设独具特色的“意识培育”。

（三）“礼”与“和”

中国传统文化非常重视“礼”与“和”的关系。儒家思想集大成的荀子认为，“礼”是发乎人之性情，能够满足人情人性的好恶。人之好恶相同，但欲求的东西有限，“争”也就在所难免，“礼”的规约因而实有必要。不仅如此，在荀子看来，“礼”还可以“养人之欲，给人以求”，合理地调适人们的欲求。换言之，“礼”是人性最本质的需求，其不管是对人的正面情感的培育，抑或是对人的自然情欲的疏导和制约，都有着重要意

① 康有为撰，姜义华、张荣华编校：《康有为全集》（第1卷），中国人民大学出版社2007年版。

义。尤为重要的是，“礼”将人划分出不同的等级、身份、职业，通过“义分则和”，贯彻“尊尊”、“亲亲”、“贤贤”的原则，建立一种社会地位、身份、职业和利益享受的相匹配社会制度，使社会各人群各得其宜，从而去“乱”达“治”，实现社会和谐。在这里，“礼”作为一种制度，可以发挥长效作用，以“礼”求“和”，事实上具有调动社会各阶层积极性的作用。从一定意义上讲，这是一种内含着深邃的制度伦理智慧的思想，其对构建和谐社会具有前提性和基础性的重要意义。

（四）“分”与“和”

“礼”以“别异”为特点，其基本要求就是要“分”。在古人看来，职分和道义是社会得谐和的必要前提，君臣父子，各有严格的等级身份，若能各安其位，各得其宜，使尊卑上下恰到好处，如乐之“八音克谐，无相夺伦”，做到“君君、臣臣、父父、子子”，这就是“和”。应该承认，“分”是任何社会都免不了的客观存在，因为任何社会都有不同的利益群体或阶层，有贫富差异，有科层结构的上下级别，无视这些“分”的存在，或企图抹杀“分”的事实，不是实事求是的观点。而且，任何一个社会所能利用的资源都是有限的，因而都有一个“分”及如何“分”的问题。今天，我们提出构建社会主义和谐社会，也会面对同样的问题。这个问题如何解决，关涉社会每一阶级、阶层和每一个社会成员的切身利益。无视“分”或“分”得不合理，必然会使利益矛盾激化，造成社会大乱。因此，“分”及如何“分”的问题就成了“和”的前提条件。当然，当今现实生活中存在的种种差别，已经少有身份等级的意蕴，不具有贵贱尊卑的性质，现在问题的关键在于我们进行的或现存的“分”是否适应社会变革的历史趋势，是否体现了公平、正义的原则，是否“义分”。历史的经验证明，“义分则和”仍是今天构建社会主义和谐社会应当确立的基本理念。

三、传统和谐思想的局限性

恩格斯曾经说过，“每一时代的理论思维，从而我们时代的理论思维，都是一种历史的产物，在不同的时代具有非常不同的形式，并因而具有非常不同的内容”①。中国传统思想中“和”的理念毕竟也是一定社会的政治和经济的反映，因此关于“和”的理解和诉求的局限性也是显而易见的。

第一，是“和”的差等性。在中国古人和谐社会的构想中，“和”不仅表现为广泛的社会职分的要求，而且更加体现为上下之间的等级和谐。传统和谐理念形成于宗法血缘的封建社会早期。这种传统的农业社会是一个交往、交流极不发达的熟人社会，血缘的纽带、宗法的纽带再附之以不可交易但可继承的土地财产纽带，形成了以特权界定的垂直封闭生活系统。在道德世界里，熟悉的人际关系加之以强烈的人身依附关系，使得和谐的初始理念在某种程度上是“给定的”，他的身份是血缘关系中的人、固定生存领域中的人、稳定社会关系中的人。和谐更多的只是产生和存在于以人伦等级与亲情距离为基础的“忠君”或“孝亲”的伦理观念中。这种作用就在于使不同等级的人之间既森严有别，又和谐不争，这是儒家构建和谐社会的制度性原则。其基本特征是“贵贱有等，长幼有差”，不同的人在此社会家庭的等级结构中找到自己相应的位置，并谨守本分，“仁人在上，则农以力尽田，贾以察尽财，百工以巧尽械器，士大夫以上至于公侯，莫不以仁厚知能尽官职”（《荀子·荣辱》），这样就达到了“至平”的“群居和一之道”。显而易见，由此建立的充其量也只不过是一个封建伦理型的“等级和谐社会”。这种和谐，说穿了，就是让统治者通过维护其自身利益的制度安排，使人伦关系处于一种以君臣、父子为伦理主轴，社会各等级之间各安其位、各有其分，杜绝僭越，互不侵扰，相安无事，谐而不乱，实现各种人伦关系、各个利益集团和谐共处的宗法等级境地。因此，从根本上讲，这种“和”是建立在森严的等级不平等基础之上的，是通过统治者对被统治者的控制、训示乃至讨伐来实现的，是以大多数人的“不和”为代价的和谐，本质上只是一种治国之术、驭民之策，其与社会主义和谐社会的建设无疑是大相径庭的。

第二，是“和”的虚幻性。这在道家思想中表现得最为充分。先秦道家和谐社会思想产生于礼崩乐坏的春秋战国时期，经济上，古老的井田制彻底瓦解，氏族公社结构亦随之解体，统治者大量的争霸战争，导致“争地以战，杀人盈野；争城以战，杀人盈城”（《孟子·离娄上》）。而为了

① 《马克思恩格斯选集》（第1卷），人民出版社1995年版。

弥补战争所需，统治者更是“厚作敛于百姓，暴夺民衣食之财”（《墨子·辞过第六》），其结果是使社会财富严重分配不均，“富者累巨万，而贫者食糟糠”，“庖有肥肉，厩有肥马，民有饥色，野有饿殍”（《孟子·滕文公下》）。面对如此景况，社会和谐何从谈起？老子开出的“药方”是要求统治者“以正治国”。“正”即清静无为，“清静为天下正”（《道德经》），要做到清静，就必须摒弃各种贪欲，顺大道，法自然，不干扰，不强制，不胁迫，不妄为，总之就是要做到无为、好静、无事、无欲，这样方可使百姓安居乐业，自然而然地生活，达到无为而治、社会和谐的效果。道家的这套说教在现实中少有可行性，其理论上的软弱性和阶级局限性也是显而易见的。

第三，是“和”的“礼”治性。中国传统文化中凡是指称和谐，尤其是社会和谐的，一般都与“礼”直接相关。孔子认为“和”的取得有赖于“礼”的作用。我们知道，孔子所尊奉的“礼”即周礼，就是以父系氏族血缘关系与王位继承及“授民授疆土”的分封制相结合的宗法等级制度，以及体现这一制度的一套完整的礼仪规范。儒家思想虽然详细讨论了“礼”的作用，荀子甚至对礼因何而生作过说明，但对“礼”如何产生的问题却付之阙如。儒家常常以“圣人制礼作乐”，“周公制礼作乐”或者“先王制礼义以分之”之类的话语来搪塞，以此作为“礼”的合理性的形式保证，其假想或臆想的成分是显而易见的。不仅如此，包括周公在内的“礼”的设计者和统治者其实是合而为一的，这种“圣人制礼”的“礼之专及”模式对于受这种以“礼”为名的制度规约的绝大部分人群，其实是没有资格参与设计，甚至也无法意识到自己是否有这个权力的。唯其如此，由“礼”所规范的和谐社会的实现只能是寄希望于君子，“一人有庆，兆民赖之”（《尚书·吕刑》）、“百姓有过，在予一人”（《尚书·泰誓》）的道德自觉，靠百姓“君子之德风，小人之德草”（《论语·颜渊》）、“一正君而国定”（《孟子·离娄上》）的道德期待，其鲜明的道德决定论色彩和人治主义倾向，无疑是与今天民主法治、公平正义的现代精神背道而驰的。

（刘海鸥　广东药学院）

浅析制约马克思主义中国化的突出矛盾

当前，在马克思主义的宣传、教学和研究活动中不同程度地存在着形态各异的不利于马克思主义中国化的突出矛盾，这些矛盾体现在：宣传是真但坚持不够，讲话是真但实话不多，研究是真但信仰不坚定，传达是真但学习不积极，调研是真但运用不灵活，文章是真但思想与之不匹配，文本是真但践行不足，决策是真但制度保障不力，课题是真但创新不多，人是真的但精气神不振等十个方面。这些矛盾对马克思主义中国化造成不同程度的影响。正确认识这些矛盾的根源，无疑是推动马克思主义中国化健康发展的重要前提。

一、宣传是真但坚持不够

宣传马克思主义和坚持、发展马克思主义应当内在地统一起来。一方面，宣传马克思主义和中国化的马克思主义能促进其研究，而研究马克思主义中国化也能推动马克思主义和中国化的马克思主义的宣传工作。另一方面，宣传马克思主义和马克思主义中国化都是为了更好地坚持、发展马克思主义和中国化的马克思主义，而坚持、发展马克思主义也有赖于真抓实干地做好中国化的马克思主义的宣传工作。但是，那种只讲宣传不讲坚持、不讲发展的做法，并非真正坚持、发展马克思主义，它将极大地危害马克思主义中国化。在现实中出现了真宣传但假坚持的不良现象，一些人是带着怀疑甚至是厌恶的态度来对待马克思主义理论的宣传工作，这样的人对党的理论宣传工作无兴趣，对马克思主义的宣传事业无激情，对推动马克思主义中国化的使命无感觉，从而也就不可能真正带头坚持和发展马克思主义。

二、讲话是真但实话不多

在教学与宣传中，一些人在会议上所讲的是预先由他人起草好了的“话”。这些人的“讲话”，只是讲他人曾经讲过的话，他甚至没有弄懂他人讲过的话的真实意思，也没有讲应当经过思考的话，因而讲了不符合马克思主义实践本性的话，讲了不符合马克思主义经典作家原意的话。这些话是做概念平衡运动，仅仅挂上“坚持”和“运用”马克思主义与中国特色社会主义理论体系的名词、符号，其中的话绝大部分是闲话、空话、废话、假话。在讲空话、废话、假话盛行的情况下，推动马克思主义中国化就难以取得实质性的效果。那种不能掌握和提高群众，不能鼓动干劲、推动研究的讲话就是失败的，至少是失效的，这样或那样失败的或失效的讲话既不能推动马克思主义中国化研究，也不能对解决中国的具体实际问题、人们的现实困惑问题提供任何助益。

三、研究是真但信仰不坚定

真正信仰马克思主义就是真正信服和尊重马克思主义。但是，在马克思主义研究中却出现了这样的悖逆现象：一方面，一些人确实在从事马克思主义基本理论的教学与研究工作，或从事马克思主义理论分支学科的专业研究与教学工作，并且也发表了这样或那样的成果；另一方面，这些人或明确，或隐晦地表达了其并不信仰马克思主义的真实态度，甚至认为中国并不需要“马克思主义中国化”。其结果就出现了一个矛盾的现象。究其根底，这些人作出的某些贴上马克思主义词句的“研究”并不是由信仰所指引和推进的深入的研究；这些人完成的与马克思主义理论有关的课程教学，不过是把课程复述完以终结一个任务而已；这些人发表的“教研成果”也并不是有思想分量的创新性成果。

四、传达是真但学习不积极

传达文件、传达意见、传达精神是理论宣传、理论学习和理论研究的基本方式。上传下达之传达、左右会通之传达、人际与事际之传达都能活化各种价值联系，都能使各方的价值系数发生质变。但是，在现实中，一些机关单位、教学部门或基层党组织在处理党的文件传达这一重要事情上存在颇多不足，其中一个很大的不足就是假学习，而假学习的实质是不学习。从其根源来看，原因有二：一是有人认为传达本身就是形式主义，去传达无异于维护或促进“形式主义”，那么按照其逻辑，不传达或不主动参与传达反而成了反对形式主义的正当理由；二是有人认为自己的理论水平、思想境界和情感能力已高于需要传达的内容的水平，因而去传达这样的理论、思想或精神会贬低自己。这样，传达所具有的多种作用和增值价值就自然而然地被消解了，与此同时，推进马克思主义中国化的一条重要路径也被有意或无意地阻绝了。

五、调研是真但运用不灵活

调研是求真务实的具体表现，而求真务实是实事求是的核心内容。求真为了务实，务实需要求真。求真务实不仅体现了马克思主义的学风、文风、会风、政风等作风，也是“推进马克思主义中国化的基础”。因此，求真务实就是把马克思主义哲学的一般原理与中国特殊国情相结合，把马克思主义与中国特殊国情相结合，这“两个结合”分别是“马克思主义哲学中国化的真谛”和“马克思主义中国化的真谛”。问题在于：一些人确实去作了些调研，谓之“真调研”，通过调研确实也了解了一些实际情况，掌握了其中的变化和发展规律，但是他们即便为“实践”作了些工作，但其并未下决心、出真招、干实事、办好事、做成事。那些“样子工程”、“面子装修”、“货币提拔”、“花样文化”、“边界道德”、“关系文章”等现象的出现莫不是脱离求真务实之精神的产物。让这样的人去主导马克思主义理论的宣传教育或马克思主义中国化的工作，是不可能取得实质性的进步的。

六、文章是真但思想与之不匹配

文章是思想的结晶，思想是文章的灵魂。一般来说，好文章、好思想、好灵魂应当是高度一致的。在当前，一些与宣传、教学和研究马克思主义有关的署名文章却颇成问题，其主要表现之一是真文章、假思想的问题。所谓“真文章”是指刊物所发表的文章是真的，确实是研究、探讨某一个问题的学术论文；所谓“假思想”并非指该文章里的思想观点是假的，而是指这些思想观点并非署名作者通过个人的研究、探索得出的，当然不排除文章里的某些思想观点是不完全正确的。当下，一些人代写论文或出钱网上订购、买卖文章，交易双方肆无忌惮又似乎各得其所。研究马克思主义中国化的文章也未能幸免地被买卖。当那些从事论文买卖的当事人形成“群体化”并对文章进行集约化生产之时，中国化马克思主义理论的宣传、教学和研究就会出现“坏思想”盗用“好思想”、“劣币”驱逐“良币”的危机，这个危机也可能会引发难以拯救的文化危机。

七、文本是真但践行不足

一个学者要使自己的作品具有经久价值，他或她就必须站在时代的前沿真实地反映人民的心声和意愿，就必须站在科学理论的高度为妥善解决群众最关心、最迫切、最现实的问题提供理论思维和正确认识。当前，在马克思主义理论教研界，一些人把研究单位办成企业，把“企业”办成股份公司，而股份公司的“法人”以总经理的身份组织人员出版、发行各类标榜宣传、研究和应用马克思主义的文章、著作、报告等，实际上这些经拷贝、拼凑而成的文本所负载的只是个人的志趣和想象的意志。这样的文本及其印行非但不能推动马克思主义的宣传、教学和研究，反而会在一定层面上阻碍马克思主义的中国化。一些人虽然善于创造文本、编造词句，但其文本能否促进群众身体力行，其词句能否推动实际工作，他们是不管的。众所周知，马克思主义的最大特点在于其科学实践的批判性、可行性、创造性。离开了科学实践，马克思主义就没有任何生命力。

八、决策是真但制度保障不力

马克思主义中国化是一个庞大而复杂的系统建设工程。在这个工程中，少不了各类决策活动和制度建设活动。好的决策活动有利于形成推动马克思主义中国化的好的制度，同样，好的制度建设有利于形成促进马克思主义中国化的好的决策机制。好的决策带动好的制度建设并有利于建设好的制度，而建设一个好的制度也是为了推进好的决策，开展科学决策。然而，在马克思主义中国化这一工程建设问题上，一些人并没有认识到理论决策与实践决策之统一对于推动马克思主义中国化所具有的重大意义，也没有认识到制度理论建设与制度实践活动之统一对于推动马克思主义中国化所具有的重大价值，更没有认识到真正把理论决策与制度理论建设、实践决策与制度实践活动完整地统一起来并运用于中国实际（包括教学教研实际）所将产生的巨大社会效应。一些人即便作了如何研究马克思主义中国化、如何讲授中国化马克思主义的决策，但由于其陷入“决策之真”和“实施之假”的矛盾与“目的良好”和“制度匮乏”的矛盾，即由于出现了真决策与假制度的悖逆，从而使推进马克思主义中国化的工作成了“搭空架”。

九、课题是真但创新不多

马克思主义的课题研究为的是推动理论创新、学科建设创新和人才培养创新，从而使之服务于中国的现代化建设，同时也使中国实现马克思主义化。当前，与马克思主义中国化研究有关的各类课题是真的，但其中的研究和创新却是假的，由此导致这样或那样的在马克思主义旗帜下的假研究、假创新。出现诸如“因人设题”、“因人送题”和“雇人破题”、“雇人解题”以及异地挪用“创新”、洋中拼凑“创新”、古今拷贝“创新”等形形色色的假研究、假创新。假研究危害不浅，假创新危害尤甚，它不仅浪费了国家或地方的社会科学基金，使之没有用到点子上、用到解决最紧迫的问题上去，而且败坏了人文社会科学的研究声誉，使真正投入精力与热情去研究问题的人可能得不到客观的评价和公正的激励。由此可知，离开了执着追求、扎实研究，任何人承担任何重大课题都不可能取得创新。

十、人是真的但精气神不振

在一个真正的马克思主义者看来，一个真正的人要有生活自觉即自觉反对自我异化的东西，也要有生命自觉即自觉反对残害有生命的东西，还要有历史自觉即自觉肩负历史重担，善于团结群众以有组织的方式去完成符合人类共同利益的历史使命。在马克思主义理论的教学、宣传、研究和成果发表这一整个过程中，一些人诚然是作为现实的有生命的个人而存在的，但其实际上却表现出形态各异的以“假”字当头的“说假话”、“假坚持”、“假信仰”、“假学习”、“假运用”、“假践行”、“假思想”、“假创新”，这些行为、活动及其结果在总体上表现为“精神的骄傲”、“精神的贫弱”、“精神的孤独”。这些人即便具备了强大的物质力量，却不具备利用这种强大的物质力量的智慧，也不具备把强大的物质力量和高尚的精神力量结合起来形成推动中国经济社会健全发展、有机发展和完善发展的能力。这是马克思主义中国化的最大障碍。

在当前，理论界、学术界只有深刻检视在马克思主义理论的宣传、教学和研究中所存在着的那些不利于马克思主义中国化的障碍和矛盾，并自觉摒弃这些“假”字当头的行为、活动及其可能带来的种种危害，才能使马克思主义中国化得到健康发展。

（杨竞业　仲恺农业工程学院）

《新青年》传播马克思主义的历史经验与现实启示①

《新青年》为马克思主义在中国的传播、催生中国共产党的诞生功不可没。深入挖掘在这个过程中积累起来的传播马克思主义和马克思主义与中国实际相结合的历史经验，对于推进当代马克思主义的中国化、大众化、时代化，具有重要的借鉴意义。

一、推进马克思主义在中国的传播，实现马克思主义的中国化、大众化、时代化，必须在青年知识分子中培养一大批世界观科学、理想信念坚定的马克思主义者

纵观《新青年》办刊的历程，以陈独秀、李大钊为杰出代表的一批经受了欧风美雨洗礼的先进知识分子，怀着救国救民的强烈愿望，以《新青年》为阵地，由宣扬资产阶级的民主主义，逐步转变为宣传马克思主义，他们个人亦相应地由民主主义者逐步转变为马克思主义者，这是中国旧民主主义革命向新民主主义革命转变的一个缩影，也反映了近代中国革命发展的客观规律。促使他们世界观发生深刻转变的直接动因，一方面是内忧外患造成的残酷现实——无论知识分子如何以虔诚的民主呐喊来实现国家形势根本好转，但中国的现实却一天天地坏下去，表明鼓吹西方空泛的民主主义并不能解决中国的实际问题。另一方面，马克思主义在邻近的俄国

① 基金项目：广东省哲学社会科学“十一五”规划2010年度学科共建项目（编号：GD10XMK04）。

取得了成功，榜样的示范效应和马克思主义的科学性、真理性，给黑暗中苦斗的中国知识分子以清新的曙光，他们毅然放弃了民主主义，拿起马克思主义的理论武器，重新审视中国的命运，解决中国的问题，由此掀开了中国社会历史发展的新篇章。而促使他们世界观实现转变的内动力是在他们的灵魂深处有一颗爱国为民的心和勇于担当、追求真理、百折不挠的可贵品质。正是这种可贵的品质支撑着他们不断地探索、发现、追求真理，在历史转折时期"百家争鸣"的思想大潮中，最终确立了对马克思主义的信仰而从此义无反顾地践行到底。在他们的影响和培养下，一批志同道合的青年知识分子，抛弃旧的世界观转而信仰马克思主义，成为中国人民了解、认同、接受马克思主义的一代尊师，也成为推动马克思主义中国化、大众化、时代化的先驱。

这个事实充分说明，一个人世界观的转变是根本的转变。马克思主义具有永恒的真理性，但没有天然的或与生俱来的马克思主义者。阶级和家庭出身，与是否成为马克思主义者没有必然联系。马克思主义是工人阶级和劳动人民的世界观和方法论，但是，无论是马克思主义的创造者，还是传播、继承和发展者，最初大多是有产阶级或剥削阶级家庭出身的知识分子。当他们确立了马克思主义的世界观，才成为无产阶级和劳动人民的理论家、思想家、导师和领袖。同理，一个人虽然出身于工人阶级或劳动人民家庭，或生活生长在社会主义社会中，如果没有树立马克思主义的世界观，同样可能站在工人阶级和劳动人民的对立面，甚至反对马克思主义。历史的经验告诉我们，在深化改革开放和全面加快推进社会主义现代化建设的过程中，在各种思想文化相互激荡的新的历史条件下，要坚持马克思主义的主导地位，推进马克思主义中国化、大众化、时代化，就必须抓住马克思主义世界观，特别注重在青年知识分子中加强马克思主义世界观的教育。只有帮助一批又一批的青年知识分子牢固树立马克思主义的世界观，才能保证马克思主义事业后继有人，才能像当年"五四"新文化运动时期，在各种思想、各种流派"百家争鸣"的激烈交锋中，先进的知识分子选择了马克思主义并薪火相传一样。在改革开放、发展社会主义市场经济的今天，只有坚持马克思主义的主导地位，不断深入推进马克思主义的中国化、大众化、时代化，才能引领社会思想文化发展的潮流。

二、推进马克思主义在中国的传播，实现马克思主义的中国化、大众化、时代化，必须始终关注并回答中国社会发展的时代课题

马克思说："理论在一个国家实现的程度，总是决定于理论满足这个国家需要的程度。"① 任何一种理论或主义，要在异国他乡发生影响并被大多数人所认同、所掌握，必有其深刻的社会历史原因和相应的主客观条件。

近代中国社会发展的时代主题可以概括为独立与富强，任何理论或主义都必须回答：如何才能实现中华民族的独立和国家的富强。《新青年》的创办者们，起初显然把通过辛亥革命建立起来的民主共和国当作实现独立富强的必经之路，但后来他们又认为这个共和国徒有民主之名，而无民主之实，造成这种局面的主要原因是国民头脑中封建专制思想根深蒂固，因此只要发动一场思想文化领域里的革命，荡涤封建专制思想，唤起国民尤其是青年头脑里的民主意识，就能实现真正的民主共和。这种试图不经过彻底的社会革命铲除封建专制思想赖以存在的社会基础，仅通过知识分子的呐喊，就能够清除国民头脑中的封建专制意识的想法和做法，虽然拨动了时代的旋律，产生了积极的启蒙作用，但对社会变革的作用是微弱的。事实上，不管知识分子如何呼吁，封建军阀在帝国主义的支持下照样挂着共和的招牌行专制统治之实，囿于这个矛盾局面中的知识分子，在呐喊中彷徨、犹豫，怀疑用民主主义解决中国问题的可行性与实效性。

恰逢其时，俄国十月革命的胜利，给在苦闷中呐喊的知识分子以新的启示：十月革命与法国大革命、辛亥革命最大的不同，就是十月革命是"庶民"和"布尔什维主义"的胜利，是工人、士兵、群众在共产党的领导下，遵循马克思指引的社会主义，建立苏维埃政权的彻底的社会革命的群众运动。"在这世界的群众运动的中间，历史上残余的东西，——什么皇帝咧，贵族咧，军阀咧，官僚咧，军国主义咧，资本主义咧，——凡可以障阻这新运动的进路的，必夹雷霆万钧的力量催拉他们。"② 也就是说，

---

① 《马克思恩格斯选集》（第1卷），人民出版社1995年版，第11页。

② 李大钊：《庶民的胜利》，《新青年》1918年第5卷第5号。

通过观察和研究十月革命，中国先进的知识分子从实践的维度，看到了解决中国问题的新的指导思想、新的领导力量、新的依靠力量和新的社会方案。实质上就是马克思主义的唯物史观、阶级斗争和社会主义的理论。由此，他们认定只有用马克思主义的阶级斗争学说来组织群众进行革命的政治斗争，推翻旧制度，取得经济问题的根本解决，才能够为实现中国的独立和富强开辟道路。

知识分子接受马克思主义是因为马克思主义满足了他们探索救国救民真理的需要，能够解决中国社会发展面临的时代问题。而知识分子向中国人民传播马克思主义同样从人民群众关注的时代课题入手，阐释马克思主义的基本原理。比如，李大钊把自己通过十月革命领悟到的马克思主义原理写成文章发表在《新青年》上。通过十月革命这个重大历史事件的通俗性解释来宣传马克思主义，使大众容易理解和接受。

由此可见，一个新的理论能否被中国人民接受，关键是它能否回答中国社会发展的时代问题。“五四”新文化运动时期，马克思主义之所以能够被先进的知识分子接受并迅速地在中国传播，在各种思想流派的交锋中脱颖而出、独占鳌头，成为中国人民反帝反封建的锐利武器，深层次的原因就是马克思主义能够满足中国革命的需要、回答中国社会发展面临的时代课题。历史的经验告诉我们，无论是革命、建设还是改革的不同历史时期，要提高传播马克思主义的效率，推进马克思主义的中国化、大众化、时代化，就必须坚持运用马克思主义的基本原理关注并回答中国社会发展的时代课题。特别是在全面深入改革开放、加快推进社会主义现代化建设的今天，我们要牢牢把握时代课题的转换，在争得民族独立的任务完成后，如何实现国家的富强、人民的幸福、中华民族的伟大复兴，就成为每个中国人关心的时代课题。而对这个问题的回答目前又出现了多样化、复杂化的趋向。实践已经证明：只有社会主义能够救中国，只有中国特色社会主义才能发展中国、实现中华民族的伟大复兴。我们要借鉴历史的经验，坚持用马克思主义中国化的最新成果——中国特色社会主义理论体系，在关注并不断地回答时代课题的实践中，传播马克思主义，推进马克思主义的中国化、大众化、时代化。

三、推进马克思主义在中国的传播，实现马克思主义的中国化、大众化、时代化，必须深入群众，关心群众的诉求，用群众听得懂的语言、喜闻乐见的形式，阐释马克思主义

李大钊是最早在中国宣传马克思主义的人，影响和推动了一大批知识分子信仰马克思主义，使其转变成为马克思主义学者。早在1918年十月革命后，李大钊为了教育青少年，成立了少年中国学会并创办《少年中国》月刊，毛泽东、邓中夏都曾经在学会里学习十月革命胜利的经验，开始接受马克思主义理论。1919年初，李大钊深入了解了唐山煤矿工人受压迫剥削的状况，提出要设置劳工补助教育机关帮助工人争取受教育的权利，建立劳工团体。1920年北京共产主义小组成立后，李大钊认为不仅要深刻学习马克思主义理论，同时要深入到工人的实际运动中，反对空谈。李大钊本人更是以长辛店为基地，深入此地开展工作。他们在长辛店开办劳动补习学校，分日班和夜班两班上课，提高工人知识文化水平，并且根据工人的实际生活状况和文化水平，使用通俗易懂的语言在工人团体中宣传共产主义和无产阶级的斗争理论，使工人学习和理解理论，初步懂得关于无产阶级斗争的理论。

在李大钊的推动下，北京的一些革命知识分子曾到人力车工人居住区调查他们的悲惨生活状况。毛泽东计划组织“工读同志会”，在岳麓山搞新村实验，实行半工半读；王光祈在北京倡办“工读互助团”，得到了陈独秀、李大钊和蔡元培的大力支持，吸引了众多青年参加。他们深入到工人聚集的工矿调查生活状况，帮助工人成立夜校对工人进行马克思主义宣传，提高工人的文化程度和理论水平，唤起他们的革命热情，并同工人建立了紧密的联系。

在马克思主义的传播过程中，陈独秀以《新青年》为媒介，以广大工人为传播对象，以通俗易懂的语言为传播方式，取得了较好的成绩。《新青年》成为上海共产党小组机关刊物后，陈独秀主张以通俗易懂的语言方式来介绍和宣传马克思主义，宣传党的精神。1920年陈独秀由北京迁到上海后，把极大的注意力投向工人，创办《劳动界》、《伙友》等工人刊物，以工人容易接受的通俗语言来办刊物，向工人群众宣传马克思主义。他亲

自到码头工人中了解情况，1920年4月，陈独秀出席上海码头工人发起的“船务栈房工界联合会”成立大会，并发表演说，提出“社会上各项人只有做工的是台柱子”，世界上“只有做工的人最有用，最贵重”① 的说法，使工人阶级逐渐认识到自身在社会中的重要作用，阶级觉悟得到提高。

“五四”新文化运动时期，具有初步马克思主义觉悟的知识分子自觉地深入到工人群众中传播马克思主义的历史经验。我们党在没有执政的条件下，启发工人群众的觉悟并动员他们起来革命，革命成功成为执政党后，要更加深入群众，了解他们的诉求，把传播马克思主义与解决群众的实际问题相结合，让群众在解决实际的民生问题中，体会到马克思主义和马克思主义与中国实际相结合而产生的最新理论成果——中国特色社会主义理论体系的科学性，认同社会主义的优越性和党的领导的正确性。历史的经验反复证明：推进理论大众化，要站在人民群众立场为他们着想，密切关注民众关心的热点问题，注重将党的理论和人民的实践活动结合起来，多用贴近群众的清新朴实的语言来讲解。而且在群众关心的问题上要深入地解答和分析，用通俗的语言把问题产生的原因和解决的办法讲解清楚，增强他们对党和国家方针政策的理解，帮助人民群众把认识问题和解决问题结合起来，使党的理论创新成果更加深入人心，才能有效地推进马克思主义大众化。

四、推进马克思主义在中国的传播，实现马克思主义的中国化、大众化、时代化，必须同各种反马克思主义的思潮和流派作斗争

马克思主义在中国的传播从来都不是一帆风顺的，与在其他国家一样，它的每一步进展，都经过了激烈的斗争。正如列宁所说：“马克思的学说直接为教育和组织现代社会的先进阶级服务，指出这一阶级的任务，并且证明当前的制度由于经济的发展必然要被新的制度所代替，因此这一学说在其生命的途程中每走一步都得经过战斗，这就不足为奇了。”② 众所

① 陈独秀：《劳动者底觉悟》，《新青年》第7卷第6号。
② 彭明：《五四运动史》，人民出版社1998年版，第466页。

周知，在马克思主义传到中国后，它不仅要同封建主义者和帝国主义者的各种造谣和诬蔑作战，而且还要同抗拒马克思主义传播的各种资产阶级反动思潮作战，以及与反马克思主义者进行了三次论战。由此可以看出，在20世纪20年代，围绕着中华民族救亡图存的主题，各种思想和流派充斥着的时候，马克思主义和其他学说间的斗争不可避免。真理愈辩愈明，马克思主义正是经历了同反马克思主义和非马克思主义的一系列斗争，确立了它的主导地位。

在当今中国，置身于全球化汹涌澎湃的发展浪潮中，伴随着科学技术的迅猛发展，西方发达国家致力于推行强势文化，以美国为首的西方国家凭借其强大的经济实力、政治霸权和科学技术，一直向中国灌输西方各种价值观，进行文化渗透，企图用西方的价值观改造中国，统领全球。随着这些外来价值观的输入，西方国家的形形色色的非马克思主义、非社会主义理论，像极端个人主义、享乐主义、金钱至上等理论越来越被一些人所接受和信奉；网络的发展及其无“国界”的特点，更为种种反马克思主义言论的传播打开了方便之门，冲击着马克思主义的主导地位。这种现象和20世纪20年代各种社会思潮流入中国，各种社会主义学说在中国展开，使想要了解社会主义的青年陷入迷阵是多么的相似！在当时青年对社会主义认识朦胧的时候，是李大钊等马克思主义的中坚信奉者，不断传播科学社会主义，带领他们走出思想认识的迷阵，接受了马克思主义，同各种反马克思主义和非马克思主义进行了坚决的斗争，坚持和树立了马克思主义的主导地位。历史的经验告诉我们：在改革开放的今天，受多元价值观挑战的条件下，我们依然要坚定不移地坚持和捍卫马克思主义的主导地位，坚决同各种形形色色的反马克思主义和非马克思主义的思潮进行斗争。在同各种错误思潮的斗争中，推动马克思主义在当代中国的传播，实现马克思主义的中国化、大众化和时代化。

（徐　芳　黎　洁　南方医科大学）

中国共产党在井冈山时期推进马克思主义中国化的经验与启示①

井冈山斗争时期，以毛泽东为代表的中国共产党人以巨大的理论和政治勇气，着眼于中国国情，创造性地运用马克思主义原理解决中国革命的复杂难题，既坚持了马克思主义，又开创了一条马克思主义中国化的道路。深入挖掘党在井冈山时期推进马克思主义中国化历史经验的当代价值，对于推进当代马克思主义的中国化、大众化和时代化，具有重要的启迪意义。

一、推进当代马克思主义的中国化，必须始终坚持以实事求是的态度对待马克思主义

中国共产党是十分重视以科学理论为指导的党，自诞生之日起就公开宣布以马克思主义作为行动指南。正如毛泽东强调指出，领导我们事业的核心力量是中国共产党，指导我们思想的理论基础是马克思列宁主义。中国共产党人之所以要以马克思主义作为行动指南，信仰马克思主义，是因为马克思主义是无产阶级的宇宙观和方法论，是关于人类社会、自然和人自身发展最一般规律的科学。

但是，在国际共产主义运动中，也反复出现了用马克思主义指导各国实践，而各国革命和建设仍然不能完全避免失误、挫折和失败的尴尬现

① 基金项目：广东省哲学社会科学“十一五”规划 2010 年度学科共建项目（编号：GD10XMK04）。

象。这就使人们不禁会问：既然马克思主义是科学的，那么，以马克思主义指导的革命或建设为什么还会出现失误、挫折和失败？井冈山的经验告诉我们，根本的问题是我们以什么样的态度对待马克思主义。

党在领导中国革命初期，在如何对待马克思主义的问题上存在两种倾向。一种是教条主义的倾向，教条主义者奉马克思主义为教条，把俄国革命经验变成可以到处搬用的、包医百病的“灵丹妙药”。实践已经证明，以这种态度对待马克思主义只会把中国革命引入死胡同。另一种态度是科学地对待马克思主义，持这种态度的人把马克思主义看作是行动的指南，学习借鉴的是马克思主义的基本立场、观点和方法，并运用它们来分析解决中国革命的实际问题，在成功解决新问题的过程中，得出新的结论，实现马克思主义的中国化，丰富和发展马克思主义。

井冈山斗争时期，虽然毛泽东已经提出了思想路线的概念，但还没有形成完整的思想路线的科学内涵。然而，在毛泽东等共产党人的灵魂深处已经孕育了思想路线基本要素，即以实事求是的态度对待马克思主义。在回答中国革命的一些根本问题时，他的过人之处，就在于把马克思主义当作行动指南。在回答经济文化落后的半殖民地半封建的中国通过何种途径和步骤去实现社会主义——这个连马克思、恩格斯、列宁都未遇到过的棘手和复杂的问题时，他既没有到马克思主义的本本中寻求现成的答案，也没有照搬照抄别国的经验，而是从实践的探索中寻找适合中国国情的解决方案。面对国民党反动派的血腥屠杀，企图通过城市武装暴动来夺取城市作为中心堡垒的南昌起义、秋收起义相继失败后，以毛泽东为代表的中国共产党人放弃了不适合中国国情的“城市中心论”，将党的工作重心转移到农村，引兵上井冈山，开辟了中国第一个农村革命根据地。在井冈山革命根据地的建设过程中，对中国革命道路进行了艰苦的探索，终于找到了一条适合本国国情的革命道路，即中国革命以武装斗争为主要形式，以土地革命为基本内容，以农村根据地为根本依托，最后以农村包围城市、武装夺取全国政权的革命道路。这确实是马克思列宁主义与中国革命实际相结合的伟大创举，是中国式的武装夺取政权的正确道路，是毛泽东和中国共产党对马克思列宁主义的重大发展。

以毛泽东为代表的中国共产党人在井冈山斗争时期的革命实践中，坚持以科学的态度对待马克思主义，始终坚持把马克思主义的基本原理和中国革命的实际相结合，不断推进实践创新、理论创新和道路创新，在实践中既坚持马克思主义，又发展了马克思主义。这条成功的经验，对于我们今天继续推进马克思主义中国化依然有重要的借鉴意义。实践没有止境，创新没有止境。世界在变化，我国改革开放和现代化建设事业在前进，人民群众的伟大实践在发展，这一切都迫切要求我们始终坚持以实事求是的科学态度对待马克思主义，只有这样才能紧跟时代发展的潮流，不断研究新情况，解决新问题，形成新认识，开辟新境界。运用马克思主义的理论和方法，独立自主地分析和解决中国面临的实际问题，总结实践的新经验，借鉴当代人类文明的有益成果，推动马克思主义中国化继续前行。

二、推进当代马克思主义中国化，必须始终坚持党的群众路线，实现马克思主义大众化

推进马克思主义中国化和实现当代中国马克思主义大众化，是在中国坚持和发展马克思主义必须解决好的两个重大问题。马克思主义要在中国大地上展现真理的光芒就必须中国化；中国化马克思主义要发挥对实践的巨大指导作用，就必须大众化。马克思主义大众化，就是要把马克思主义基本原理由抽象演绎为具体，由深奥转化为通俗，由被少数人理解掌握到被广大人民群众理解掌握；就是要用马克思主义中国化的最新理论成果武装广大人民群众的头脑，要使马克思主义理论成为广大人民群众的思维方式、价值取向和行动指南。

马克思主义是无产阶级的世界观和方法论，是指导无产阶级解放自己的革命理论，必须和无产阶级与革命群众相结合才会产生巨大威力。如列宁所说，“没有革命的理论，就没有革命的运动”、“理论一经掌握群众，也会变成物质力量”。理论只有掌握群众才能转化为现实的物质力量，不能被群众所理解、所掌握、所运用的理论只能是空洞抽象的无用之谈。人民群众是社会实践的主体，是历史的创造者，只有为人民群众所理解、所接受、所运用的理论才能真正地服务于实践、服务于社会。为此，就必须加大对人民群众的理论宣传教育力度，要让马克思主义科学理论成为人民群众的自觉追求和精神信仰，成为人民群众的思维方式和行为准则，成为人民群众的价值取向和人生指南，这正是马克思主义大众化所要完成的使

命和达到的目的。马克思主义理论唯有大众化，中国化的马克思主义理论成果才能发挥其应有的作用，否则，马克思主义中国化就失去其应有的意义。

以毛泽东为代表的中国共产党人正是深刻地认识到这一点，在井冈山革命根据地建设时期，特别注重动员人民群众参与根据地建设，充分发挥人民群众的创造精神。在《中国的红色政权为什么能够存在?》中将“有很好的群众”作为论述小块红色政权为什么能够存在的第一因素。在阐述工农武装割据时，将“有经营了一年多的群众基础”作为首要条件。在党的领导下，一方面，根据地军民广泛开展了打土豪、分田地的土地革命运动，使人民群众在翻身解放的切身体验中，感悟马克思主义是劳动人民翻身解放、当家做主的理论。另一方面，边界的党组织要求“苏维埃、土地革命、共产主义、红军、暴动队，都须制定专门宣传提纲，加强宣传，深入到群众的脑海中”①。根据群众文化水平普遍较低的状况，毛泽东及边界党组织采取了创办学校，举办墙报、戏剧、报刊等文化活动，采用标语、宣传画等形式，对广大群众进行马克思主义的宣传。“要学会使用群众的语言，根据他们的切身利益，针对他们的思想状况，来进行马列主义的宣传”②，启发边界群众的马克思主义觉悟，使根据地群众认识到，信奉马克思主义的共产党和红军从根本上代表了人民群众的利益，从而极大地调动了人民群众的创造性精神和牺牲精神，激发了人民群众投身革命的无限热情。他们义无反顾地参加推翻旧政权、建立新政权的斗争，用简陋的武器同国民党反动军队展开搏斗，捍卫着井冈山革命根据地。同时，倾其所有支援革命、支援红军，为中国革命的胜利作出了巨大贡献。红军与人民群众建立了荣辱与共、鱼水相依的血肉关系，得到了广大人民群众真心实意的拥护，从而使中国革命变成了千千万万群众自己的事业，实现了马克思主义的大众化。

井冈山时期党推进马克思主义大众化的历史经验带给我们的现实启示就是：马克思主义理论来源于实践又必须回到实践中去指导实践，这一过

① 井冈山革命根据地党史资料征集编研协作小组、井冈山革命博物馆：《井冈山革命根据地》(上卷)，中共党史资料出版社 1987 年版。

② 井冈山革命根据地党史资料征集编研协作小组、井冈山革命博物馆：《井冈山革命根据地》(下卷)，中共党史资料出版社 1987 年版。

程的主体是广大人民群众，而要使主体掌握理论作用于客体，就必须加强马克思主义理论的宣传普及，实现马克思主义大众化。要致力于把马克思主义理论同广大人民群众的工作、学习和日常生活相结合，赋予当代中国马克思主义通俗易懂的表现形式和入耳入脑的传播效果。要致力于把当代中国化的马克思主义理论以群众喜闻乐见的形式转化为“大众话语”，使之成为广大人民群众的政治信仰和行为准则。通过寓教于乐、丰富多彩、生动活泼的宣传普及和教育，让最广大的人民群众认知、接受和运用马克思主义中国化最新成果——中国特色社会主义理论体系，真正树立起中国特色社会主义共同理想，更加坚定对马克思主义的信仰。使马克思主义中国化拥有更加广泛而坚实的群众基础，为全面建成小康社会、不断夺取社会主义现代化事业的新胜利，提供取之不尽、用之不竭的动力源泉。

三、推进当代马克思主义中国化，必须始终坚持调查研究与总结经验的统一

马克思主义中国化的基本要义就是运用马克思主义的基本原理解决中国的实际问题，并使新的实践经验上升为系统的理论，丰富和发展马克思主义。要用马克思主义解决中国实际问题，很重要的方面就是要搞清楚“中国实际”是什么？而了解中国实际的最好办法就是作深入细致的调查研究，没有调查研究就没有发言权。这个“发言权”既包含如何用马克思主义指导实践，也包含如何把实践经验上升为理论。而要使理论联系实际的经验成为新的理论，就离不开科学地总结历史的经验。由此可见，调查研究与总结经验是马克思主义中国化同一过程相辅相成的两个方面，或者说是调查研究与总结经验相统一是马克思主义中国化的全过程。这是以毛泽东为主要代表的中国共产党人，在井冈山时期推进马克思主义中国化的历史经验带给我们的重要启示，也反映了马克思主义中国化的一般规律。

在中国共产党的历史上，毛泽东虽然不是提出“马克思主义中国化”的第一人，也不是最早提出重视国情研究的领导人，但是，他对中国国情认识得最全面、最透彻，对马克思主义要与中国实际相结合推进马克思主义中国化论述得最精辟、运用得最娴熟，是无人能及的。这得益于他读书的感悟力和注重了解社会的意志力。他从青年时代就注重了解社会状况，

走上职业革命家的道路后一直非常重视对中国社会实际进行系统的、周密的调查研究。这是他能够从灿烂若星的中国共产党领导层中脱颖而出的独特之处。早年，他在送蔡和森等一批批好友出国留洋时，选择留在了国内。他认为："吾人如果要在现今的世界稍为尽一点力，当然脱不开'中国'这个地盘。"关于这个地盘内的情形，似不可不加以调查及研究。当他初次读了《共产党宣言》，了解到阶级斗争是推动历史发展的动力时，就"初步地掌握了认识问题的方法论"。正如他在回顾这段历史时说的那样："这些书上没有中国的湖南、湖北，也没有中国的蒋介石和陈独秀。我只取了它四个字'阶级斗争'，老老实实地开始研究实际的阶级斗争。"大革命时期著名的《湖南农民运动考察报告》和《中国社会各阶级代表分析》，就是他运用马克思主义的阶级斗争学说，在充分调查研究的基础上，对中国社会各阶级的经济状况、政治态度，以及在中国革命中的地位作用作出的科学判断，论证了中国革命的领导力量、依靠力量、争取的对象和打击的目标。井冈山时期，他更加注重调查研究和总结经验。为了全面了解边区的政治经济和社会状况，使边界党的政策更符合群众的要求，毛泽东在战斗十分频繁的情况下，依然把深入群众、调查研究作为一项重要工作来完成。据老同志回忆：毛泽东"亲自制定调查提纲，提纲的内容包括政治、经济、军事、文化、群众生活、剥削关系、风俗习惯以至地理条件等。特别注重调查工人、农民被压迫被剥削的具体情况和当地群众迫切要求和根本要求"。著名的《宁冈调查》和《永新调查》就是在1927年冬至1928年春，通过对宁冈、永新两个县进行广泛的社会调查后写下的。通过这种社会调查，毛泽东运用马克思主义阶级分析的方法，了解了当地真实的情况，不仅把罗霄山脉中段群众基础好、地理位置优越的井冈山选为革命的根据地——马克思主义中国化的发祥地，而且为井冈山时期党和苏维埃政府制定各项符合群众要求的政策提供了依据。还有《井冈山的斗争》、《中国的红色政权为什么能够存在?》，以及他亲自起草和主持制定的我国农村革命根据地的第一部土地法——《井冈山土地法》，无不是在调查研究、总结经验的基础上，形成的马克思主义中国化的杰作，解决了中国革命的一系列根本问题。

总之，毛泽东在井冈山斗争时期，在调查研究和总结经验的基础上，实现了理论的创新，为中国革命事业的发展指明了方向，实现了真正意义上的马克思主义与中国实际相结合，为马克思主义的理论宝库增添了新的内容。时至今日，这个成功的经验对我们仍有重要的启迪作用，在推进改革开放和加快发展社会主义现代化事业的今天，我们仍面临着如何正确认识和把握社会主义初级阶段的基本国情的问题，在这个问题上依然还有很多模糊的认识，甚至存在着激烈的思想交锋；我们的改革开放已经取得了巨大的成就，但经济社会发展也存在着许多深层次的矛盾，既充满机遇，又面临挑战。如何制定符合国情、符合人民需求的方针政策，仍然要借鉴井冈山的经验，求真务实，大兴调查研究之风，深入实际了解真实情况，尊重实践、尊重群众的首创精神，不断总结人民群众在实践中创造的新鲜经验，丰富中国特色社会主义理论体系，不断开拓马克思主义中国化的新境界。

不断推进马克思主义中国化是中国共产党人永恒的主题。今天的中国，面临着新的挑战与机遇，现实经济社会的发展中存在着一系列亟待运用马克思主义原理深入研究解决的重大问题，能否恰当、准确地回答这些问题，既是对马克思主义的挑战，也是推动马克思主义中国化、丰富和发展马克思主义的历史契机。我们要继承和弘扬井冈山时期推进马克思主义中国化的经验，始终坚持马克思主义与中国实践相结合的原则，始终关注人民群众的诉求，始终坚持调查研究与总结经验相统一，就能在解决和回答错综复杂的现实问题中不断拓展马克思主义中国化的新境界，在建设中国特色社会主义道路上不断发展马克思主义。

（王晓春　蒲滢滢　南方医科大学）